中國史學基本典籍叢刊

皇宋中興兩朝聖政輯校

四

〔宋〕佚名撰
孔學輯校

中華書局

增入名儒講義皇宋中興聖政卷之二十六

高宗皇帝二十六

紹興十年春正月辛巳，先是，金人遣奉使官、知閤門事藍公佐南歸，議歲貢、誓表、正朔、册命等事，且索河東、北士民之在南者。

和戰不可偏執

癸未〔一〕，右正言陳淵入對，言：「自公佐之歸，聞金人盡誅前日主議之人，且悔前約，以此重有要索。臣謂和戰二策，不可偏執。」上語淵曰：「今日之和，不惟不可偏執，自當以戰爲主。」

上言當以戰爲主

疑上封者言己過

秦檜奏曰：「臣度近日上封言臣等罪，陛下掩蔽者多矣。」上曰：「凡上書，朕無不覽，若言卿等過咎，豈可不令卿等知，却令積成大過耶？」

史臣曰：古之君子，自立於無過之地，未始禁人之議己也。鄭人議執政，子産聞而樂之，弗之禁也。而況挾一己之私，戰天下是非之公，不自反以求諸己，又從而尤之，非所謂防川之決，其傷實多乎！聖上吁咈之辭，蓋已逆探其肺肝矣，若之何其不戒哉！

莫將使虜

乙酉，李誼假資政殿學士，充迎護梓宮、奉迎兩宮使，京畿都轉運使莫將副之。誼不受命，乃以將充迎護使，知閤門事韓恕副之。

李綱薨

戊子〔二〕，提舉臨安府洞霄宮李綱薨于福州。綱之弟校書經早卒，綱悼恨不已，會上元節，綱臨其喪，哭之慟，暴得疾，即日薨，年五十〔三〕八。

吳玠立廟

甲午，詔作忠烈廟于仙人關，以祠吳玠。

尹焞致仕

丁酉〔四〕，提舉江州太平觀尹焞遷一官致仕，以焞引年告老故也。

陳淵論使事

己亥，右正言陳淵言：「伏見近者所命之使，有所陞黜，且趣其行。今急於遣使而不及其他，則知虜不能無求〔五〕，然我有不可許者，如取河北之民，則失人心；用彼之正朔，則亂國政。至於歲幣之數，多未必喜，寡未必怒，與多不若寡之爲愈。蓋和戰兩途，彼之意常欲戰，不得已而後和；我之意常欲和，不得已而後戰。或者必欲多與之幣，以幸其久而不變，則無是理。願訓所遣之使，俾無輕許，以誤大計。」

癸卯，上謂大臣曰：「莫將奉使金國，凡所議者，可一一録付。恐將妄有許可，他日必不能守。」

不留意釋老

温州僧清了者，與其徒自言，上嘗賜之以詩。上謂宰執曰：「朕不識清了，豈有賜詩之理？可令温州體究，恐四方傳播，謂朕好佛，朕於釋、老之書，未嘗留意，蓋無益於治道。」

歐陽安永龜鑑

乙巳，布衣歐陽安永獻祖宗龜鑑。詔户部賜束帛。

除東京副留守

二月辛亥，主管侍衛馬軍司公事劉錡爲東京副留守，仍兼節制軍馬。

改正科舉年分

癸丑，詔曰：「永惟三歲興賢之制，肇自治平，爰暨累朝，遵用彝典。頃緣多事，洊展試期，致取士之年，屬當宗祀。宜從革正，用復故常。可除科場於紹興十年，仰諸州依條發解外，將省、殿試更展一年〔六〕，於紹興十二年正月鎖院省試，三月擇日殿試。其向後科場，仍自紹興十二年省試爲準，於紹興十四年，令諸州依條發解。」用御史中丞廖剛之言也。

喻汝礪謝表

丁巳，尚書駕部郎中喻汝礪知遂寧府。汝礪本勾龍如淵所薦，又與李光相知。光罷，因求去，改除潼川府路轉運副使。汝礪至官，以表謝上，略曰：「顧臣何知，立節有素。方延和廷議，既不能割地以賂戎〔七〕；暨僞楚滔天，又不忍聯名而賣國。」時人稱之。

張鼎改秩除劇縣

張鼎特改合入官。鼎爲太湖令，以薦者得召見。上諭大臣，令改秩堂除劇縣，且曰：「此因能以任之也。若一縣得良令，則百姓皆受其賜矣。」

廖剛以忤秦檜出

庚申，御史中丞廖剛試工部尚書。剛每因奏事，論君子小人朋黨之辨，反覆切至；又論人君之患，莫大於好人從己，若大臣惟一人之從，群臣惟大臣之從，則天下事可憂。剛本秦檜所薦，至是滋不悅。他日，因對，又請起舊相有人望者，處之近藩重鎮。檜聞之曰：「是欲置我何地耶？」既積忤檜，遂出臺，而剛之名聞天下。

秦檜怒廖剛譏己

罷史館

分命監修提舉官

丁卯，罷史館，以日曆事歸秘書省國史案，令著作官修纂，仍命宰相提舉，以「監修國史」繫銜，遇修國史、實録，即各置院，始用元豐制也。既而著作佐郎王揚英言，國史案文移，諸司多不報。乃命以「國史日曆所」爲名。

孟庾留守東京

西京留守孟庾爲東京留守兼權知開封府。

漕臣將帥當體國

庚午，上與秦檜論川、陝財賦。上曰：「將帥、漕臣皆當體國爲一家，士卒固欲拊循，民力亦須愛惜，豈可妄費也？」

史臣曰：兵民不可相無久矣，豐其衣食以責其死力，多其犒賞以酬其勞苦，此在三軍，固不當惜，然反而思之，一絲一粒，孰非百姓之膏血？愛百姓之力，是乃所以厚三軍之資，非深於體國者，不可以語此。

王次翁乞罷審量

癸酉，御史中丞王次翁言：「吏部審量濫賞，皆顯然暴揚前日之過舉，蓋害陛下之孝治，望悉罷累降指揮。」從之。先是，新知太平州秦梓、知泰州王晚皆以恩倖得官。及是，次翁希檜旨，以爲之地，繇是二人驟進。

張燾胡世將議蜀事

三月丙戌，成都府路安撫使張燾始至成都。初，燾自京、洛入潼關，已聞金人有敗盟意〔八〕。逮至長安，所聞益急。燾遽行，見川陝宣撫副使胡世將，爲言：「和尚原最爲要衝，自原以南，則入川路，散失此原，是無蜀也。」世將曰：「蜀口舊戍皆精鋭，最號嚴整。自朝旨撤戍之後，關隘撤備。世將雖屢申請，未見行下。公其爲我籌之。」燾遂爲世將草奏，具言事勢危急，乞速徙右護軍之戍陝右者，還屯蜀口；又請賜料外錢五百萬緡，以備緩急。

何鑄攻朱松

辛卯，尚書吏部員外郎朱松知饒州，以右諫議何鑄奏其懷異自賢也。

虜囚莫將

丙申，大金賀正旦使蘇符自東京歸。初，洪皓既拘冷山，希尹問以所議十事，皓折之。希尹曰：「汝性直，吾與汝如燕，遣汝歸。」議遂行，會莫將繼來，議不合，因之涿州，事復變。符至東京，虜人不納〔九〕，乃還。

許胡世將隨宜措置

丁酉，詔：「川陝宣撫司，自今或有警急，其調發軍馬、措置錢糧、應干軍事待報不及，並許胡世將隨宜措置。」用世將請也。

李朝正遷官遣還

夏四月丁未，知建康府溧水縣李朝正召赴行在。先是，江東制置大使葉夢得言：「朝正到官二年，招集歸業人户萬餘，磨出隱漏税賦四萬貫石匹兩，委有顯效，乞稍加試用，以風能吏。」上召對，既而謂秦檜曰：「近時縣令以政績被薦，往往别除差遣。不若與之進秩還任，庶久則民安其政。」乃遷一官，賜五品服遣還。

范振論雇役十事

癸丑，右承議郎范振上書，論雇募耆户長等十事。

乙卯，上謂輔臣曰：「朕昨夕閲振書，所論皆民間利病，其言多可采。」遂以振知南安軍。振，建陽人也。

壬戌，東京副留守劉錡入辭。上命錡以所部騎司之軍往戍，又益以殿前司兵三千人。諸軍家屬皆留順昌就糧，惟精兵分戍陳、汴。

癸亥，詔部使者，歲中同舉廉吏一人。

不許張俊免和買

乙丑，淮西宣撫使張俊乞免其家歲輸和買絹，三省擬每歲特賜俊絹五千匹，庶免起例。上以示俊，因諭之曰：「諸將皆無此，獨汝欲開例，朕固不惜，但恐公議不可。汝自小官，朕拔擢至此，須當自飭如作小官時，乃能長保富貴，爲子孫之福。」俊皇悚，力辭賜絹。俊喜殖産，其罷兵而歸也，歲收租米六十萬斛。

史臣曰：賦絹，天下之公法也；賜絹，一人之私恩也。上平時待將臣厚矣，至其規免户賦，則用歲賜以塞之，以爲寧過於私恩，不可少害於公法也。存公法，所以不起其例；隆私恩，所以不失其心。聖人之御將，誠有道矣！

糴三京穀

廣南市舶之利

丁卯，上諭大臣曰：「聞三京穀賤，令有司糴之，運至江、淮，以備凶歲，則可減東南和糴之數。」又曰：「廣南市舶利入甚厚，提舉官宜得人而久任，庶蕃商肯來，動得百十萬緡，皆寬民力也。」

使監司郡守易縣令

庚午，直秘閣江公亮乞大臣選易守令。上謂宰執曰：「縣令至衆，朝廷豈能人人推擇？惟當選監司、郡守，使之易置，則得人矣。」

置四川學官

詔復置四川諸州學官員。

壬申，簽書樞密院事韓肖胄知紹興府。從所請也。

欲藏富於民

五月丁丑，上謂大臣曰：「天下之財，何必盡斂於府庫？有若曰：『百姓足，君孰與不足？』若藏於民，猶在官也。」秦檜等因贊王言之大，得與天下共利之意。上又曰：「累禁銷金鋪翠，宮中無敢踰者，但聞富家大室猶有以金翠爲飾，不惟費財害物，亦非所以厚風俗。」乃詔臨安榜諭，限三日毀棄，違者重坐之。

限三日毀棄金翠

置敷文閣

甲申，詔徽宗皇帝御制閣以敷文爲名。

虜敗盟入東京

孟庾降虜

虜分四道入寇

河南望風納款

丙戌，金都元帥宗弼入東京，留守孟庾以城降。初，左副元帥、魯國王昌既廢僞齊，乃言：不如因以河南地錫與大宋。宗弼力不能爭。及昌誅，宗弼始得政，以歸地非其本計，決欲敗盟，遂分四道入寇〔一〇〕，命聶黎孛堇出山東；撒離曷寇陝西；李成寇河南，而宗弼自將精兵十餘萬人，與孔彥舟、酈瓊、趙榮抵汴。至是犯東京，遂命使徧持詔抵諸郡。知興仁府李師雄、知淮寧府李正民皆束身歸命〔一一〕。自是，河南諸郡望風納款矣。

王慥死拱州

金人陷拱州，守臣王慥死之〔一二〕。

陝西所在迎降

撒離曷趨永興軍，陝西州縣僞官所至迎降，遠近震恐。

丁亥，東京副留守劉錡至順昌府。

虜陷南京

金人陷南京〔一三〕，葛王褎以數千騎至宋王臺，留守路允迪朝服出城見之，遂送允迪於汴京。或曰允迪至汴京，七日不食，死。

胡世將告急　**虜陷長安**　**世將焚檄斬虜使**

戊子，四川宣撫副使胡世將在河池，知同州張恂遣人告急。權知永興軍郝遠開長安城門納金人，長安陷，關中震動。知陝府吴琦城守以拒金人，郝遠遣人持金國檄書至宣撫司，語不遜，不可聞，世將焚檄，斬其使。

秦檜蒙蔽陳桷

己丑，直龍圖閣陳桷守太常少卿。時上將用桷，問其所在，秦檜不樂之，繆以同姓名者爲對，曰：「見從韓世忠軍爲參謀。」上笑曰：「非也。桷佳士，豈肯從軍耶？」遂召用。

虜陷西京

金人陷西京〔一四〕，權留守李利用棄城遁。

劉錡留守順昌府

庚寅，知順昌府陳規得報，虜騎入東京〔一五〕。時新東京副留守劉錡方送客，規以報示錡，錡曰：「吾軍有萬八千人，而輜重居半，且遠來，力不可支。」乃見規，問曰：「事急矣。城中有糧，則能與君共守。」規曰：「有米數萬斛。」錡曰：「可矣。」規亦力留錡共守。錡又見劉豫時所蓄毒藥猶在，足以待敵，其所部選鋒、游奕二軍及老幼輜重，夜四鼓纔至城下。旦得報〔一六〕，虜騎入陳〔一七〕，距順昌三百里。闔城惶惑。錡遣官屬與規議，斂兵入城，爲捍禦計，人心稍定。

賜李顯忠田

辛卯，詔以鎮江府所籍酈瓊水陸田四十三頃賜李顯忠。

胡世將誓死河池

始四川宣撫副使胡世將自河池遣涇原經略使田晟以兵三千人迎敵。金人之渡河也，惟孫渥、吴璘隨胡世將在河池，世將倉卒召諸帥議出師，楊政及晟先至，渥進曰：「河池地平，無險阻，願公去此，治兵仙人原。元戎身處危地，而欲號令將帥，使用命赴敵，渥不識也。」吴璘抗聲言曰：「和尚原、殺金平之戰，方璘兄弟出萬死破敵，時承宣在何許？今出此懦語沮軍，可斬！」璘請以百口保破敵，世將壯之，指所坐帳曰：「世將誓死於此矣。」官屬韓詔等進曰：「渥實失言，不宜居幙下。」遂先遣晟還涇原，渥赴熙河。渥恐懼汗落，單馬趨出。

李寶興仁之捷

是日，統領軍馬李寶與金人戰於興仁府境上，殺數百人，獲其馬甚衆。寶，岳飛所遣也。

壬辰，劉錡召諸將計事，有欲就便舟順流而下者，或曰：「去則虜人邀我歸路〔一八〕，其敗必矣。莫若守城，徐爲之計。」錡曰：「錡本赴官留司，今東京既陷〔一九〕，幸全軍至此，有城池可守。機不可失，當同心力，以死報國家。」衆議始定。即鑿舟沉之，示無去意。錡與屬官等登城區處，城外有居民數千

劉錡設戰具于順昌

許抽回陝右兵

許胡世將便宜

廖剛折鄭億年

家，恐爲賊巢，悉焚之。分命諸統制官許青守東門，賀輝守西門，鍾彥守南門，杜杞守北門，且明斥堠，及募土人作鄉導、間探。於是軍人皆奮曰：「早時人欺我八字軍，今日當爲國家立功！」錡親於城上督工，設戰具，修壁壘。時守備全缺，錡取僞齊所作蚩車，以輪轅埋城上，又撤民家屋扉以代笓籬笆，凡六日粗畢，而金人遊騎已渡河至城外矣。

丙申，胡世將命右護軍都統制吳璘將二萬人，自河池赴寶雞河南以捍寇〔一〇〕，遣楊政、郭浩爲之聲援。先是，世將屢奏，乞速徙右護軍之屯陝右者，還屯蜀口，不報。丁酉，始詔世將日下抽回。

己亥，萬壽觀使、雍國公劉光世爲三京招撫處置使，以援劉錡，以統制官李貴、步諒之軍隸之。

庚子，詔右護軍都統制吳璘同節制陝西諸路軍馬，以金人犯陝西故也〔一一〕。又詔川陝宣撫副使胡世將軍事合行黜陟，許依張浚所得指揮。

辛丑，提舉醴泉觀鄭億年乞在外宮觀，改提舉亳州明道宮。初，邊報至行在，從官會于都堂。工部尚書廖剛謂億年曰：「公以百口保金人講和，今已背約，有何面目尚在朝廷乎？」億年氣塞。秦檜以爲譏己也，乃曰：「尚書曉人，不當如是。」億年懼，求去，乃有是命。

龜鑑曰：逆虜背盟〔二二〕，分道入寇〔二三〕，人以爲中國之不幸，愚獨以爲此猶中國之幸也。何者？河南，我之故土，不幸淪没，我無以取之，而虜反以與之〔二四〕，是虜得以制其予奪之權，而所以予我者，乃所以餌我也。幸而兀术速於敗盟，我之福也。使其不叛，則彼有大恩，我有大費，如向者燕、雲、二京之事，其禍愈久而愈深也。嗚呼！虜欲盟則盟，欲戰則戰，使旃方北，胡騎已南〔二五〕，此檜主和之驗也。檜於此時，曾無遠略，乃且持禄固位，猶使其黨以事有大變，更用他相爲天子戒，檜之姦謀，爲如何哉。

是日，金人犯鳳翔府之石壁寨〔二六〕，吴璘遣統制官姚仲等拒之。仲自奮身督戰，折合孛堇中傷，退屯武功。時楊政母病方死，亦不顧家，徑至河南，與璘協力捍虜〔二七〕。已而諸軍家屬悉歸内地。人心既定，踴躍自奮，不復懼虜矣。先是，金人之别將又圍耀州，節制陝西軍馬郭浩遣兵救之，虜解去。

蜀人不復懼虜

壬寅，金人圍順昌府。先是，劉錡於城下設伏，虜遊騎至〔二八〕，擒其千户

虜圍順昌屢敗

阿黑殺等二人，詰之，云：「韓將軍在白龍渦下寨，距城三十里。」錡夜遣千餘兵擊之，頗殺虜衆。既而三路都統葛王裦及龍虎大王軍併城下，凡三萬餘人。錡以神臂弓及强弩射之，稍引去，復以步兵邀擊，溺於河者甚衆，奪其器甲，及生獲女真、漢兒，皆謂賊已遣銀牌使馳詣東京〔二九〕，告急于都元帥宗弼矣。

六月甲辰朔，京東淮東宣撫處置使韓世忠爲太保，封英國公；淮西宣撫使張俊爲少師，封濟國公；湖北京西宣撫使岳飛爲少保，並兼河南北諸路招討使。

檄諸路罪狀虜酋

樞密院降檄書下諸路宣撫司，罪狀兀朮、撒離曷，令頒之河南、陝西：「應南北官員軍民，如能識運乘機，奮謀倡義，生擒兀朮或斬首來歸者，大則命以使相，次則授以節鉞，各賜銀絹五萬匹兩、良田百頃、第宅一區。至如撒離曷資性貪愚，同惡相濟，昨在同州，已爲李世輔擒縛，博頰求哀，僅脱微命，尚敢驅率其衆，復犯關陝，有能併殺擒獻者，推賞一如前約。」

秦檜賣馮檝

丙午，給事中兼侍講馮檝提舉亳州明道宫。金人叛盟〔三〇〕，秦檜以其言不讎，甚懼。一日，謂檝曰：「金人背盟，我之去就未可卜。前此大臣皆不足慮，獨君鄉衮〔三一〕，未測上意，君其爲我探之。」明日，檝入見，曰：「金人長驅犯順〔三二〕，勢須興師。如張浚者，且須以戎機付之。」上正色曰：「寧至覆國，不用此人！」檜聞之喜。檝云：「適觀天意，檝必被逐。」即引疾求去，乃有是命。

寧覆國不用張浚

戊申，東京副留守劉錡爲樞密院副都承旨、沿淮制置使。時虜衆圍順昌已四日〔三三〕，乃移寨於城東，號李村，距城二十里。錡遣驍將閭充以鋭卒五百，募土人前導，夜劫其寨。至軍中，氈帳數重，朱漆奚車，有一酋遽被甲呼曰〔三四〕：「留得我，即太平。」不聽，竟殺之。是夕，天欲雨，電光所燭，見辮髮者殲之甚衆〔三五〕。既而報金都元帥宗弼親擁兵至。先是，宗弼得告急之報，即索靴上馬，麾其衆出京，頃刻而集。適淮寧留一宿，治戰具，備糗糧，自東京往復千二百里，不七日而至。錡聞宗弼至近境，乃登城，會諸將於東門，問策將安出。或謂今已屢捷，宜乘此勢，具舟全軍而歸。錡曰：「朝廷養兵十五年，正欲爲緩急之用。況已挫賊鋒，軍稍振，雖多寡不侔，然有進無退。兼賊營近在三十里，而四太子又來援，吾軍一動，被虜追及，老小先亂，必至狼狽，不惟前功俱廢，致虜遂侵兩淮，震動江、浙，則平生報國之志，反爲誤國之罪。不如背城一戰，于死中求生可也。」衆以爲然，求欲效命。

胡世將索虜戰

己酉，四川宣撫副使胡世將命都統制吴璘、楊政以書遺撒離曷，約日合戰，其略曰：「璘等聞之：師出無名，古之所戒。大金皇帝與本朝和好，復歸河南之地。朝廷戒飭諸路，安静邊界，不得生事。諸路遵稟朝廷約束，不敢毫髮有違。今監軍忽舉偏師，侵暴疆場，人神共憤，莫知其故。璘等身任將帥，義當竭誠報國，保捍生靈。已集大軍，約日與監軍一戰。」撒離曷於是遣鶻眼郎君以三千騎直衝我軍，都統制李師顔以驍騎擊走之，鶻眼入扶風縣城守。撒離曷別遣軍策應，不能勝而退。師顔等攻扶風，拔之，生擒金虜一百十七人，首領三人。別遣裨將擊鳳翔西城外虜寨。撒離曷怒，自戰於百通坊，列陣二〔三六〕十餘里。統領姚仲等力戰，破之，殺獲尤多。

姚仲破虜于百通坊

令何鑄等攻廖剛

庚戌，工部尚書廖剛與外任。剛以事積忤秦檜，右諫議大夫何鑄等即共劾剛，幸朝廷之有警，復肆譊譊，以惑縉紳，故有是命。尋以剛提舉亳州明道觀。

壬子，金都元帥宗弼攻順昌府。先是，宗弼至城外〔三七〕，責諸將用兵之失。衆曰：「今者南兵非昔之比，國王臨城自見。」宗弼見其城陋，謂諸將曰：

「彼可以靴尖趯倒耳！」即下令：「來早府治會食。」平明，虜併兵攻城〔三八〕，凡十餘萬。府城惟東、西兩門受敵。錡所部不滿二萬，而可出戰者僅五千。賊先攻東門〔三九〕，錡出兵應之，賊敗退。兀术自將牙兵三千往來爲援，皆帶重甲，三人爲伍〔四〇〕，貫韋索，號「鐵浮屠」，每進一步，即用拒馬子遮其後，示無反顧。復以鐵騎馬爲左右翼〔四一〕，號「拐子馬」，悉以女真充之〔四二〕。前此攻所難下之城，並用此軍，故又名「長勝軍」。時虜諸酋各居一部〔四三〕，衆欲擊韓將軍，錡曰：「擊韓雖退，兀术精兵尚不可當也。法當先擊兀术，兀术一動，則餘軍無能爲矣。」時叛將孔彦舟、酈瓊、趙榮輩騎列於陣外，有河北簽軍告官軍曰：「我輩元是左護軍，本無鬭志，惟兩拐子馬可殺。」故官軍皆憤。時方劇暑，我居逸而彼暴露，早涼則不與戰，逮未、申時，彼力疲而氣索，錡忽遣數百人出西門。虜方來接戰，俄以數千人出南門，戒令勿喊，但以短兵極力與戰。統制官趙樽、韓直皆被數矢，戰不肯已，錡遣屬扶歸。士殊死鬬，入虜陣中，斫以刃斧，至有奮手捽之，與俱墜於濠者。虜大敗，殺其衆五千，横屍盈野。兀术乃移寨於城西，掘塹以自衛，欲爲坐困官軍之計。是夕，大雨，平地水深尺餘，錡遣兵劫之，上下皆不寧處。乙卯，順昌圍解。宗弼之

兀朮親攻順昌大敗

未敗也，秦檜奏俾錡擇利班師，錡得詔不動。至是宗弼不能支，乃作筏繫橋而去。宗弼至泰和縣，臥兩日，至陳州，數諸將之罪，自將軍韓常以下皆鞭之，於是復以葛王褎守歸德府，常守許州，翟將軍守陳州，宗弼自擁其衆還汴京，自是不復出矣。

龜鑑曰：虜之犯我順昌也(四四)，靴尖趯城之語，此豈可聞也哉！劉錡實當之，觀其鑿舟而沈，示無去意，背城借一，死中求生，或以神臂强弩而邀擊，或以刀斧入陣而奮捽，卒至八字軍激厲，先擊兀朮之謀定，而鐵浮屠之兵已懼矣。是役也，虜欲捐燕以南棄之，其孰使之畏耶？

京西之捷

令言者攻陳鼎

丙辰，湖北京西宣撫司統制官牛皋及金人戰於京西，敗之。

戊午，右承事郎陳鼎降一官。鼎上書言虜敗盟(四五)，秦檜怒，言者因論鼎，故有是命。俄又送吏部，以鼎知德興縣。

醴州之捷

鄭建充等復醴州

己未，樞密院都統制郭浩遣統制官鄭建充等，集鄜延、環慶之兵攻金人于醴州，敗之，復醴州。

壬戌，簽書樞密院事樓炤以父居明卒，去位。

王彦却虜青溪嶺

甲子，權主管鄜延經略司公事王彦拒金人於青溪嶺，却之。初，撒離曷既破鳳翔，與都統制吴璘、楊政夾渭河而陣。璘駐兵大蟲嶺，撒離曷自登西平原覘之，曰：「善戰者立於不敗之地，此難與争。」乃引去，自涇原路欲走邠州。

虜望吴璘不敢争

於是，樞密院都統制郭浩在邠州三水縣，涇原經略使田晟遣統制官曲汲、秦弼拒虜於青溪嶺〔四六〕。

胡世將屢敗金虜

宣撫副使胡世將謂浩素非臨行陣之人，難以責成，即遣彦及統制官楊從儀、程俊、向起、鄭師正、曹成等，分道而出，與虜戰蒿谷、吴頭、麻務屯之間，金人屢敗，留千户五人守鳳翔，撒離曷自將鋭兵攻青溪。汲、弼戰敗，棄青溪走。世將命晟召汲、弼，斬於軍前以徇。彦率兵迎金人，戰盤堠、兔耳，敗之。金人去，復還屯鳳翔。

向子忞湖北之政

乙丑，荆湖北路提點刑獄公事向子忞罷。先是，江西漕司負月樁錢，詔總領官曾慥劾罪。子忞行部，取漕吏釋之。慥言于朝，故罷子忞。再使湖北，先聲入境，奸吏望風解印綬者數十人。湖北營田，舊以抑配百姓，人不聊生，有破産不能償者，日號訴于馬前。子忞爲詢究其便利可行者，使遵守之，罷一切抑配者，遠近鼓舞。時岳飛兼營田大使，無敢忤其意者。至是飛亦喜，以爲當然。子忞按部所至，立大榜於前云：「久負抑，州縣不理者，立

向子忞知秦檜奸邪

其下。」於是積年無告之冤，咸得伸雪。平生好論人物，無所忌諱。嘗與胡安國談當世士，安國頗稱秦檜靖康時事，子忞曰：「與檜同時被執軍前，鮮有生者，獨檜數年之後，盡室航海以歸，非大姦，能若是乎？」安國子寅初猶以爲過，後乃信服。子忞再以毀去，自是閑居十九年。

命飛班師不奉詔

初，命司農少卿李若虛往湖北京西宣撫使岳飛軍前計事。至是，若虛見飛于德安府，諭以面得上旨，兵不可輕動，宜且班師。飛不聽。若虛曰：「事既爾，勢不可還。矯詔之罪，若虛當任之。」飛許諾，遂進兵。

孫顯敗虜陳蔡間

丙寅，湖北京西宣撫司統領官孫顯及金人戰于陳、蔡之間，敗之。

上親製兵器

丁卯，上謂大臣曰：「朕躬履艱難，久於兵事，至於器械，亦精思熟講。昨造大鏃箭，諸軍皆謂頭太重，不可及遠。又造鋭首小槍，初亦未以爲然，其後用以破敵，始服其精利。今劉錡軍于順昌城下破敵，正爲此槍也。」

曹成敗虜天興縣

戊辰，川陝宣撫司左統領官曹成自汧陽襲金人於天興縣，敗之。

劉錡以功建節

庚午，樞密副都承旨、沿淮制置使劉錡爲武泰軍節度使、侍衛親軍馬軍都虞候。前一日，上諭大臣曰：「用兵之際，賞罰欲明。錡以孤軍挫賊鋒〔四七〕，兀术遁去，其功卓然，當使除節鉞。」即日降制。既又遣中使撫問，上賜劄有曰：

「卿之偉績，朕所不忘。」

韓世忠軍敗虜

京東淮東宣撫使韓世忠遣統制官王勝率背嵬將成閔北伐，遇金人于淮陽軍南二十里，水陸轉戰，掩金人于沂河，死者甚衆，奪其舟二百。

張浚言邊事

福建路宣撫大使張浚言：「臣竊念自群下決回鑾之計，國勢不振。事機之會，失者再三。向使虜出上策〔四八〕，還梓宫，歸兩殿，供須一無所請，宗族隨而盡南，則我德虜必深，和議不拔，人心懈怠，國勢浸微，異時釁端卒發，何以支持？臣知天下非陛下之有矣。今幸上天警悟，虜懷反復，士氣尚可作，人心尚可回〔四九〕。願因權制變，轉禍爲福，用天下之英才，據天下之要勢，奪敵之心，振我之氣，措置一定，大勳可集。」繼聞淮上有警，連以邊計奏知，又條畫海道舟船利害。

上嘉張浚之忠

上嘉浚之忠，遣中使奬諭。浚時大治海舟至千艘，爲直指山東之計，以俟朝命。

命舉將帥

閏六月丙子，詔三衙管軍及觀察使以上，各舉智勇猛略、才堪將帥者二人。

詔慰勞將帥

戊寅，上曰：「狂虜犯境〔五〇〕，諸軍不免調發。盛夏劇暑，朕蔭大廈，御絺綌，猶不能勝其熱。將士乘邊，暴烈日，被甲冑。每念薰灼之苦，如切朕躬。可降詔撫問慰勞之。」

田晟涇州之捷

辛巳，涇原經略使田晟及金人戰於涇州，敗之。初，撒離曷既爲王彥所却，遂自鳳翔悉兵攻涇州。晟據山爲陣，乘虜壁壘未定〔五一〕，奮兵掩殺，自巳至申，連戰皆捷，奪其戰馬、兵械甚衆。金人敗走。

詔戒飭將士

上言多方撫納

甲申，上曰：「諸將進兵，所在克捷。正恐狃於屢勝，士寖以驕。可下詔飭其嚴整行伍，明遠斥堠，蓄力養威，以俟大舉。勿爭尺寸之利，期以殄滅孽酋而已〔五二〕。」上又曰：「夷狄雖異類〔五三〕，苟知效順，何以多殺爲？馬欽等初歸〔五四〕，朕貸而不殺，劉光世屢以爲言。既而女真、契丹〔五五〕、燕人來歸者益衆，光世方悟朕意，至今諸軍往往收以爲用。今交兵之際，正宜多方撫納，使知內嚮。」

涇州之敗

胡世將登仙人原

是日，田晟及金人再戰於涇州，敗績。金人雖幸勝晟〔五六〕，亦殺傷過當而還，自是歸鳳翔，不復戰，以兵攻陝西諸郡城守未下者。河南糧食垂盡，世將亦離河池，登仙人原山寨，爲防秋之計，保險以自固矣。

王德復宿州

丙戌，淮西宣撫司都統制王德復宿州，降其守閤門宣贊舍人馬秦。

張憲等復潁昌府

壬辰，湖北京西宣撫司統制官張憲、傅選及金將韓常戰於潁昌府，敗之，復潁昌。

張憲復淮寧府

丙申，張憲復淮寧府。先是，韓常既敗走，宣撫使岳飛遣統制官牛皋、徐慶等與憲會，憲等與常戰于淮寧府，又敗之，常引去。飛以勝捷軍統制趙秉淵知府事。

令王次翁等攻趙鼎

丁酉，提舉臨安府洞霄宫趙鼎責授秘書少監、分司西京，興化軍居住。初，鼎罷郡還紹興，上書言時政。秦檜忌鼎復用，乃令御史中丞王次翁劾鼎，右諫議大夫何鑄亦再疏論之，乃有是命。

郝晸等克鄭州

湖北京西宣撫司統制官郝晸、張應、韓清克鄭州。

王勝克海州

京東淮東宣撫司統制官王勝克海州，生執守將王山。

出軍秋毫無犯

韓世忠每出軍，必戒以秋毫無犯，軍之所過，耕夫皆荷鋤而觀。

張俊克亳州

戊戌，淮西宣撫使張俊克亳州。初，三京招撫使劉光世聞酈瓊在亳州，遣使臣趙立、南京進士蔡輔世同往招之。瓊不啓書而焚之，械送獄，既而縱之。至是光世引軍還太平州，而俊以大軍至城父。都統制王德已下宿州，即乘勝趨亳州與俊會，瓊聞之，謂葛王褒曰：「夜叉公來矣〔五七〕，其鋒未易當，請避之。」遂率衆遁去。時俊軍威甚盛，而智謀勇敢，賴德爲多。德亦先計後戰，故未嘗敗。

秦檜將班師

虜欲棄燕以南

王師自失機會

己亥，知順昌府陳規知廬州，沿淮制置使劉錡兼權知順昌府。時秦檜將班師，故命規易鎮淮右。先是，上賜錡空名告身千五百，命書填將帥之有功者，錡復繳上，謂不若自朝廷給之爲榮。至是，始具功狀以聞。以犒軍銀帛十四萬匹兩均給將士，軍無私焉。於是錡方進兵乘虜虛〔五八〕，而檜召錡還〔五九〕。徽猷閣待制洪皓時在燕山，密奏：「順昌之役，虜震懼喪魄，燕之珍寶悉取而北，意欲捐燕以南棄之。王師亟還，自失機會，可惜也。」

龜鑑曰：虜至宿、亳〔六〇〕，王德得以破其營。虜至潁昌，岳飛得以殺其將。或捷於鳳翔，或捷於寶雞，或捷於扶風，又皆吴璘、楊政保蜀守蜀之功。而虜之回軍，直趨濠州，我諸將得以聯兵制之。當是時也，無一人不勇，無一戰不勝，蓋不止有一月三捷之告。非虜至此不善戰也，直以我師正鋭，所向無前。吾觀虜酋告兀术曰〔六一〕：「今者南兵非昔日比。」而虜兵望見王師，且曰：「此順昌旗幟也。」亟退避之。除兇雪恥〔六二〕，此蓋可乘之機也。撫機不發，何爲也耶！

大事記曰：兀术敗盟入寇〔六三〕，不惟劉錡以八字軍直入虜陣〔六四〕，大捷于順昌，而李寶捷于興仁，姚仲等捷于鳳翔，牛皋捷于京西，孫顯捷于陳、蔡，曹成捷于天興縣，王勝、成閔捷于淮陽，楊從儀捷于寶雞縣，王貴、姚政捷于潁昌府，王俟捷于東洛口，邵俊、王喜捷于淮陽，吴璘捷于陜州，韓世忠捷于泇口，楊沂中捷于柘皋，而岳飛捷于郾城，乘勝逐北，兵至朱仙鎮，距東京四十五里〔六五〕。洪皓燕山之奏，謂順昌之役，虜震懼喪魄〔六六〕，欲捐燕以南棄之，又謂虜已厭兵，朝廷若乘勝進擊，再造猶反掌耳，蓋誠然也。秦檜主罷兵，和議已定矣。

竄趙鼎于潮州

庚子，趙鼎再責清遠軍節度副使、潮州安置。右諫議大夫何鑄章再上，遂有是命。制略曰：「朋奸罔上，惡殆並於共、兜；專利擅權，罪實侔于楊、李。」

張應等入西京

秋七月癸卯，湖北、京西宣撫使司將官張應、韓清入西京。初，河南府兵馬鈐轄李興既聚兵先復伊陽等八縣，又復汝州，僞河南尹李成棄城遁走河陽。

復汝州永安軍

宣撫使岳飛遣應、清與之會，遂復永安軍。

引王次翁參政

丙午，御史中丞王次翁爲參知政事。

上論戰勝在人和

戊申〔六七〕，上曰：「朕常與諸將論兵，諸將皆謂虜人鐵騎馳突〔六八〕，若在平原，勢不可當，須據險以扼之。朕謂不然。孟子曰：『天時不如地利，地利不如人和。』兵之勝負，顧人心如何耳。苟人心協和，則彼雖在平原，亦可取勝。諸將皆不以爲然。今諸將奏捷，皆在平原，以步兵勝鐵騎，乃信朕前日之語。」

己酉，湖北京西宣撫使岳飛自與宗弼戰于郾城縣，敗之，殺其裨將。是役也，統制官楊再興單騎入虜陣〔六九〕，欲擒宗弼，不獲，被數十創，猶殺數百人而退。

岳飛郾城之捷

庚戌，永興軍路經略副使王俊遣統領官辛鎮與金人戰于長安城下，敗之。

辛鎮長安之捷

川陝宣撫副使胡世將遣兵千人，具舟百艘，載柴草、膏油，自丹州順流而下，至河中府，焚毀金賊所繫浮橋〔七〇〕，及選萬人由斜谷出潼關，皆以絕虜歸路〔七一〕。

胡世將絕虜歸路

壬子，進士張本特補右迪功郎，以其獻佑政編可採也。

張本佑政編

乙卯，湖北京西宣撫司都統制王貴、統制官姚政及金人戰于潁川府，敗之。

王貴等潁川府之捷

壬戌，湖北京西宣撫使岳飛自郾城班師。飛既得京西諸郡，會詔書不

詔岳飛不許深入

許深入，始傳令回軍。軍士應時皆南鄉，旗靡轍亂。飛望之，口呿而不能合，良久，曰：「豈非天乎！」飛以親兵二千自順昌渡淮赴行在，於是潁昌、淮寧、蔡、鄭諸州皆復爲金人所取，議者惜之。

諸州既得復失

復釋奠爲大祀

甲子，復釋奠文宣王爲大祀，用太常博士王普請也。於是祀前受誓戒，加籩豆十有二，其禮如社稷。

增收頭子錢

乙丑，户部請州縣出納官物，每千增收頭子錢十文，赴左藏爲激賞之用。許之。

議作禮器

訪求古書

肄習大樂

丙寅，太常寺奏大禮祭服事。上曰：「朕嘗考三代禮器皆有義，後世非特制作不精，且失其義。朕雖艱難，亦欲改作，漸令復古。」上又曰：「艱難以來，秘書省舊書散亡，今所藏甚少，不稱設官之意。朕近日多訪得古書，當令館職校正，别録本，付省中藏之。」時大樂亦久廢，詔太常肄習，於是太常丞周執羔輯舊聞〔七二〕，閱工器，而樂始備。

貶張九成等

八月壬申，降詔提舉江州太平觀張九成與知州軍差遣。喻樗、陳剛中令吏部與合入差遣，淩景夏、樊光遠與外任差遣，毛叔度與對移一般差遣。先是，九成等皆言和議非計，及是，秦檜將罷兵，而九成家臨安之外邑，故斥

陳剛中死於貶所

遠之。尋以九成知邵州，剛中知安遠縣，景夏知辰州，光遠爲閬州州學教授，叔度爲嘉州司户參軍。剛中尋卒於貶所。

韓世忠圍淮陽

解元掩虜于譚城

乙亥，韓世忠圍淮陽軍，命諸將齊攻之。帳前親隨成閔從統制官許世安奪門而入，大戰于門之外。閔身被三十餘創，世安亦脛中四矢，力戰，奪門復出，閔氣絶而復蘇者屢矣。世忠大賞之。别將解元掩擊金人于沂州譚城縣，虜溺死者甚衆〔七三〕。

喜劉昉引用之

丙子，劉昉爲荆湖南路轉運副使。昉爲秦檜所喜，故旋用之。

吳琦敗虜

戊寅，知陝州吳琦遣統制官侯信渡河，劫金人中條山寨，敗之，獲馬二十匹。翊日，又戰于解州境上，敗之，殺其將毛罕。

優徽廟舊人

己卯，宰執奏徽宗隨龍人乞恩例。上曰：「若舊人尤當憂恤，凡事干徽廟，非唯朕奉先之孝，所當自致，亦欲風勵四方，乃使人知有君親之恩也。」

韓世忠泇口之捷

庚辰，金人自滕陽來救淮陽軍，韓世忠逆擊於泇口鎮，敗之。是日，世忠所遣統制官劉寶、郭宗儀、許世安以舟師至千秋湖陵，遇金人所遣酈瓊叛卒數千人。寶等與戰，大捷，獲戰船二百。

李興敗李成

壬午，李成自河陽以五千騎犯西京〔七四〕，知河南府李興命開城門以待之。

成疑不進，興遣銳士自他門出擊之，成敗走。

上言戰守是一事

癸未，上與宰執論戰守之計。上曰：「戰守本是一事，可進則戰，可退則守，非謂戰則爲强、守則爲弱，但當臨機應變而已。」

令何鑄攻張九成

丙戌，秘閣修撰、新知邵州張九成落職，以御史中丞何鑄言其矯僞欺俗，故有是命。九成以家艱不赴。

楊沂中潰兵于宿州

丁亥，淮北宣撫副使楊沂中潰軍於宿州。

王俊敗虜于盩厔

壬辰，永興軍路經略副使王俊擊金人于盩厔縣東，敗之。

邵俊等敗虜于汧陽

甲午，川陝宣撫司同統制邵俊、統領王喜遇金人於隴州汧陽縣牧羊嶺，敗之。

秦檜主罷兵

九月壬寅朔，遣起居舍人李易赴韓世忠軍前議事。宰相秦檜主罷兵，召湖北京西宣撫使岳飛赴行在，遂命易見世忠諭旨。時淮西宣撫副使楊沂中還師鎮江府，三京招撫處置使劉光世還池州，淮北宣撫判官劉錡還太平州，自是不復出師矣。

楊從儀敗虜鳳翔

丁未，楊政軍同統領楊從儀劫金人於鳳翔府城南寨，獲戰馬數百。

虜復入西京

戊申，金人復入西京。先是，李成數爲河南府李興所敗，乞師于宗弼，得蕃、漢軍數萬。興度衆寡不敵，棄城去，寓治于永寧之白馬山。

諭岳飛功賞

己酉，上諭大臣曰：「朕昨面諭岳飛：凡爲大將者，當以天下安危自任，不當較功賞。彼以功賞存心者，乃士卒所爲。至於朝廷待大將，亦自有禮。如前日邊報之初，除諸將便加師、保，豈必待有功乎？」時飛已至行在，故上訓及之。

庚戌，合祀天地于明堂，太祖、太宗並配，赦天下。

邵俊等再敗虜于汧陽

癸丑，楊政軍統制官楊從儀、邵俊、統領王喜敗金人于汧陽。

省部倉庫火

辛酉，臨安府火，延燒省部倉庫。

朱勝非閑居録曰：趙鼎淮上用兵，以三百萬緡入三省激賞庫，秦檜繼相，用術尤精。九年，金虜還河南故地〔七五〕，檜託言計備使禮，凡常賦之入，多歸此帑。歲時所獻，日月增厚而錫賚便蕃，權勢熏灼。至是，庫金出入輕於州郡公庫矣。用度既廣，賦入不繼。十年，下令云：「舉兵擊虜〔七六〕，須備犒賞。」計畝率錢徧天下，五等貧民無得免者，所斂號激賞而兵未嘗舉，百姓尤怨。既而火作，首焚三省，庫中所積，一夕而盡，不復根治，悉行除破，蓋侵取既多，見物無幾，幸火以滅其迹，無復稽考者也。

審量之法盡廢

壬戌，言者論：「頃年獻議之臣，有以審量之説而浼我徽宗者，書之史册，又足以虧陛下孝治之風。欲望特降睿旨，小使臣因泛濫補官人，如已經關陞，許注親民，仍令收使分數恩例。」從之。自是靖康以來討論審量之法盡廢矣。

朝廷主張能吏

癸亥，上曰：「朕觀自昔守令，能抑强振弱，始號循良。今豪家稍不快意，必中傷之。自今縣吏，有能稱而或誣以非辜者，須朝廷主張，庶使吏得自效，而民被其惠矣。」

秦檜上通用敕令

冬十月戊寅，尚書右僕射兼提舉詳定一司敕令秦檜等上紹興重修在京通用敕令格式四十八卷，申明十二卷，看詳三百六十卷。

丙戌，河北路統制李寶至楚州。時韓世忠在楚州，寶與其徒歸之，世忠大悦。

王文獻注司馬法

丁亥，鄉貢進士王文獻進所注司馬法。詔免文解一次。

論用兵在賞罰

壬辰，上謂大臣曰：「用兵惟在賞罰，若用命者必賞，不用命者必罰，何患人不盡力？比聞大將奏賞，往往任私，不當人心。朕若親提一軍，明賞罰以勵士卒，必可擒取兀朮。」

令何鑄攻范沖等

己亥，龍圖閣直學士范沖、徽猷閣待制王居正並落職，依舊提舉江州太平觀。御史中丞何鑄論二人之罪，故有是命。

惠逢敗虜野㕂河

庚子，熙河經略司將領惠逢與虜遇于野㕂河〔七〕，敗之。

吳琦擊却合喜

十有一月戊申，金將合喜自潼關出犯陝州，守臣吳琦擊却之。合喜，婁宿孫也。

楊從儀敗虜寶雞

鳳翔府同統制楊從儀敗金人于寶雞縣。

上論兀朮無能爲

己酉，上曰：「自古爲天下者，必先得人心，未有專事殺伐殘忍而可爲者。兀朮雖强，專以殺伐殘忍爲事，不顧人心之失，朕知其無能爲者。」

頒真宗御製七條

辛亥，頒真宗御製文武臣僚七條于郡縣。

賑濟須及鄉村

福建安撫大使張浚等奏，乞措置賑濟事。上曰：「賑濟本爲貧民，近世止及城郭，而鄉村之民未嘗及之。須令州縣雖僻處，亦分委官吏，必躬必親，則下户皆沾實惠矣。」

胡世將解慶陽圍

乙卯，川陝宣撫副使胡世將奏，已遣兵解慶陽之圍。先是，慶陽圍急，帥臣宋萬年乘城拒守，會世將招河東經略使王忠植以所部赴陝西會合，行至延安，叛將趙惟清執忠植，使拜詔。忠植曰：「若本朝詔書則受，金國詔書，則不拜也。」惟清執之以詣撒離曷，使甲士引詣慶陽城下，諭使出降，忠植大呼曰：「我河東步佛山忠義人也，爲虜所執〔七八〕，使來招降。願將士勿負朝廷，堅守城壁可也！」撒離曷怒，忠植遂遇害〔七九〕。

王忠植死虜

戊午，上曰：「用兵惟視謀之臧否，不可問力之强弱。苟謀之不臧，惟知恃力，雖或勝，亦不足以成功。」

用兵在有謀

甲子，右正言万俟卨論營田官莊附種之弊，以爲官莊設，即百里之民應籍者，皆赴莊以待耕耨，已業荒廢，多不能舉，附種行，則㪷升之種〔八〇〕，户給於民，散斂之擾，率以爲常。欲望逐路選委强明監司一人，徧行州縣，應有營田去處，覈實均散。其帥臣隱蔽不肯公共商榷者，並許按覈以聞。上曰：「卨所論極當。大凡營田，須軍中自爲之，則不斂於民而軍食足，若使民舍己之田，營軍之田，恐甚於斂民之爲虐也。」乃詔領營田監司措置。

万俟卨論營田

十有二月乙未，言者請令諸大帥各薦偏裨之可任者。上曰：「諸校智愚勇怯，朕皆熟知之。儻有使令，便可抽摘，何用薦舉耶？」

上深知諸校之才

兵部侍郎張宗元乞命有司以續降朝旨便人合理者，裒爲一書以進。許

編續降朝旨

之。後九年乃成，凡四百三十五卷。

李興死守白馬山

初，李興既屯白馬山寨，李成以蕃、漢數萬衆圍之。時興妻周氏與其子居襄陽，惟幼子在側。虜圍益急〔八二〕，士心頗摇。興聞，謂諸將曰：「興與諸君當以死守，毋有二志。苟或不敵，吾豈爲虜污者？當抱是兒，南向投崖，以謝天子！」諸將皆感泣，由是守益堅。虜遣使賫黄榜，招興以奉國上將軍、河南尹。興得檄不啓，立斬其使，以檄聞於朝。白馬受圍久，方冬泉涸，軍民乏絶。興焚香默禱，一夕大雪，泉源皆溢。成知興不可屈，乃積山下屯兵積糧，爲久居之計。興潛遣將士夜焚之，成大挫，徑歸西京。

增入名儒講義皇宋中興聖政卷之二十六

校勘記

〔一〕癸未　繫年要録卷一三四繫於「辛巳」。

〔二〕戊子　繫年要録卷一三四繫於「辛卯」。

〔三〕案從「紹興十年春正月辛巳」至「年五十」凡二百六十四字原脱，據明抄本及宋史全文卷二〇補。

〔四〕丁酉　原作「丁丑」，據繫年要録卷一三四改。

〔五〕則知虜不能無求　「虜」原作「敵」，據明抄本及宋史全文卷二〇改。

〔六〕將省殿試更展一年　「更」原作「吏」，據明抄本、宋史全文卷二〇及繫年要録卷一三四改。

〔七〕既不能割地以賂戎　「戎」原作「敵」，據明抄本及宋史全文卷二〇改。

〔八〕已聞金人有敗盟意　「敗」原作「悔」，據明抄本及宋史全文卷二〇改。

〔九〕虜人不納　「虜」原作「敵」，據明抄本及宋史全文卷二〇改。

〔一〇〕遂分四道入寇　「寇」原作「侵」，據明抄本及宋史全文卷二〇改。下同。

〔一一〕知淮寧府李正民皆束身歸命　「身」原作「手」，據明抄本、宋史全文卷二〇及繫年要録卷一三五改。

〔一二〕金人陷拱州守臣王慥死之　「人陷」原作「兵取」，「王」原脱，據明抄本及宋史全文卷二〇改、補。

〔一三〕金人陷南京　「人陷」原作「兵入」，據明抄本及宋史全文卷二〇改。

〔一四〕金人陷西京　「人陷」原作「兵入」，據明抄本及宋史全文卷二〇改。

〔一五〕虜騎入東京　「虜」原作「敵」，據明抄本及宋史全文卷二〇改。下同。

〔一六〕旦得報　「旦」原作「且」，據明抄本、宋史全文卷二〇及繫年要録卷一三五改。

〔一七〕虜騎入陳　「陳」原作「城」，據宋史全文卷二〇及繫年要録卷一三五改。

〔一八〕去則虜人邀我歸路　「虜」原作「敵」，據明抄本及宋史全文卷二〇改。下同。

〔一九〕錡本赴官留司今東京既陷　「司」原作「守」，「陷」原作「失」，據明抄本及宋史全文卷二〇改。

〔二〇〕自河池赴寶雞河南以捍寇　「寇」原作「敵」，據明抄本及宋史全文卷二〇改。

〔二一〕以金人犯陝西故也　「人犯」原作「兵侵」，據明抄本及宋史全文卷二〇改。

〔二二〕逆虜背盟　「逆虜」原作「北國」，據明抄本改。

〔二三〕分道入寇　「寇」原作「侵」，據明抄本改。

〔二四〕而虜反以與之　「虜」原作「敵」，據明抄本改。下同。

〔二五〕胡騎已南　「胡」原作「敵」，據明抄本改。

〔二六〕金人犯鳳翔府之石壁寨　「人犯」原作「兵侵」，據明抄本及宋史全文卷二〇改。

〔二七〕與璘協力捍虜　「虜」原作「敵」，據明抄本及宋史全文卷二〇改。下同。

〔二八〕虜遊騎至　「虜」原作「敵」，據明抄本及宋史全文卷二〇改。下同。

〔二九〕皆謂賊已遣銀牌使馳詣東京　「賊」原作「敵」，據明抄本及宋史全文卷二〇改。

〔三〇〕金人叛盟　「人叛」原作「國背」，據明抄本及宋史全文卷二〇改。

〔三一〕獨君鄉衮　「君」原作「吾」，據明抄本、宋史全文卷二〇及繫年要録卷一三六改。
〔三二〕金人長驅犯順　「人」原作「兵」，「犯順」原作「入境」，據明抄本及宋史全文卷二〇改。
〔三三〕時虜衆圍順昌已四日　「虜」原作「敵」，據明抄本及宋史全文卷二〇改。
〔三四〕有一酋遽被甲呼曰　「酋」原作「將」，據明抄本及宋史全文卷二〇改。
〔三五〕見辮髮者殲之甚衆　「辮髮者殲」原脱，據明抄本及宋史全文卷二〇補。
〔三六〕案從「元帥宗弼親擁兵至」至「於百通坊列陣二」凡四百三十九字原脱，據明抄本、宋史全文卷二〇補。
〔三七〕宗弼至城外　「城外」原作「順昌」，據明抄本及宋史全文卷二〇及繫年要録卷一三六改。
〔三八〕虜併兵攻城　「虜」原作「敵」，據明抄本及宋史全文卷二〇改。下同。
〔三九〕賊先攻東門　「賊」原作「敵」，據明抄本及宋史全文卷二〇改。下同。
〔四〇〕三人爲伍　「三」原作「五」，據皇朝中興紀事本末卷五二、繫年要録卷一三六及續宋編年資治通鑑卷五改。
〔四一〕復以鐵騎馬爲左右翼　「爲」原脱，據明抄本補。
〔四二〕悉以女真充之　「女真」原作「北人」，據明抄本及宋史全文卷二〇改。

〔四三〕時虜諸酋各居一部　「虜諸酋」原作「敵諸將」，據明抄本及宋史全文卷二〇改。

〔四四〕虜之犯我順昌也　「虜之犯」原作「敵之侵」，據明抄本改。下同。

〔四五〕鼎上書言虜敗盟　「虜敗」原作「敵背」，據明抄本及宋史全文卷二〇改。

〔四六〕秦弼拒虜於青溪嶺　「虜」原作「敵」，據明抄本及宋史全文卷二〇改。下同。

〔四七〕錡以孤軍挫賊鋒　「賊」原作「敵」，據明抄本及宋史全文卷二〇改。

〔四八〕向使虜出上策　「虜」原作「敵」，據明抄本及宋史全文卷二〇改。下同。

〔四九〕人心尚可回　「回」原作「固」，據明抄本、宋史全文卷二〇及繫年要録卷一三六改。

〔五〇〕狂虜犯境　「狂虜犯」原作「北敵入」，據明抄本及宋史全文卷二〇改。

〔五一〕乘虜壁壘未定　「虜」原作「敵」，據明抄本及宋史全文卷二〇改。

〔五二〕期以殄滅孽酋而已　「殄滅孽酋」原作「克敵制勝」，據明抄本及宋史全文卷二〇改。

〔五三〕夷狄雖異類　「夷狄雖異類」原作「北土雖異性」，據明抄本及宋史全文卷二〇改。

〔五四〕馬欽等初歸　「馬」原脱，據明抄本、宋史全文卷二〇及繫年要録卷一三六補。

〔五五〕既而女真契丹　「女真契丹」原作「西北敵人」，據明抄本、宋史全文卷二〇及繫年要録卷一三六改。

〔五六〕金人雖幸勝晟　「幸」原作「獲」，據明抄本、宋史全文卷二〇及繫年要録卷一三六改。

〔五七〕夜叉公來矣　「叉」原作「乂」，據明抄本及宋史全文卷二〇改。

〔五八〕於是錡方進兵乘虜虚　「虜」原作「敵」，據明抄本及宋史全文卷二〇改。下同。

〔五九〕而檜召錡還　「錡」原作「綺」，據明抄本及宋史全文卷二〇改。

〔六〇〕虜至宿亳　「虜」原作「敵」，據明抄本及宋史全文卷二〇改。下同。

〔六一〕吾觀虜酋告兀术曰　「虜酋」原作「敵帥」，據明抄本及宋史全文卷二〇改。

〔六二〕除兇雪恥　「除兇」原作「復讎」，據明抄本及宋史全文卷二〇改。

〔六三〕兀术敗盟入寇　「寇」原作「臨」，據明抄本改。

〔六四〕不惟劉錡以八字軍直入虜陣　「虜」原作「敵」，據明抄本改。

〔六五〕距東京四十五里　「東京」原互倒，據類編皇宋中興大事記講義卷之九改。

〔六六〕虜震懼喪魄　「虜」原作「敵」，據明抄本及中興戰功録劉錡順昌府條改。下同。

〔六七〕戊申　原作「戊午」，據繫年要録卷一三七改。

〔六八〕諸將皆謂虜人鐵騎馳突　「虜」原作「敵」，據明抄本及宋史全文卷二〇改。

〔六九〕統制官楊再興單騎入虜陣　「虜」原作「敵」，據明抄本及宋史全文卷二〇改。

〔七〇〕焚毀金賊所繫浮橋　「賊」原作「兵」，據明抄本及宋史全文卷二〇改。

〔七一〕皆以絶虜歸路 「虜」原作「敵」，據明抄本及宋史全文卷二〇改。
〔七二〕詔太常肄習於是太常丞周執羔輯舊聞 「肄」原作「隷」，「執」原作「質」，據明抄本及繫年要録卷一三七改。
〔七三〕虜溺死者甚衆 「虜」原作「敵」，據宋史全文卷二〇改。
〔七四〕李成自河陽以五千騎犯西京 「犯」原作「侵」，據明抄本及宋史全文卷二〇改。
〔七五〕金虜還河南故地 「虜」原作「兵」，據明抄本及皇朝中興紀事本末卷五四所引改。
〔七六〕舉兵擊虜 「虜」原作「敵」，據明抄本及皇朝中興紀事本末卷五四所引改。
〔七七〕熙河經略司將領惠逢與虜遇于野厖河 「虜」原作「敵」，據明抄本及宋史全文卷二〇改。「野厖河」原作「野龍河」，據宋刊本分類事目及皇宋十朝綱要卷二三改。
〔七八〕爲虜所執 「虜」原作「敵」，據明抄本及宋史全文卷二〇改。
〔七九〕忠植遂遇害 「忠植」原脱，據宋史全文卷二〇及繫年要録卷一三八補。
〔八〇〕則㪷升之種 「升」原作「勝」，據繫年要録卷一三八改。
〔八一〕虜圍益急 「虜」原作「敵」，據明抄本及宋史全文卷二〇改。下同。

增入名儒講義皇宋中興聖政卷之二十七

高宗皇帝二十七

紹興十有一年春正月壬寅，提舉江州太平觀趙開卒。自金人犯陝、蜀，開職饋餉者十年，軍用得以毋乏。開既黜，主計之臣率三四易，於開條畫，毫髮無敢變更者。然議者咎開竭澤而漁，使後來者無所施其智巧，凡茶鹽、榷酤、激賞、零畸、絹布之征，遂爲四蜀常賦，故雖累經減放，而害終不去焉。

趙開主計得失

癸卯，鳳翔府同統制軍馬楊從儀敗金人于渭南。

楊從儀敗虜渭南

庚戌，淮南宣撫使張俊入見。上問：「曾讀郭子儀傳否？」俊對以未曉。上諭云：「子儀時方多虞，雖總重兵處外，而心尊朝廷。或有詔至，即日就道，無纖介顧望，故身享厚福，子孫慶流無窮。今卿所管兵，乃朝廷兵也。若知尊朝廷如子儀，則非特身饗福，子孫昌盛亦如之。」先是，宗弼自順昌戰敗而歸，遂保汴京，留屯宋、亳，出入許、鄭之間，復簽兩河軍與蕃部凡十餘

以郭子儀事諭張俊

萬，以謀再舉。上亦逆知虜情必不一挫便已〔一〕，乃詔大合兵於淮西以待之。俊自建康來朝，故有是諭也。

史臣曰：將帥驕蹇，自有常刑，聖上保全功臣，恐其自速顛躋，以經綸之訓易斧鉞之威，使虎豹入圈檻，鷹隼就羈紲，駕馭之法，盡於此矣。高祖不以古人責韓、彭，速其禍敗，亦不學之過也。先是，韓世忠易兩鎮節鉞，上手寫子儀傳徧賜諸將，至是十年矣，故復以問俊焉。

戒諸將持重待虜

辛亥，上諭大臣曰：「李左車言：『千里饋糧，士有飢色。』虜若犯淮〔二〕，其勢糧必在後。但戒諸將持重以待之，至糧盡欲歸，因其怠而擊，則無不勝矣。」又曰：「聽言必考其實。近有言劉錡之過，朕徐考之，皆無實迹，讒者遂息。」孫近曰：「錡當何以報聖恩也！」

不信讒劉錡者

己未，淮北宣撫判官劉錡自太平州渡江，以援淮西。

虜渡淮入寇

金人陷壽春〔三〕，殺守兵千餘人，繫橋淮岸，以渡其衆。

甲子，上曰：「木瓜美齊威公而載之衛國風，何也？」秦檜等方思所以爲對，上曰：「自衛觀之，威公繼絶誠可美；自齊觀之，威公專封，亦可罪。仲尼成人之美，而掩其罪，故不載之齊國風，而載之衛國風也。」檜等對曰：「仰見聖學高明，深得仲尼删詩之意，非諸儒之所能及！」

臣留正等曰：孔子遏惡揚善之意，見於六經者多矣。人主政治，本原出於經術，是以見臣下過失，不幸而出於不得已者，則以孔子之心恕之，此之謂帝學。

虜不敢犯劉錡

乙丑，劉錡至廬州，駐兵城外。時知廬州陳規病卒，城中無守臣，備禦之具皆缺。錡巡其城一匝，曰：「城不足守也。」乃冒雨與關師古率衆而南。丙寅，金人大軍入廬州，遣輕騎追錡，相及於西山口。錡自以精兵爲殿，復戈西向，列陣以待。追騎望見錡旌旗，逡巡不敢逼，日莫，各解去。丁卯，錡結陣徐行，號令諸軍，占擇地利，共趨東關，依水據山，以遏金人之衝。錡既得東關之險，稍休士卒，兵力復振。金人大兵據廬州，雖時遣兵入無爲軍、和州境内剽掠，而不敢舉兵逼江者，蓋懼錡之乘其後也，江南由是少安。

虜陷商州

戊辰，金人陷商州〔四〕，守臣邵隆焚倉庫、毁廬舍而遁。虜入城據之〔五〕。

王德進屯和州

二月癸酉，淮西宣撫司都統制王德渡江，屯和州。虜退屯昭關〔六〕。知

邵隆復商州

商州邵隆復入商州。初，隆既遁去，乃屯兵山嶺，間道出州西芍藥口，謂避地者曰：「汝皆王民，毋忘本朝！」衆感泣，攜老幼來歸。隆遣其子繼春出商州之北，以張其勢，而移軍洪門。金人以精騎來攻，隆設三伏以待，鏖戰兩時許，大破之，擒其將；繼春亦破之于洛南縣。金人乃去。

邵隆商州之捷

上料虜不敢渡江

丙子，上謂大臣曰：「中外議論紛然，以虜逼江爲憂〔七〕，殊不知今日之勢與建炎不同。建炎之間，我兵皆退保東南，杜充書生，遣偏將輕與虜戰，故虜得以乘間猖獗。今韓世忠屯淮東，劉錡屯淮西，岳飛屯上流，張俊方自建康進兵前渡。虜窺江則我兵乘其後。今雖虛鎮江一路，以檄呼虜渡江，亦不敢來。」其後卒如上所料。

王德含山之捷

都統制王德遇金人韓常於含山縣東，敗之。

論劉錡所長

丁丑，上謂大臣曰：「朕于諸帥，聽其言則知其用心，觀其所爲則知其才。人皆言劉錡善戰，朕謂順昌之勝，所謂置之死地然後生，未爲善戰也。錡之所長，在於循分守節，危疑之中，能自立不變，此爲可取。」

關師古等復巢縣

己卯，淮西宣撫司統制官關師古、李横復取巢縣。

張守忠全椒之捷

壬午，淮西宣撫司將官張守忠遇金人于全椒縣，敗之。

癸未，淮西宣撫使張俊言已復巢縣，又言：「俊已在和州竭力措置，決與虜戰〔八〕，必須取勝，可保無虞。」上大喜。

復奪昭關

劉錡自東關引兵出清溪，邀擊金人。張俊、楊沂中亦遣統制官王德、張子蓋等會兵取含山縣，復奪昭關。

崔皋敗虜

甲申，三京招撫處置使司統制官崔皋遇金人于舒城縣，敗之。

諸將柘皋之捷

丁亥，淮北宣撫副使楊沂中、判官劉錡、淮西宣撫司都統制王德、統制官田師中、張子蓋及金人戰於柘皋鎮，敗之。前一日，錡行至柘皋，與金人遇，夾河而軍。初，金人之退兵也，日行甚緩。至尉子橋，天大雨，次石梁河，河流湍暴，虜斷橋以自固〔九〕，列營柘皋。柘皋地平，金人以爲騎兵之利，且見錡兵少，意甚易之。河東巢湖闊二丈餘，錡命軍士曳薪疊橋，須臾而成，遣甲軍數隊過橋，皆臥槍而坐。會沂中、德、師中、子蓋之軍俱至，翌日，虜將邢王與韓常等以鐵騎十餘萬分爲兩隅，夾道而陣。沂中自上流涉淺徑進，官軍不利。德曰：「賊右隅皆勁騎，吾將先破之。」乃與師中麾兵渡橋，薄其右隅，虜陣動，有一酋被甲躍馬〔一〇〕，指畫陣隊。德引弓一發，酋應弦墜馬。德乘勢大呼馳擊，諸軍皆鼓噪。金人以拐子馬兩翼而進，德率兵鏖戰，沂中令萬兵各持長斧堵而前，奮鋭擊之，金人大敗，退屯紫金山。德等尾擊之，捕虜數百人、馬馱數百。錡謂德曰：「昔聞公威略如神，今果見之。請以兄禮事公。」

獎諭張俊妻章氏

張俊之愛妾章氏，即杭妓張穠也，頗知書。柘皋之役，俊貽書囑以家事，章答書引霍去病、趙雲不問家事爲言，令勉思報國。俊以其書進，上大喜，親書獎諭賜之。

靜坐思應敵之方

庚寅，上謂宰執曰：「自虜犯邊報至〔一二〕，人言非一。朕惟靜坐一室中，思所以應敵之方，自然利害皆見。蓋人情方擾，惟當鎮之以靜。若隨物所轉，胸中不定，則何以應變也？」

賜詔獎諭諸將

乙未，賜劉光世、韓世忠、張俊、岳飛、楊沂中、劉錡詔書，以「捷書累至，軍聲大張。蓋自軍興以來，未有今日之盛」，仍戒以「尚思困獸之鬬，務保全功」。

龜鑑曰：虜之戰于柘皋也〔一三〕，十萬鐵騎夾道而陣，其勢豈可當哉？張俊、楊沂中等實主之，觀其晝夜疾馳，聲援相接，民兵團結，分據江津，或守馬家渡以示吾之有備，或據和州以遏虜之要衝，卒使諸將捷書繼至，而軍聲大振矣！是役也，蓋自兵興以來，未有今日之盛，又豈偶然之故哉？

葉夢得餽餉不乏

丙申，江東制置大使葉夢得上奏稱賀，詔嘉獎。初，建康屯重兵，歲費錢八百萬緡，米八十萬斛，榷貨務所入不足以贍。至是，禁旅與諸道之師皆至，夢得被命兼總四路漕計，以給饋餉，軍用不乏，故諸將得悉力以戰，由是朝廷益嘉之。

虜退便措置淮南

己亥，上曰：「虜退〔一三〕，便當措置淮南，如移隸州縣、併省官吏，修築城壁，要當事事有備，常爲寇至之防也〔一四〕。」

龜鑑曰：文事必有武備，我高宗未嘗專事於文，而浸忘乎武也。吾觀講和之後，吾國君臣蒐儆申訓，嘗若寇至之無日〔一五〕。八年六月〔一六〕，上曰：「有備無患，縱使和議已成，亦不可弛兵備。」而張戒數論邊事，謂當以和爲表，以備爲裏，以戰爲不得已。上亦諭曰：「此極至之論也。」九年，上謂大臣曰：「虜雖講和〔一七〕，戰守之備何可必弛？朕方復置茶馬司，乘此間暇，廣武備以戒不虞。」十年，陳淵謂和戰二議不可偏執，上謂淵曰

：「今日之和，非惟不可偏執，自當以戰爲主。」十一年，上曰：「虜退〔一八〕，便當措置淮南，修築城壁，要當事事有備，常爲寇至之防。」則知高宗之所以開紹中興者，其自治之事，蓋已先定也。

張浚獻助國用

三月庚子朔，福建路安撫大使、知福州張浚言：「朝廷調發大軍，用度至廣。臣本州措置出賣官田，及勸誘寺院變易度牒，共得六十三萬緡。節次起發，少助國用。」詔浚一意體國，識大臣體，令學士院降詔獎諭。

癸卯，張浚復特進。

金人圍濠州。初，金人自柘臯退軍於紫金山也，濠州守臣王進發書告急。

諸將議班師

甲辰，淮西宣撫使張俊、淮北宣撫副使楊沂中、判官劉錡會議班師。俊與沂中爲腹心，而與錡有隙，故柘臯之戰，奏賞諸軍，錡獨不預。時朝廷雖命三帥合軍，不相節制，然諸軍進退，多出於俊，而錡以順昌之功驟貴，諸將亦頗嫉之。

王洋乞給舉子錢米

乙巳，知邵武軍王洋乞：「鄉村之人，無問貧富，凡孕婦五月，即經保申縣，專委縣丞注籍，其夫免雜色差役一年；候生子日，無問男女，第三等已下，給義倉米一斛，縣丞月給食錢十千。」上覽奏曰：「愚民無知，迫於貧困不能育，故生子而殺之。官給錢物，使之有以育，則不忍殺矣。朕爲父母，但欲民蕃衍，豈惜小費也！」乃詔户部措置。

世忠聞賢驛之捷

丙午，京東淮東宣撫處置使韓世忠舟師至招信縣。夜，世忠以騎兵遇金人于聞賢驛，敗之。

虜陷濠州

丁未，金人陷濠州〔一九〕，知州事王進爲所執，兵馬鈐轄邵青巷戰，死之。

諸將濠州之敗

戊申，張俊、楊沂中、劉錡至黄連埠，去濠州六十里而聞城陷，俊乃召錡、沂中謀之。沂中曰：「廝殺耳！」錡曰：「有制之兵，無能之將可御；有利害之兵，有能之將不可御也。今我軍雖鋭，未爲有制，不若據險下寨，然後出兵襲之。」諸將皆曰：「善。」於是鼎足以爲營。俊遣斥堠數輩，還，俱言濠州無金人。俊遣將官王某謂錡曰：「已不須太尉入去。」錡乃不行，惟沂中與王德領二千餘騎而往，以兩軍所選精鋭策應之。四更起黄連，午時，騎兵先至濠州城西嶺上。列陣未定，有金人伏甲騎萬餘於城兩邊，須臾煙舉於城上，伏騎分兩翼而出。沂中皇遽，以策麾其軍曰：「那回！」諸軍聞之，以爲令其走爾，散亂南奔，無復紀律，其步人見騎軍走，謂其已敗，皆散。金人追及，步人多不得脱，殺傷甚衆。

戒諸將多殺

庚戌，秦檜奏：「近報韓世忠、張俊等至濠州，岳飛已渡江去會師矣。」上曰：「首禍者惟兀术。戒諸將無務多殺，惟取兀术可也。澶淵之役，撻攬既死，真宗詔諸將按兵縱契丹，勿邀其歸路，此朕家法也。朕兼愛南北之民，豈忍以多殺爲意乎？」初，虜之入寇也〔二〇〕，上命飛以兵來援，飛念前此每勝，復被詔還，乃以乏糧爲詞。最後上御劄付飛云：「社稷存亡，在卿此舉。」飛奉詔移兵三十里而止。及濠州已破，飛始以兵至舒、蘄境上，故張俊與秦檜皆恨之。

岳飛遷延赴援

張俊秦檜恨岳飛

辛亥，楊沂中渡江歸行在。

金人退

壬子，金人自渦口渡淮北歸。

癸丑，張俊渡江歸建康府。

諸將恨劉錡

丁巳，劉錡自和州引兵渡江，歸太平州。楊沂中之敗于濠梁也，張俊自黄連拔寨徑去，錡乃按部伍、整旌旗，最後徐行，金人亦不復追。錡至歷陽駐軍，具奏聽旨，然後班師，由是俊與沂中皆恨之。

復收免行錢

夏四月丙子，詔諸州縣量收免行錢。自宣和間，始復熙寧舊法，罷行户而令輸錢。至靖康初，又罷。紹興初，雖令見任官市買方物，悉如民間之價，而汚吏猶虧其直，議者以爲不便。會軍興用乏，遂復令免行，仍詔公私和買物色，並依市直，違者以自盜論。

孫近以請用張浚罷

己卯，參知政事兼權同知樞密院事孫近提舉臨安府洞霄宮。金人之犯淮西也〔二〕，近請召張浚都督諸軍，秦檜大惡之。及虜退〔三〕，御史中丞何鑄乃論近本無體國之忠，但有謀身之計，乞行罷黜。殿中侍御史羅汝楫因交章論近，乃有是命。

復將作軍器監官

罷計議官

庚寅，復置將作、軍器監長貳各一員；罷樞密院計議官。

范同議收三將兵權

辛卯，詔給事中范同令入對。初，張浚在相位，以諸大將久握重兵難制，欲漸取其兵屬督府，而以儒臣將之。會淮西軍叛，浚坐謫去。趙鼎繼相，王庶在樞府，復議用偏裨以分其勢。張俊覺之，然亦終不能得其柄。至是，同獻計于秦檜，請皆除樞府，而罷其兵權。檜納之，乃密奏於上。以柘皋之捷召韓世忠、張俊、岳飛並赴行在，論功行賞。

三將除樞使副

製一字巾入都堂

壬辰，太保、京東淮東宣撫處置使、英國公韓世忠，少師、淮南西路宣撫使、濟國公張俊並爲樞密使；少保、湖北京西路宣撫使岳飛爲樞密副使，並宣押赴本院治事。世忠既拜，乃製一字巾，入都堂則裹之，出則以親兵自衛，檜頗不喜。飛披襟作雍容狀，檜亦忌之。

披襟作雍容狀

龜鑑曰：謬哉，范同之爲檜畫計也！同之議曰：「諸將俱握重兵，必甚難制。莫若皆除樞密而罷其兵權。」此范同但求以助和議而然也。檜乃用之，詔罷宣撫兵隸樞院，附和則保富貴。是故張俊先至，則除美官；韓世忠、劉錡不言和則傷於讒；岳飛最後至，被禍最慘矣！

乙未，樞密使張俊言：「臣已到院治事。見管軍馬，伏望撥入御前使喚。」時俊與秦檜意合，故力贊議和。且覺朝廷欲罷兵權，即首納所統兵。上從其請。復詔范同入對，命林待聘草詔書獎諭。上謂韓世忠、張俊、岳飛曰：「朕昔付卿等以一路宣撫之權尚小，今付卿等以樞府本兵之權甚大。卿等宜各爲一心，勿分彼此，則兵力全而莫之能禦。顧如兀术，何足掃除乎！」

張俊與秦檜意合

張俊附和議納兵

獎諭張俊納兵

禮部侍郎鄭剛中言于秦檜曰：「前日所共憂者，一旦變爲安平之道。」因爲檜陳善後之策凡七事〔三〕。

鄭剛中阿秦檜

五月辛丑，淮東轉運副使胡紡總領淮東軍馬錢糧，置司楚州；尚書度支

總領官始正名

員外郎吳彥璋總領淮西、江東軍馬錢糧，置司建康府；太府少卿曾慥總領京湖軍馬錢糧，置司鄂州。蓋使之與聞軍事，不獨職餽餉云。總領官正名，自此始。

命張岳收淮東兵

丁未，詔韓世忠聽候御前委使，張俊、岳飛帶本職前去按閱御前軍馬，專一措置戰守。時秦檜將議和，故遣俊、飛往楚州，總淮東一全軍，還駐鎮江府。

上論恢復皆虛辭

壬子，上謂宰執曰：「士大夫言恢復者，皆虛辭，非實用也。用兵自有次第。朕比遣二樞使按閱軍馬，措置戰守，蓋按閱於先，則兵皆可戰。兵既可戰，則能守矣。待彼有釁，然後可進討，以圖恢復，此用兵之序也。」

却虞宰獻樂曲

辛酉，布衣虞宰獻樂曲詩。上謂大臣曰：「士大夫所進文字，朕詳覽熟思，蓋欲知民之利病，政之臧否，朕躬之失耳。若溢美之言，實不欲聞，可令還之。」乃詔檢、鼓院自今獻無益之言、不干政體者，勿受。

江安國兄弟免解

癸亥，饒州童子江安國九歲、其弟定國七歲，皆能誦經、子書。詔免文解一次。

六月戊辰朔，責授單州團練副使劉子羽復右朝請大夫、知鎮江府兼沿江安撫使。初，樞密使張俊嘗爲子羽之父鮯部曲，鮯器之。俊薦其才，故復用。俊晚年主和議，與秦檜意合，上眷之厚，凡所言，朝廷無不從。薦人爲監司、郡守帶職名者甚衆。

張俊薦劉子羽

辛未，上謂大臣曰：「夷狄不可責以中國之禮（二四）。朕觀三代以後，惟漢文帝待匈奴最爲得體：彼書辭倨傲，則受而弗較；彼軍旅侵犯，則禦而弗逐。謹守吾中國之禮，而不以責夷狄（二五），此最爲得體也。」

不責夷狄以禮

壬申，户部奏贖刑文字。上曰：「朕謂凡爲政之本，必抑强扶弱，民乃能立。今使富者犯死，法得以金自贖，則貧者無金，豈能獨立乎？贖刑既非祖宗法，似未可用也。」

論贖刑難用

總領曾慥提舉洪州玉隆觀，以疾自請也。

左朝請郎林大聲總領湖北、京西軍馬錢糧。大聲初爲永嘉丞，秦檜寓居永嘉，與之厚，遂驟用之。

引用林大聲

癸酉，分行在省倉爲三界，界百五十萬斛（二六），凡民户白苗米，南倉受之，以廩宗室、百官，爲上界；次苗米北倉受之，以給衛士及五軍，爲中界；糙米東倉受之，以備諸軍月糧，爲下界。

分省倉爲三界

中興自有天命

甲戌，上謂宰執曰：「中興自有天命。光武以數千破尋、邑百萬，豈人力所能乎？朕在宮中，聲色之奉，未嘗經心，只是靜坐内省，求所以答天意也。」

秦檜封慶國公

乙亥，守尚書右僕射、同中書門下平章事兼樞密使秦檜爲特進、尚書左僕射，封慶國公。

改造剋敵弓

詔有司造剋敵弓，韓世忠所獻也。上謂宰執曰：「世忠宣撫淮東日，與虜戰〔二七〕，常以此弓勝金賊〔二八〕。今朕取觀之，誠工巧，然猶未盡善。朕籌累日，乃少更之，遂增二石之力，而減數斤之重，今方盡善。後雖有作者，無以加矣。」

斥趙慶孫等六人

辛巳，趙慶孫等六人並停官。或曰，慶孫嘗爲趙鼎所薦，故秦檜斥之。

吳曾左氏發揮

壬午，布衣吳曾特補右迪功郎。曾獻所著左氏發揮，而有是命。

岳飛知韓世忠奇特

癸未，張俊、岳飛至楚州。飛視兵籍，始知韓世忠止有衆三萬，而在楚州十餘年，金人不敢犯〔二九〕，猶有餘力以侵山東，可謂奇特之士也。俊以海州在淮北，恐爲金人所得，因命毁其城，遷其民於鎮江府，俊遂總世忠之軍還鎮江府，惟背嵬一軍赴行在。

甲申，知河南府李興以所部至鄂州。興據白馬山與李成相扼，凡數月。朝廷命班師，以興爲左軍同統制。

命李興班師

壬辰，太保、三京等路招撫處置使劉光世罷爲萬壽觀使。三大將既罷，光世入朝，因引疾丐祠。上謂大臣曰：「光世勳臣，朕未嘗忘。聞其疾中無聊，昨日以玩好物數種賜之，光世大喜，秉燭夜觀，幾至四更。朕於宮中，凡玩好之物，未嘗經目，止須賜勳舊賢勞耳。」光世既罷，遂寓居永嘉焉。

以玩好賜劉光世

秋七月戊戌，實録院進呈徽宗實録六十卷，自元符六年至大觀四年。

進徽宗實録

庚子，上以臨安旱，蔬食請禱，決滯獄，出繫囚。後二十四日，大雨。

祈雨獲應

翰林學士范同爲參知政事。

辛丑，司農少卿高穎罷。自此，諸大將之客稍稍被罪矣。

大將之客被罪

壬寅，侍衛親軍馬軍都虞候劉錡乞宫觀，詔錡疾速赴行在奏事。

甲辰，提舉川陝茶馬馮康國奏：「近聞虜在長安〔三〇〕，三月二十三日晝晦，油、酒變色皆白，兵刃有光焰，涇州雨沙。旱災相仍，赤地千里。」上曰：「景象異甚，天變示人，殆不虛也。自古無文德而有武功，往往非國家之福。而虜好兵嗜殺，肆爲無道，不畏天，不恤人，其能久乎？朕當修人事以待之耳。」

丁未，秦檜以進書恩遷少保，封冀國公。

令万俟卨攻岳飛

岳飛數言和議非計

秦檜欲殺岳飛

壬子，右諫議大夫万俟卨言：「伏見樞密副使岳飛爵高祿厚，志滿意得，平昔功名之念，日以頹墮。今春虜寇大入〔三〕，疆埸騷然，陛下趣飛出師，以爲犄角，璽書絡繹，使者相繼於道，而乃稽違詔旨，不以時發，久之，一至舒、蘄，忽卒復還。比與同列，按兵淮上，公對將佐謂山陽爲不可守，沮喪士氣，動搖民心。伏望免飛副樞職事，出之於外，以伸邦憲。」先是，飛數言和議非計，秦檜大惡之。及是飛自楚州歸，乃令卨論其罪，始有殺飛意矣。

罷劉錡兵柄

深忌劉錡岳飛

甲寅，侍衛親軍馬軍都虞候劉錡知荆南府，罷其兵。張俊深忌錡與岳飛，每言飛赴援遲而錡戰不力也。飛請留錡掌兵，不許。時有處士孫元濟者，聞除錡荆南，竊謂比之奕棋，此最高著也。人問其故，元濟曰：「陝、蜀諸軍但知吳氏，襄、漢諸軍尚思岳家。江陵在蜀、漢之間，而錡有威名，爲諸將所服。且聞有詔，或遇緩急，旁郡之兵許之調發，銷患未形。此廟筭也，非吾君大聖，其孰能與此？」

以納兵得進封

己未，樞密使張俊爲太傅，進封廣國公，賜玉帶，以俊首抗封章請歸部曲也。俊請離軍將佐並與添差差遣。從之。其後大爲州郡之患。

上論風教不立

庚申，詔文武官陳乞致仕，身亡雖在給敕之前，並聽蔭補。用考功員外郎游損請也。上謂大臣曰：「士風陵夷，以一官之故，父死，匿喪以俟命，蓋立法有未盡也。朕謂濫與人官，雖害法，其體猶輕。若風教不立，使人飾詐苟得，棄滅天理，其害甚大，況在法所當得乎！」損，酢子也。

上閔雨

癸亥，大雨。翌日，輔臣稱賀。上曰：「朕日來臥不安席，夜半猶未交睫，懼德不類，或政有闕失。每事循省殆遍，恐旱災必有致之之由。若乃祈禱之禮，但具文耳。」

與張俊議不合

論軍賞之濫

是月，樞密使張俊復往鎮江措置事務〔三二〕，副使岳飛留行在，以二人議事不協故也。俊因奏事，乞促淮西之賞。上曰：「功賞後時，在將帥，不在朝廷。」俊問所以然，上曰：「軍士有出戰者〔三三〕，有輜重及守營者。凡所謂戰功，皆戰士也。今更不分，全軍皆要推賞，動數萬人，朝廷何以行之？」俊曰：「臣今蒙專任，當戒諸統制官，只保明實出戰者，庶可漸革前弊。」

除官必謹始

八月辛未，尚書吏部郎中李鞉試將作監，吏部員外郎劉才邵守軍器監。始除也，上覽除目，曰：「凡事必謹始，館職、寺監丞，乃郎官、卿監之選也；郎官、卿監，乃侍從之選也。凡除館職、寺監丞，必擇他日可補郎官、卿監之闕者；凡除卿監、郎官，必擇他日可補侍從之闕者，如此則士安分守，而奔競之風息矣。若不謹始，用非其才，久而不遷，則士有留滯之歎。以序遷之，又有不稱職之誚，不可不謹。」

令何鑄等攻罷岳飛

岳飛宮觀

甲戌，樞密副使岳飛充萬壽觀使。右諫議大夫万俟卨既劾飛罪，未報。御史中丞何鑄、殿中侍御史羅汝檝復交疏論之。卨章四上，又録其副示之，飛乃丐免，故有是命。

禁移用義倉米

甲申，上曰：「水旱有數，雖堯、湯不能免。艱難以來，十餘年間，未嘗無歲，此天祐也。然不可恃此，不爲之備。祖宗置義倉以備水旱，最爲良法，而州縣奉行不虔，妄有支用，寖失本意。或遇水旱，何以賑之？可令監司視其實數，或有侵失，嚴責補還。義倉充實，則雖遇水旱，民無飢疾矣。」

令監司郡守同濟國

癸巳，上謂宰執曰：「監司、郡守，朝廷委任之意，未嘗有異。而近來妄分彼此，莫相協和，州郡或有闕乏，監司不肯移那；監司或有措置，州郡不肯應副。如此，何以濟國乎？可令御史臺察其尤者，措置行遣，庶幾協和，共濟國事也。」

胡世將起復

川陜宣撫副使胡世將特起復。世將方與諸將議出師進討，而其母秦國太夫人康氏卒于晉陵。上聞之，詔軍旅事重，不拘常制，日下供職，不許辭避。

命覺察滯獄

甲午，上曰：「省刑罰，薄税斂，王道之本。國步艱難，未能弭兵，斯民税斂，無術可以薄之，朕心實不足。至於刑罰，豈可不省？而獄繫淹延，或至踰歲，何也？可令提刑司覺察州縣。提刑失職，令御史臺彈奏，務要訟平刑清，以副朕意。」

根括岳飛錢物

九月癸卯，命軍器少監鮑琚往鄂州根括宣撫司錢物。先是，湖北轉運使官汪叔詹以書白秦檜言：「岳飛頃于鄂渚置酒庫，日售數百緡；襄陽置通貨場，利復不貲。自飛罷，未有所付，乞令副都統制張憲主之，庶杜欺弊。」前二日，詔都統制王貴與憲同掌。上謂檜曰：「聞飛軍中有錢二千萬緡，昨遣人問之，飛對所有之數，蓋十之九，人言固不妄也。今遣琚往，縱不能盡，若得其半，亦不少矣。又歲計所入，供軍之餘，小約亦數百萬緡，比之頭會箕斂，不知幾户民力可以辦此。」

王俊誣告張憲

鄂州前軍副統制王俊詣都統制王貴，告副都統制張憲謀據襄陽爲變。

先是，朝廷命諸將更朝行在，憲懼不得還，乃妄申金人侵犯上流〔三四〕，冀朝廷還岳飛復掌兵，而己爲之副。會憲詣樞密行府白事，俊具所謀告之，以統制官傅選爲證，貴即日以聞。張俊在行府，聞之，遂收憲屬吏。

上諭議和之旨

戊申，泗州言：「奉使官莫將、韓恕歸至本州。」上諭大臣曰：「此殆上天悔禍，虜有休兵之意爾〔三五〕。朕每欲與講和，非憚之也，重念祖宗有天下二百年，愛養生靈，惟恐傷之，而日尋干戈，使南北之民肝腦塗地。所願天心矜側，消弭用兵之禍耳。」先是，將、恕至涿州，爲金人所執〔三六〕。至是，宗弼將與本朝議和，故縱之歸報焉。既而宗弼引兵犯泗州，破之，淮南大震。

兀术犯泗州

建康府火

甲寅，建康府火，燔公私室廬甚衆。

劉光遠使虜

乙卯，詔忠州團練使劉光遠赴行在奏事。時金國宗弼以書來，朝議遣光遠往聘，而光遠方以贓罪爲監司所按，故趣召之。翌日，光遠至行在，上面諭以前罪一切不問，遂以爲利州觀察使，而吉州刺史曹勛亦遷忠州防禦使，令與光遠偕行。

吴璘剡家灣之捷

丙辰，右護軍都統制吴璘及金國統軍胡盞戰於剡家灣，敗之。初，胡盞與習不祝合軍劉家圈。胡盞善戰，習不祝善謀，且據險自固，前臨峻嶺，後控臘家城。謂我軍必不敢輕犯。璘揣知其情，先一日，召諸將，問何以必勝。統制官姚仲曰：「戰于原下則敗，原上則勝。」璘以爲然。既相視其地，乃遣人告虜曰〔三七〕：「明日請戰。」虜聞之皆笑，愈益不疑。夜半，璘遣仲與鄜延經略使王彦率所部銜枚直進，渡河，陟峻嶺，截坡上，出其不意，約與虜對柵，然後發火，又遣將張士廉等取問道，以兵控臘家城，戒曰：「虜根本在此，若敗，必趨入城。汝等截門，勿縱一騎入。」二將所部軍行，寂無人聲，又天大陰霧。既上嶺列柵，乃發火，虜大駭，倉猝備戰。我軍已畢列，游騎有聞虜酋以馬撾敲鐙者〔三八〕，曰：「吾事敗矣！」我軍氣益振。璘猶策習不視有謀，必謂我趣戰欲速，不肯徑出，胡盞恃其百戰百勝，與習不視異議，宜可挑取。已而遣輕兵嘗虜，果胡盞勒兵已出，與我軍合，鏖擊數十。璘輕裘駐馬陣前，麾軍亟戰，我師皆殊死鬭，金人大敗遁去，騎兵追襲，斬首六百三十，生擒七百人。驍將馬廣者所部號「八字軍」，察虜將潰，越陣挑逐，既而大靡，俘馘人馬數千，僞軍降者萬餘人，璘悉釋之，聽其自便。虜殘兵果趨城走。張士廉違節制後期，二酋僅以身入城〔三九〕，率餘兵拒守，璘圍之。

戊午，劉光遠、曹勛辭于内殿，遂命持虜帥報書以行〔四〇〕。

重定銓試法

癸亥，言者乞令有官人銓試，並兼習兩場。故事，銓試有官人分五場，曰經義，曰詩賦，曰時義，曰斷案，曰律義。願試一場者聽。議者謂試之以經義、詩賦、時義者，欲使之通古今；試之以刑統義、斷案者，欲使之明法令。二者各兼一場，庶使人人通古今、明法令，而無一偏之失。事下吏部，乃命任子如所請。

詔吴璘班師

右護軍都統制吴璘自臘家城班師。初，金統軍胡盞在城中，璘急攻之。城且破，朝廷以驛書命璘撤戍，璘遂歸。宣撫副使胡世將聞之，歎曰：「何不降金字牌，且來世將處耶？」世將以金人之俘三千人獻於行在，命利路轉運判官郭游卿就俘獲中以聲音形貌驗得真女真四百五十人〔四一〕，同日斬於嘉陵江上，斂其屍，以爲京觀，餘皆涅其面，於界上放還，虜氣大沮〔四二〕。

論虜主無權

冬十月丙寅朔，上謂大臣曰：「人主之權，在乎獨斷。金國之主幼而無斷，權歸臣下。往年之和，出於撻辣；今年之戰，出於兀朮。或和或戰，國之大事，而皆不出於人主。無斷如此，何以立國？知不足畏矣！」

楊政寶雞之捷

戊辰，川陜宣撫司都統制楊政及金國萬户通檢戰於寶雞縣，敗之。是日黎明，通檢將精兵萬衆出戰，政賈勇士鏖戰縣旁，至日晡，政遣裨將將騎突出陣後山上，執幟以招，虜望見〔四三〕，大呼曰：「伏兵發矣！」乃驚而潰。政乘勝掩殺，通檢至城門而橋已絶，乃擒之。

己巳，劉光遠等至虜軍〔四四〕。

議互易諸將兵

庚午，秦檜奏上流守備。上曰：「艱難以來，將士分隸主帥，歲久未嘗遷動，使植根深固，豈是長策？當令互易，如臂指可以運掉。纔過防秋，便當爲此，則人人可以指蹤號令矣。」

虜欲亟和

乙亥，金國都元帥宗弼遣劉光遠等還，大略言：「當遣尊官右職，名望夙著者，持節而來。」蓋虜欲亟和故也〔四五〕。

重修玉牒

戊寅，宗正丞邵大受言：「宗正舊有四書：曰玉牒，曰仙源積慶圖，曰宗藩慶繫録，曰宗枝屬籍。建炎南渡，寺官失職，舉四書而逸於江滸。陛下比命重修仙源慶繫屬籍總要，乃合三者而一之，固已無愧於昔。獨玉牒未修，望詔有司討論一書，以備中興之盛典。」從之。

岳飛父子屬吏

少保、醴泉觀使岳飛下大理寺。先是，樞密使張俊言：「張憲供通爲收岳飛處文字後謀反，行府後已有供到文狀。」秦檜乘此欲誅飛，乃送飛父子于大理獄，命御史中丞何鑄、大理卿周三畏鞫之。

漸易荆襄守臣

己卯，上曰：「凡事必謹於微，若事已成則難改，故書言：『制治於未亂，保邦于未危。』荆襄守臣辟差者，勿令久任，以漸易之，非特謹微，亦所以保全之也。」

魏良臣使虜

壬午，權尚書吏部侍郎魏良臣落權字，充大金軍前通問使，知閤門事王公亮爲福州觀察使，副之。國書但使之斂兵，徐議餘事。

韓世忠非和議忤檜

韓世忠奏秦檜誤國

癸巳，樞密使韓世忠罷，充醴泉觀使，進封福國公。世忠既不以和議爲然，由是爲秦檜所抑。至是，魏良臣等復行，世忠乃諫，以爲：「中原士民迫不得已，淪於腥羶（四六），其間豪傑，莫不延頸以俟吊伐。若自此與和，日月侵尋，人情銷弱，國勢委靡，誰復振之？」又再上章，力陳秦檜誤國，詞意剴切，檜由是深怨世忠。言者因奏其罪，上留章不出。世忠亦懼檜陰謀，乃力求閑退，遂有是命。世忠自此杜門謝客，絶口不言兵，時跨驢攜酒，從一二童奴，遊西湖以自樂，平時將佐亦罕見其面云。

金人陷濠州（四七）。

邵隆復陜州

商州安撫使邵隆及金知陜州鄭賦戰，克之，復陜州。

胡世將獻捷

起復川陜宣撫副使胡世將圖上吴璘剡灣克捷之狀，且言：「臣詢客，衆論皆謂璘之此戰，比和尚原、殺金平，論以主客之勢、險易之形，功力數倍。據捉到蕃人供通〔四八〕，虜中稱璘有『勇似其兄』之語〔四九〕。璘等爲國宣力，川、陝用兵以來，未有如此之勝。伏望聖慈察璘智勇冠軍，優與遷擢，以爲盡忠許國之勸。」又奏：「本司都統制楊政、樞密院都統制郭浩，並乞優異推恩。」乃賜璘等詔書奬諭，密賜世將黃金二百兩、茶藥有差。初，三將之並出也，璘復捷剡灣，政下隴州，破岐下諸屯，浩取華、虢二州，入陝府，有破竹之勢，世將亦遣要約陝西、河東忠義首領數十，願爲內應，而金虜約和于朝廷〔五〇〕，秦、晉之人殊惜之。

不以毀譽爲賢否

十有一月丙申，提舉江州太平觀李迨知洪州。上覽除目曰：「迨能吏，肯以身任怨，不恤人毀譽，朕深知之。但此州寄居，多有造謗者，不可不察也。治道無他，但不以毀譽爲賢否，常核實以行賞罰，則治道成矣。齊威王封即墨而烹阿，齊國大治。蓋知核實以爲政，而不徇毀譽空言也。」

論唐太宗不若漢文

丁酉，上曰：「唐太宗除亂比湯、武，致治幾成、康，可謂賢君矣。然誇大而好名，雖聽言納諫，然不若漢文帝之至誠也。人君惟至誠臨下。何患治道之不成哉？」

治道當鎮以清静

戊戌，言者請補試州縣小吏〔五一〕，仍許告吏罪，使補其闕，以懲吏强官弱之弊。上謂宰執曰：「此説若用，則相告訐，而州縣擾矣。治天下當以清静鎮之，若妄作生事，乃亂天下，非治天下也。昔人有言：『省官不如省事，省事不如清心。』朕常躬行此語。」

程敦厚阿秦檜

新通判利州程敦厚召試館職，以其上書言事故也。敦厚又遺秦檜書，言檜見幾似顔子，任重似伊尹。檜大善之，令赴都堂審察，遂召試，以爲秘書省校書郎。

令万俟卨攻范同

己亥，參知政事范同罷。同始贊和議，爲秦檜所引。及在政府，或自奏事，檜忌之。右諫議大夫万俟卨因論：「近朝廷收天下兵柄歸之宥密，而同輒於稠人之中，貪天之功，以爲己有，望罷其機務。」詔同以本官提舉西京嵩山崇福宫。

竄李光

提舉臨安府洞霄宫李光責授建寧軍節度副使、藤州安置。言者論：「迺者二使之還，虜示欲和之意〔五二〕，於國體無損。而光乃陰懷怨望，鼓唱萬端，乘時誹訕，罪不可赦。」秦檜進呈，上曰：「司馬光言，政之大本，在於刑賞。朕于光輩，聞其虚名而用之，見其不才而罷之，逮其有罪而責之，皆彼自取，朕未嘗有心也。若用虛名而不治其罪，則有賞無刑，政何以成？譬之四時，有陽無陰，豈能成歲乎？」

魏良臣以虜使來

金國都元帥宗弼遣魏良臣等還，許以淮水爲界，歲幣銀、帛各二十五萬兩(五三)，又欲割唐、鄧二州。因遣其行臺户部侍郎蕭毅、翰林待制邢具瞻審定可否。

劉子羽易虜使旗

乙巳，詔吏部侍郎魏良臣就充接伴使，以中書言金使蕭毅已過界也。毅等過江，揭旗於舟，大書「江南撫諭」。知鎮江府劉子羽見之怒，夜以他旗易之。翌日，良臣見旗有異，大懼，力索之，且以語脇子羽。子羽曰：「吾爲守臣，朝論無所預。然欲揭此於吾之境，則吾有死而已！」出境乃還之。

士㒟以救岳飛罷

丁未，判大宗正事士㒟提舉西京嵩山崇福宫。士㒟數言事，秦檜患之。岳飛之下吏也，士㒟草奏欲救之，語泄，檜乃使言者論之，故有是命。

壬子，金國審議使蕭毅、邢具瞻等入見。

除何鑄簽樞使虜

乙卯，御史中丞何鑄簽書樞密院事，充大金報謝使。

戊午，蕭毅等辭行。時朝廷許割唐、鄧二州，餘以淮水中流爲界。毅辭，上諭曰：「若今歲太后果還，自當謹守誓約。如今歲未也，則誓文爲虛設。」

辛酉，福建安撫大使兼知福州張浚爲檢校少傅、崇信軍節度使，充萬壽觀使。秦檜將議和，遣工部員外郎蓋諒因事至閩中，風浚使附其議，當引爲樞密使。浚答書言：「虜不可縱〔五四〕，和不可成」。檜不悦。會浚以母老乞祠，乃有是命。先是，責授清遠軍節度副使趙鼎在會稽，嘗語其客方疇曰：「張德遠建炎復辟之功，豈可忘也？上待臣下有恩，想必講求矣。」疇曰：「今日擔子極重，秦相欲獨負之，恐難也，不知故相中誰可辦者？」時李綱、朱勝非皆在，鼎曰：「伯紀、藏一皆不濟事，惟德遠可爾。第恐不容復來。」至是，卒如所料。

風張浚使助和議
張浚不附和議
料秦檜不容張浚

十二月乙丑朔，上謂秦檜曰：「和議已成，軍備尤不可弛。宜於沿江築堡駐兵，令軍中自爲營田，則斂不及民，而軍食常足，可以久也。」仍修建康爲定都之計，先宗廟，次太學而後宮室。

不以和議弛備

丙寅，上謂大臣曰：「三代之世，士大夫盡心禮法，鮮有異端之惑。自漢明帝金人之夢，佛法流入中國，士大夫靡然從之。其上者惑于清靜之說，而下者惑於禍福之報。殊不知六經廣大，靡不周盡，如易『無思、無爲、寂然不

上不惑異端

動，感而遂通天下之故』，與禮『正心、誠意』者，佛氏清静之説，果有以勝之乎？至若『積善之家必有餘慶；積不善之家必有餘殃』，與夫『作善降之百祥，作不善降之百殃』者，即佛氏禍福之報也。士大夫不師六經而盡心佛法，殊爲可笑。」

論晉武廢禮致亂

壬申，上謂宰執曰：「晉平吳之後，天下混一，武帝又勤於政事，宜若可見太平，而旋致禍亂，天下分裂，何也？」秦檜等方思所以對，上曰：「禮可以立國，君臣上下，如天地定位，不可少亂。武帝字呼群臣，又以珊瑚株助臣下以侈靡相勝。廢禮如此，其能國乎？」

上論清心聽納

癸酉，秦檜言：「考之經傳，人君莫難於聽納。」上曰：「朕觀自古人君不肯聽納者，皆因有心，或好大喜功，或窮奢極欲。一賓其衷，則凡拂心之言，皆不能入矣。若清心寡欲，豈有不聽納乎？朕於宫中，觀書寫字之外，並無嗜好，凡事無心，故群臣之言，是則從，非則否，未嘗惑也。」

兀术索北人

乙亥〔五五〕，何鑄等至軍前。宗弼以書來索北人之在南者，因趣割陝西餘地。

帝王學不同士夫

己卯，上謂大臣曰：「有帝王之學，有士大夫之學。朕在宫中無一日廢學，然但究前古治道有宜於今者，要施行耳，不必指摘章句以爲文也。士大夫之學則異於此，須用論辨古今以爲文，最不可志於利，學而志於利，則上下交征，未有不危國者。」

殺岳飛父子及張憲

癸巳，岳飛賜死於大理寺。飛既屬吏，何鑄以中執法與大理卿周三畏同鞫之，飛久不伏，因不食求死。至是，万俟卨入臺，月餘，獄遂上，於是飛以衆證，坐嘗自言「己與太祖俱以三十歲除節度使」爲指斥乘輿，情理切害；及虜犯淮西〔五六〕，前後受親札十三次，不即策應，爲擁兵逗遛，當斬。御前前軍統制張憲坐收飛子雲書，謀以襄陽叛，當絞。飛長子雲坐與憲書，稱可與得心腹兵官商議，爲傳報朝廷機密事，當追一官，罰金。詔飛賜死，命楊沂中莅其刑。誅憲、雲於都市。參議官于鵬除名，送萬安軍；孫革送潯州，並編管，仍籍其貲，流家屬于嶺南，天下冤之。飛死，年三十九。

韓世忠詰秦檜

初，獄之成也，太傅、醴泉觀使韓世忠不能平，以問秦檜，檜曰：「飛子雲與張憲書雖不明，其事體莫須有。」世忠怫然曰：「相公『莫須有』三字，何以服天下乎？」

岳飛號賢將

飛知書而善待士〔五七〕，且濟人之貧，用兵秋毫無犯，民皆安堵，不知有軍，至今號爲賢將。

龜鑑曰：且飛之將略，亦嘗聞其大略乎。飛起于效用者也，平居憂國，無所不爲。征討出師，慷慨勇往。隆冬按邊，上有「非我忠臣，莫雪大恥」之諭；盛夏出師，上有「暑行勞勤，朕念之不忘」之語；東下赴援，而上有「委身徇國，竭節事君」之歎；力疾先馳，而上有「國爾忘身，誰如卿者」之褒。帥襄陽而克復襄陽，鎮湖北而坐制湖、湘，焚蔡州之積，奪虢州之糧，而又倡率三軍，指示方略。自李寶曹州之戰，以至張憲臨潁之戰，凡十五戰，每戰必捷。虜酋相告〔五八〕，謂「撼山易，撼岳飛兵難」。吁！當時有如飛者數十輩，布置邊面，是真所謂萬里長城者。而檜乃屏棄之，曾不甚惜，何耶？綸音趣覲，彼之所以逗遛不進者，蓋亦以事機垂成，爲可惜也。「莫須有」三字，强以傅會，欲加之罪，其無辭乎？千載而下，每念岳武穆之冤，直欲籲天而無從也！「鷙鳥盡，良弓藏；狡兔死，良狗烹」。此爲不能保全功臣者説也，況鷙鳥猶未盡，而狡兔猶未死者哉！

大事記曰：飛之死尤不厭衆心。飛忠孝出於天性，自結髮從戎，凡歷數百戰，内平劇盜，外抗强胡〔五九〕。其用兵也，尤善以寡勝衆。其從杜充也，以八百人破群盗五十萬衆于南薰門外；其攻曹成也〔六〇〕，以八千人破其十萬衆于桂嶺；其戰兀术也，於潁昌則以背嵬八百，於朱仙鎮則以背嵬五百，皆破其衆十餘萬。虜人所畏服〔六一〕，不敢以名稱，至以父呼之。自兀术有「必殺飛而後可和」之言，檜之心與虜合，而張俊之心又與檜合，媒孽横生，不置之死地不止。万俟卨以願備鍛煉，自諫議而得中丞；王俊以希旨誣告，自遥防而得廉車；姚政、龐榮、傅選之徒，亦以阿附，並沐累遷之寵，附會其事，無所不至，而「莫須有」三字，世忠終以爲無以服天下。飛死，世忠罷，中外大權盡歸于檜，於是盡逐君子，盡用小人矣！

洪皓密奏虜中事

徽猷閣待制洪皓在燕山，是冬，密奏：「虜已厭兵〔六二〕，勢不能久，異時以婦隨軍，今不敢攜矣。朝廷不知虚實，卑詞厚幣。未有成約，不若乘勝進擊，再造猶反掌耳。所取投附人，只欲守江南，歸之可也，獨不監侯景之禍乎？若欲復故疆，報世讎，則不宜與。胡銓封事，此或有之，彼知中國有人，益生懼心。張浚名動殊方，可惜置之散地。」并問李綱、趙鼎安否。

廣西增數買馬

廣西買馬增數〔六三〕。廣西買馬，歲額一千五百匹。至是，徽猷閣待制胡舜陟爲經略使，買馬至二千四百匹。
增入名儒講義皇宋中興聖政卷之二十七

校勘記

〔一〕上亦逆知虜情必不一挫便已　「虜」原作「敵」，據明抄本及宋史全文卷二一改。
〔二〕虜若犯淮　「虜」原作「敵」，據明抄本及宋史全文卷二一改。
〔三〕金人陷壽春　「人陷」原作「兵取」，據明抄本及宋史全文卷二一改。
〔四〕金人陷商州　「人陷」原作「兵侵」，據明抄本及宋史全文卷二一改。
〔五〕虜入城據之　「虜」原作「敵」，據明抄本及宋史全文卷二一改。
〔六〕虜退屯昭關　「虜」原作「敵」，據明抄本及宋史全文卷二一改。
〔七〕以虜逼江爲憂　「虜」原作「敵」，據明抄本及宋史全文卷二一改。下同。
〔八〕決與虜戰　「虜」原作「敵」，據明抄本及宋史全文二一改。
〔九〕虜斷橋以自固　「虜」原作「敵」，據明抄本及宋史全文卷二一改。下同。
〔一〇〕有一酋被甲躍馬　「酋」原作「將」，據明抄本及宋史全文卷二一改。下同。
〔一一〕自虜犯邊報至　「虜犯」原作「敵侵」，據明抄本及宋史全文卷二一改。

〔一二〕虜之戰于柘皋也　「虜」原作「敵」，據明抄本改。下同。

〔一三〕虜退　「虜」原作「敵」，據明抄本及宋史全文卷二一改。

〔一四〕常爲寇至之防也　「寇」原作「敵」，據明抄本及宋史全文卷二一改。

〔一五〕嘗若寇至之無日　「寇」原作「敵」，據明抄本及繫年要録卷一三九改。下同。

〔一六〕八年六月　原作「八月六日」，據繫年要録卷一二〇紹興八年六月戊辰條改。

〔一七〕虜雖講和　「虜」原作「敵」，據明抄本、繫年要録卷一三九及宋會要輯稿兵二四之三六改。

〔一八〕虜退　「虜」原作「敵」，據明抄本、繫年要録卷一三九及皇朝中興紀事本末卷五五改。

〔一九〕金人陷濠州　「金人」原作「金兵」，據明抄本及宋史全文卷二一改。

〔二〇〕虜之入寇也　「虜」原作「敵」，據明抄本及宋史全文卷二一改。

〔二一〕金人之犯淮西也　「人」原作「兵」，「犯」原作「侵」，據明抄本及宋史全文卷二一改。

〔二二〕及虜退　「虜」原作「敵」，據明抄本及宋史全文卷二一改。

〔二三〕因爲檜陳善後之策凡七事　「七」原作「十」，據明抄本、繫年要録卷一四〇及皇朝中興紀事本末卷五六改。

〔二四〕夷狄不可責以中國之禮　「夷狄」原脱，據明抄本及宋史全文卷二一補。

〔二五〕而不以責夷狄　「夷狄」原脱，據明抄本及宋史全文卷二一補。

〔二六〕界百五十萬斛　「界」原脱，據繫年要録卷一四〇補。

〔二七〕與虜戰　「虜」原作「敵」，據明抄本及宋史全文卷二一改。

〔二八〕常以此弓勝金賊　「賊」原作「兵」，據明抄本及宋史全文卷二一改。

〔二九〕金人不敢犯　「人」原作「兵」，「犯」原作「近」，據明抄本及宋史全文卷二一改。

〔三〇〕近聞虜在長安　「虜」原作「敵」，據明抄本及宋史全文卷二一改。下同。

〔三一〕今春虜寇大入　「虜寇」原作「敵兵」，據明抄本及宋史全文卷二一改。

〔三二〕樞密使張俊復往鎮江措置事務　「俊」原作「浚」，據明抄本、宋史全文卷二一及繫年要録卷一四一改。

〔三三〕軍士有出戰者　「戰」原脱，據繫年要録卷一四一補。

〔三四〕妄申金人侵犯上流　「侵犯」原作「兵侵」，據明抄本及宋史全文卷二一改。

〔三五〕虜有休兵之意爾　「虜」原作「敵」，據明抄本及宋史全文卷二一改。

〔三六〕爲金人所執　「金人」原作「金兵」，據明抄本及宋史全文卷二一改。

〔三七〕乃遣人告虜曰　「虜」原作「敵」，據明抄本及宋史全文卷二一改。下同。

〔三八〕游騎有聞虜酋以馬撾敲鐙者曰　「虜酋」原作「敵兵」，據明抄本及宋史全文卷二一改。

〔三九〕二酋僅以身入城　「酋」原作「帥」，據明抄本及宋史全文卷二一改。

〔四〇〕遂命持虜帥報書以行　「虜」原作「敵」，據明抄本及宋史全文卷二一改。

〔四一〕驗得真女真四百五十人　「女真」原作「金兵」，據明抄本及宋史全文卷二一改。

〔四二〕虜氣大沮　「虜」原作「敵」，據明抄本及宋史全文卷二一改。

〔四三〕虜望見　「虜」原作「敵」，據明抄本及宋史全文卷二一改。

〔四四〕劉光遠等至虜軍　「虜」原作「敵」，據明抄本及宋史全文卷二一改。

〔四五〕蓋虜欲亟和故也　「虜」原作「敵」，據明抄本及宋史全文卷二一改。

〔四六〕淪於腥羶　「腥羶」原作「異域」，據明抄本及宋史全文卷二一改。

〔四七〕金人陷濠州　「人陷濠州」原作「兵取陝州」，據明抄本、宋史全文卷二一及繫年要録卷一四二改。

〔四八〕據捉到蕃人供通　「蕃人」原作「金兵」，據明抄本及宋史全文卷二一改。

〔四九〕虜中稱璘有勇似其兄之語　「虜」原作「敵」，據明抄本及宋史全文卷二一改。

〔五〇〕而金虜約和于朝廷　「虜」原作「國」，據明抄本及宋史全文卷二一改。

〔五一〕言者請補試州縣小吏　「請」原作「講」，據明抄本、宋史全文卷二一及繫年要録卷一四二改。

〔五二〕虜示欲和之意　「虜」原作「敵」，據明抄本及宋史全文卷二一改。

〔五三〕歲幣銀帛各二十五萬匹兩　「萬匹」原脱，據宋史全文卷二一及繫年要録卷一四二補。

〔五四〕虜不可縱　「虜」原作「敵」，據明抄本及宋史全文卷二一改。

〔五五〕乙亥　原作「己亥」，案本月乙丑朔，無己亥日，據繫年要録卷一四三及宋史卷二九高宗本紀六改。

〔五六〕及虜犯淮西　「虜」原作「敵」，據明抄本及宋史全文卷二一改。

〔五七〕飛知書而善待士　「善」字原脱，據繫年要録卷一四三補。

〔五八〕虜酋相告　「虜酋」原作「敵帥」，據明抄本及宋史全文卷二一改。

〔五九〕外抗强胡　「胡」原作「敵」，據明抄本及宋史全文卷二一改。

〔六〇〕其攻曹成也　「成」原作「晟」，據宋史全文卷二一及繫年要録卷一四三改。

〔六一〕虜人所畏服　「虜」原作「敵」，據明抄本及宋史全文卷二一改。下同。

〔六二〕虜已厭兵　「虜」原作「敵」，據明抄本及宋史全文卷二一改。

〔六三〕廣西買馬增數　原脱，據宋史全文卷二一補。

增入名儒講義皇宋中興聖政卷之二十八

高宗皇帝二十八

紹興十有二年春正月壬寅，詔建國公出外第，可依親賢宅，差提點官并都監。

論學必自得

癸卯，上謂大臣曰：「朕於宮中無嗜好，惟好觀書，考古人行事，以施於政。凡學必自得乃可用，第與古人點姓名，何所益也？」

史臣曰：稽經以出治，猶按醫以治病也，造之不深，則醫或至於殺人，而治或至於害天下。帝王之學，尤貴於自得深造之，則默然而識矣。左右逢原，則神明生焉。

戊申，御史中丞万俟卨、大理卿周三畏同班入對，以鞫岳飛獄畢故也。

知浹爲岳飛訟冤

尚書省乞以飛獄案令刑部鏤板，徧牒諸路。有進士知浹者，好直言，飛以賓客待之。飛初下吏，浹上書訟其冤。秦檜怒，併送大理。獄成，浹坐決杖，送袁州編管云。先是，提舉洪州玉隆觀薛弼爲飛參謀官，與飛厚。秦檜之閑居永嘉也，弼舊遊其門，万俟卨又善之，繇是無一辭累及。飛之在鄂也，有王輔者嘗知彭山縣，以贓敗，遂依飛軍中，飛亦厚待之。至是，輔遣其子孝忠上書，指飛爲姦凶，陰合檜意，檜喜，由是脱罪籍，尋擢知普州。

王輔叛岳飛輔檜

辛亥，增福建鹽鈔錢十萬緡，以鬻鹽增羨故也。

增福建鹽鈔錢

二月己巳，上謂大臣曰：「征戰之事，各有地利。北狄騎兵〔一〕，雖中國所不能及，若要馳騁于江、淮，恐未易得志。孫權偏霸一方，而曹魏竭天下之力，終不能渡江。晉室微弱，而苻堅百萬之衆敗於淝水。拓跋魏雄據中原，而歷六朝衰亂，終不能奄有江表。自非大無道如孫皓者，豈能致北兵之得志乎？今但修政事，嚴武備，北兵雖强，不足畏也。」

論江南形勢可恃

辛未，上謂大臣曰：「詩、書所載二帝三王之治，皆有其意而不見其施設之詳。太祖以英武定天下，仁宗以兼愛結天下，此朕家法，其施設之詳，可見於世者也。朕當守家法，而求二帝三王之意，則治道成矣。」秦檜等曰：「陛下英武如太祖，惠愛如仁宗，其致中興必矣。」〔二〕

守家法求帝王意

建國公封普安郡王

丁丑，保慶軍節度使、建國公瑗爲檢校少保，進封普安郡王，時年十六。王天性忠孝，自幼育宮闈，起居飲食未嘗離膝下，上尤所鍾愛。制下，日者尤若訥私謂秘書省正字張闡曰：「普乃並、日二字，有合乎易所謂『明兩作離』之象，殆天授也。」

普安並日之符

己卯，殿前都指揮使楊沂中賜名存中。

楊沂中賜名

壬午，輔臣進殿中侍御史胡汝明論監司不按吏。上曰：「朝廷分道置使，正欲譏察州縣。可申嚴行下，若州縣贓污不法，而監司不能按，致臺諫論列者，當併絀之。」

論監司不按吏

史臣曰：君天下者寄耳目於臺諫，而又以其視聽之遠者寄於監司，内外相及，故能承上。後世憂州縣無狀，至乃朝出御史，暮遣觀風以督守令，若非所督於監司者，彼何憚而不拱視哉！

丙戌，上曰：「學校風化之原，不可緩也。」上又曰：「福建所買牛，第二綱可發來臨安，借與人户。朕聞民間乏牛，皆以人耕田，其勞可憫。朕嘗畫以人耕田之象，置于左右，庶不忘稼穡之艱難。漢文帝每下詔，必曰『農者，天

學校風化之源

畫以人耕田圖

下之本』。若文帝，可謂知民事之本矣。」

用經任人鞠獄

丁亥，言者請自今鞠獄，必差經任人。上曰：「文學、政事在孔門中，自是兩科。今士方離科舉，未親民事，遽使之鞠獄，安能盡善也？其從之。」

虜索北人在江南者

戊子，金主亶大赦，自來亡命投在江南人，見行理索，候到，並行釋罪。其職官、百姓、軍人，並許復故。先是，何鑄、曹勛至金國，見亶于春水開先殿〔三〕，具陳上意。金主命早來使人上殿，所請宜允，仍出回書示之，許還梓宮、太后，且遣鑄等還。

取詞科三人

洪皓二子中詞科

辛卯，給事中、知貢舉程克俊等言：「博學宏詞右承務郎洪遵、敕賜進士出身沈介、右從政郎洪适並合格〔四〕。」遵，适弟也。秦檜以所試制辭進讀，上曰：「是洪皓子耶？父在遠，能自立，此忠義報也。可與陞擢差遣。」上又言：「遵之文於三人中最勝。」既遂以遵爲秘書省正字，介、适並爲敕令所删定官。自中興以來，詞科入選即入館，自遵始。

鎮江府太平州等火

是日，鎮江府城外火，延入城中，遂及大軍倉，燔米麥四萬斛、芻六萬束，公私室廬被焚者甚衆。守臣劉子羽坐貶秩。時太平州、池州蕪湖縣亦皆大火，市井一空。

三月壬寅，普安郡王出閤，就外第，命行在宗室正任已上悉送之。

普安出閤

辛亥，上謂大臣曰：「朕兼愛南北之民，屈己講和。今通好休兵，其利溥矣〔五〕。士大夫狃于偏見，以講和爲弱，以用兵爲强，非通論也。」

上論講和之利

乙卯，上御射殿，引南省舉人何溥已下。是舉，兩浙轉運司秋試舉人，凡解二百八人，而温州所得四十有二，宰執子侄皆預焉。溥，永嘉人也。

浙漕私取永嘉人

朱勝非閑居録曰：秦檜居永嘉，引用州人，以爲黨助。吴表臣、林待聘號黨魁，召爲從官，實操國柄。凡鄉士具耳目口鼻者，皆登要途，更相扳援，其勢炎炎，日遷月擢，無復程度。是年，有司觀望，所解温士四十二名，檜與參政王次翁子侄與選者數人。前輩詩云：「惟有糊名公道在，孤寒宜向此中求。」今不然矣。

丙辰，起復川陝宣撫副使胡世將薨于仙人關。

胡世將薨于仙人關

辛酉，秦檜等賀上，以皇太后有來期。先是，洪皓在燕，先報太后歸耗。上謂檜曰：「皓身陷虜區〔六〕，乃心王室，忠孝之節，久而不渝，誠可嘉尚。皓之二子，並中詞科，亦其忠義之報也。士大夫苟能崇尚節義，天必祐之。」

洪皓忠義之報

殿策附會時事

夏四月庚午，上御射殿，引正奏名進士唱名。主管台州崇道觀秦熺對策言：「天子建國，右社稷，左宗廟，是故社稷不可無所依。今神州未歸，職方氏則考卜相攸，莫如建康。謂宜申飭有司，早立宗社，權爲定都之制。」舉人陳誠之策言：「聖人以一身之微，臨天下之大，惟度量廓然，舉天下之大〔七〕，納之胸中，而成敗得喪，不能爲之芥蔕，斯綽綽有餘裕矣。成湯不愛犧牲粢盛，以事葛伯；文王不愛皮幣犬馬，以事昆夷；漢高祖解平城而歸，飭女子以配單于，終其身而無報復之心，故韓安國稱之曰『聖人以天下爲度』。光武卑辭厚幣，以禮匈奴之使，故馬援稱之曰『恢廓大度，同符高祖』。蓋帝王之度量，兼愛夷夏之民〔八〕，不忍争尋常，以斃吾之赤子也。」楊邦弼策言：「陛下躬信順以待天下，又得賢相，相與圖治。中興之功，日月可冀。」又論吴、越之事，以爲「使越王與大夫種、范蠡不量力度時，輕死而直犯之，是特匹夫之勇，而非賢君相所宜爲也。」有司定熺第一，誠之次之，邦弼又次之。

私取秦熺倫魁　擢陳誠之等

檜引故事，辭而降爲第二人，特遷左朝奉郎、通判臨安府，賜五品服。自誠之已下，賜第者二百五十三人，新科明法，得黄子淳一人而已。

依舊分兩日唱名

辛未，上御射殿，放合格特奏名進士胡鼎才等二百四十八人、武舉正奏名陳鶚等五人、特奏潘璋等二人。是歲，始依在京舊制，分兩日唱名，自是以爲例。

王喚獻迎奉兩宮錢

諸路獻助迎奉兩宮

辛巳，江南東路轉運副使王喚等獻本司錢十萬緡、銀五萬兩，以助奉迎兩宮之費。詔令户部樁收，專充迎奉支用。上曰：「若常賦之外，不取於民，庶幾副朕愛民之意。朕在宮中，服食器用，惟務節儉，不敢分毫妄費。常戒左右曰：此中視錢物不知艱難，民雖一錢，亦不易出。周公作無逸戒成王，惟在知小民之艱難，朕不敢忘也。」自是四方率皆獻助矣。

秦棣陞閣職

丙戌，通判湖州秦棣直秘閣。棣，檜弟，以其侄熺遜所得職名爲之請也。

鄭剛中宣撫川陝

五月甲午，川陝宣諭使鄭剛中爲川陝宣撫副使。

選差諸州教官

宮中不廢學

甲辰，詔諸州軍無教官處，令尚書省選差。既而禮部立到試教官法。上謂宰相曰：「士大夫不可不學，惟學，故能考前世興衰治亂，以爲龜鑑，則事無過舉，而政皆適當矣。朕在宮中，未嘗一日廢也。」

榷場之法

乙巳，軍器監主簿沈該知盱眙軍，措置榷場。凡榷場之法，商人貲百千以下者，十人爲保，留其貨之半在場，以其半赴泗州榷場博易，俟得北貨，復易其半以往，大商悉拘之，以待北賈之來。兩邊商人各處一廊，以貨呈主管官牙人往來評議，毋得相見。每交易千錢，各收五厘息錢入官。其後又置場於光州、棗陽、安豐軍花黶鎮，而金人亦于諸州置場。

住給度牒

丙午，詔禮部住給度僧牒，雖特旨，亦令執奏。先是，臨安府乞度牒修觀音殿，上不與，特給錢五千緡。上曰：「朕觀人主欲消除釋、老二教，或毀其象，或廢其徒，皆不適中，往往而熾。今不放度牒，可以漸消，而吾道勝矣。」

陳靖中興統論

辛亥，漢州布衣陳靖特補右迪功郎。靖獻中興統論于朝，給事中程克俊等五人共薦之，乃有是命。

復試教官

乙卯，詔禮部依舊制試教官。仍先納所業經義、詩賦各三首，會刑部無過，下國子監看詳，禮部覆考，然後許試。附省試院分兩場。非取士之歲，附吏部銓試院，不限人數，以文理優長爲合格。

喜雨澤沾足

六月乙丑，上謂大臣曰：「近日雨澤沾足，歲事有望，誠可喜者。」秦檜曰：「此乃聖德感召和氣所致。」上曰：「天人相因。朕於人事，雖不敢怠，至歲事，則當歸功于天也〔九〕。」

上稱吳璘善用兵

鎮西軍節度使吳璘來朝，召之也。既對，命坐賜茶。上問璘前此所以勝敵之方，璘曰：「先令弱者出戰，强者繼之。」他日，上以語輔臣，且曰：「璘善用兵，此正孫臏三駟之説，一敗而二勝者也。」

獨留北人鄭億年

己巳，提舉亳州明道宮鄭億年提舉醴泉觀兼侍讀。時朝廷答金人書，許以所索陜西、河南人次第而遣，惟億年得留焉。

竄王庶

辛未，提舉臨安府洞霄宮王庶責授嚮德軍節度副使、道州安置。

民避科率立異户

乙亥，言者乞禁止父母在，别籍異財之事。上曰：「此固當禁，然恐行法有弊。州縣之吏科率不均，民畏户口大而科率重，不得已而爲，誠可憐者。宜併申嚴科率之條，乃善。」

己卯，尚書省言：「金人使明威將軍高居安扈從皇太后一行前來。」詔知閤門事曹勛充接伴使。

不許寬私鹽律

壬午，言者乞稍寬私鹽之律，以謂州縣之間，慘酷冤濫，不知幾何，欲望小加裁損。輔臣進呈，上曰：「古今異事，今國用仰給煮鹽者，十之八九，其可捐以與人？散利雖王者之政，然使人專利，亦非政之善也。吴王濞之亂，漢實使之。使濞不專煮海之利，雖欲爲亂，得乎？」

不用王安石經義

癸未，有舉子上書，乞用王安石三經新義，爲言者所論。上曰：「六經所以經世務者，以其言皆天下之公也。若以私意妄説，豈能經世乎？王安石學雖博，而多穿鑿以私意，不可用。」

秋七月癸巳〔一〇〕，右諫議大夫羅汝檝言：「簽書威武軍節度判官廳公事胡銓文過飾非，益唱狂妄之説，横議紛紛，流布遐邇。若不懲艾，殆有甚焉者矣。伏望陛下重行竄逐，以伸邦憲。」詔銓除名，新州編管。

戊申〔一一〕，詔忠訓郎吴援令川陝宣撫司召試策一道，保明取旨，與换文資。援，璘子也。璘以初除團練、承宣使恩例爲之請，上許之。起居郎、權中書舍人張廣持不可〔一二〕。上覽奏，謂大臣曰：「武臣换文資，恐將帥之才後難得矣。」樞密使張俊曰：「試而後换可也。」上大以爲然。

乙卯，詔廣南、湖北沿邊偏遠州合納免行錢，令提刑司相度，量與蠲減。

戊午，新潼川府路提點刑獄公事宇文剛言：「湖外米平〔一三〕，乞行收糴。」上諭大臣曰：「水旱，堯、湯所不能免〔一四〕，惟有以備之，則民免流亡之患。其即行之。」

八月辛酉朔，金國都元帥宗弼以書來，求商州及和尚、方山原地〔一五〕。於是，川陝宣撫副使鄭剛中亦言：「和尚原自紹興四年後，便係劉豫管守，不係

竄胡銓

胡銓新州編管

武臣子召試换文

量減沿邊免行錢

糴湖外米

預糴備水旱

虜以書求割地

割方山和尚原入虜

吴玠地分，合割還大金。」從之。

丙寅，皇太后渡淮。時上遣后弟韋淵往迓〔一六〕，遂扈從以歸。

簽書樞密院事何鑄提舉江州太平觀。御史中丞万俟卨、右諫議大夫羅汝檝交章論鑄之罪，故有是命。

丁卯，上與宰執論經術，因曰：「朕每讀書，未嘗苟，必思聖人所以立言之意。」秦檜曰：「孟子云：『文王，我師也。周公豈欺我哉？』」上曰：「聖人以所自得者，垂法後世，又焉用欺？」秦檜曰：「陛下以通經，得五帝三王心傳之妙，人臣何幸！自古不遇治世之主，則爲人臣，誠有難處。今陛下以經術出治人，臣因以托日月之光，傳諸不朽，豈非幸會！」上曰：「讀書不適用，則不若愚人，愚人猶無過，讀書不適用，爲患更甚。」檜曰：「陛下持此心揆天下之事，無不灼見底藴矣。」

庚午，責授嚮德軍節度副使王庶卒於道州，許歸葬。其子之荀、之奇撫柩而哭曰：「秦檜，秦檜！此讎必報！」親舊皆掩其口曰：「禍未已也！」

甲戌，御史中丞万俟卨爲參知政事，充大金報謝使。上顧卨曰：「勉爲朕行。」卨頓首謝。上諭大臣曰：「和議既定，内治可興。」秦檜對曰：「以陛下

皇太后渡淮

令万俟卨等攻何鑄

讀書思聖人意

王庶卒於貶所

王庶二子欲報仇

除万俟卨參政使虜

聖德，漢文帝之治不難致。」上曰：「朕素有此志，但寡昧不敢望前王。」檜曰：「漢文帝文不勝質，唐太宗質不勝文，陛下兼有之。」上曰：「唐太宗不敢望文帝，其從諫多出矯僞。」檜曰：「文帝能容申屠嘉，而太宗終恨魏證〔一七〕，其爲真僞可見。」上曰：「朕謂專以至誠爲上。太宗英明有餘，誠有所未至也。」檜曰：「太宗之用智，誠不及文帝之性仁也。」上曰：「然。」

評漢文唐太優劣

臣留正等曰：唐太宗即位不數年，天下氣象一變，兵力强而夷狄畏服〔一八〕，人才盛而政事修舉，此漢文帝所不及者。然人主盛德，如天地覆載，日月照臨，不知所以爲功。文帝於此，亦庶幾焉，以其心術至誠故也。太宗自謂：「三王以來，撥亂之主莫吾若。」故負而矜之，不及文帝遠矣。

論内侍用事弊

丙子，上諭大臣曰：「聞大金内侍有用事者。今内侍中，寄資有犯，雖降官，然俸物不減，何以勸懲？今小者有犯，可恕即恕，不可恕即撻之，庶使知懼。」且云：「唐末内侍如田令孜輩，群唱爲亂者，良由天子縱之所致。朕今在宫中，都知、押班、御藥素號最親密者，非時未嘗見，見未嘗不正色。」

論虜人奢侈　己卯，上謂大臣曰：「比聞大金中宫頗恣，權不歸其主。今所須者，無非真珠靸鞵之類，此朕所不顧而彼皆欲之，則侈靡之意可見矣。宜令有司悉與，以廣其欲。彼侈心一開，則吾事濟矣。」時金人又須白面猢孫及鸚鵡、孔雀、獅子貓兒，上亦令搜訪與之。上曰：「敵使萬里遠來，其所須如此，朕何憂哉！」

迎太后歸慈寧宫　辛巳，上奉迎皇太后于臨平鎮。初，后既渡淮，上命秦魯國大長公主、吴國長公主逆于道。至是，自至臨平奉迎，用黄麾半仗二千四百八十三人，普安郡王從。上初見后，喜極而泣，軍衛歡呼，聲振天地。

太后聰明有遠慮　壬午，皇太后還慈寧宫。后聰明有遠慮，上因夜侍慈寧，語久，冀以順后意。后令上早臥〔一九〕，且曰：「聽朝宜早起，不然恐妨萬機。」上不欲遽離左右，后遂示以倦意，上不得已，恭揖而退。太后復坐，凝然不語，雖解衣登榻，交足而坐，至三四鼓而後就枕。

上事太后謹　嘗謂上：「給使者不必分，宜通用之，蓋分則自爲彼我，其間佞人希旨，必肆間言。自古兩宫失歡，未有不由此者。」

龜鑑曰：太后之未歸也，則諭以至誠；太后之將歸也，則示以喜色。臨平奉迎，瞻慈容而感泣；慈寧居養，侍乙夜而忘疲。壽慶啓燕，稱觴舉儀，雍雍乎其和也。意有所向，竭力供應，肅肅乎其敬也。當時父老童稚且歎曰：「不圖今日聖神母子重歡如此！」是其孝於事親，何如也。

徽宗梓宮歸

戊子〔二〇〕，上服黃袍，乘輦詣臨平奉迎梓宮，登舟易緦服，百官皆如之。

徽宗梓宮至行在

己丑〔二一〕，徽宗皇帝、顯肅皇后及懿節皇后梓宮皆至行在。

秦熺盛稱檜之功

史臣秦熺等曰：上既日新厥德，專任一德之臣，以爲腹心。今日之舉，非君相合德，深見事情，其克有濟！竊惟金虜爲中國患〔二二〕，今十八年矣，唯修好通和，實今日至計。前後用事之臣，費日窮年，莫有以爲意者。淵衷監觀利害，既審任茲大事，實難其人，爰出獨斷，復命檜而相之，其大節孤忠，奇謀遠識，蓋察之有素矣。檜亦感不世之遇，自任天下之重，精白以承休德，不退縮以避事，不猜忌以妬功，不疑貳以敗謀，不矯激以沽譽。其圖事揆策，料敵制勝，咸仰契聖心，用能夙夜自竭，以符特達委任之意。虜亦知所畏服〔二三〕，無復敢肆〔二四〕，有請必從，不愆于素。故上以安宗廟，下以保黎庶，送往事居，又足以副天子寧親之孝，一舉而衆美具焉，無不悉如其意，成效章章若此。向之拱手以幸失，謄口以興訕者，皆歎服聖謨之不暇，赧然羞汗，悔前非之無及矣。然是舉也，危疑險阻蓋備嘗之，非獨檜翊贊之難，任檜之爲難也。書曰：「惟尹躬暨湯，咸有一德，克饗天心，受天明命，以有九有之師。」又曰：「德惟一動，罔不吉。」故臣等於今日之事亦云。

大事記曰：紹興十年，金人渝盟〔二五〕，軍民皆歸咎于秦檜，而檜傲然不動。順昌既捷之後，先竄趙鼎，而人無敢言矣；柘皐既捷之後，盡罷諸將，而兵隸御前矣。向者戰敗而求和，今則戰勝而求和矣；向者戰敗而棄地，今則戰勝而棄地矣。向者使命之費猶有限，今歲幣銀、帛各二十五萬匹兩〔二六〕，而賀禮又有金器千兩、銀器萬兩、錦綺千匹矣。岳飛復唐、鄧，張俊、吴璘復商、秦，吴玠復方山、和尚原，皆間關百戰而後得，今吾不能有其地，反盡割入于虜〔二七〕，聽其分畫矣。世忠田金陵，岳飛田鄂，王之奇田兩淮，吴玠田梁、洋，樊賓、宗綱田荆州，皆累年經理而後成，今吾不能屯田，反使虜創屯田軍于河南矣〔二八〕。吾國之民不肯入虜，殺之，猶不從，而朝廷必以與虜，使遺黎飲泣内恨，而中原之人心失矣。李世輔不顧其親來歸，兀术畏避其忠勇，乃置之謫籍，而中原豪傑之心失矣。士大夫陷没虜中〔二九〕，家屬有在中國者，洵虜人之情而悉還之，方其去時，如赴井所，而吾國衣冠之氣沮矣。張俊深忌劉錡、岳飛，每言飛赴援遲，而錡戰不力，遂與檜謀，斥錡而殺飛，而天下忠憤之氣皆沮矣。

龜鑑曰：我高宗皇帝所以徇奉春之拙謀，壞祖生之壯志，蓋仁孝之心有所感觸，而不能不爾也。故寧忍嫚書之恥，而不忍廢務在養民之事；寧割鴻溝之半，而毋寧輟未央稱壽之儀。敬觀聖訓，有曰：「朕兼愛南北之民，屈於講和，非怯於用兵也。若敵國交惡，天下受弊，朕實念之。」知此則可以知吾君之仁。又曰：「北望庭闈踰十五年，幾於無淚可揮，無腸可斷，所以頻遣使指，屈己奉幣者，皆以此也。」知此，則可以知吾君之孝。

分陝西地界

是月，朝廷答金國都元帥宗弼書，許以陝西地界。金人遣知彰化軍節度使事賀景仁來分畫〔三〇〕，乃割商、秦之半，存上津、豐陽、天水三邑及隴西成紀餘地，棄和尚、方山原，以大散爲界，於關内得興趙原爲控扼之所。

九月乙未，信安郡王孟忠厚爲樞密使。

壬寅，大赦天下。

賜秦檜玉帶

乙巳，尚書左僕射、同中書門下平章事兼樞密使秦檜爲太師，封魏國公。是日，檜入朝，至殿門外，上遣幹辦御藥院江諮賜以玉帶，使服之而入。檜辭，上曰：「梓宫歸葬，慈寧就養〔三一〕，皆卿之功也。此未報百分之一，不必辭。」

喜程克俊草制

冬十月乙亥，翰林學士兼侍講、翊善程克俊簽書樞密院事。秦檜之除太師也，克俊草其制詞，有曰：「廟筭無遺，固衆人之所不識；征車遠狩，惟君子以爲必歸。」檜大喜之。

丁丑，太師、尚書左僕射、魏國公秦檜進封秦魏國公，用蔡京故事也。檜辭不拜。

太傅、樞密使、廣國公張俊進封益國公。

賣官田增租

庚辰，詔諸路常平司見賣官田，並令見佃人增租三分，如不願增者，許人剗佃。

官賣廣西五州鹽

辛巳，詔廣西欽、廉、雷、高、化州所産鹽，並令官賣。内欽州所收錢，赴鄂州軍前送納〔三二〕。

壬午，太傅、醴泉觀使、福國公韓世忠進封潭國公，太保、萬壽觀使、雍國公劉光世改封楊國公〔三三〕。

置福建茶事提舉

更福建茶法

丁亥，詔福建專置提舉茶事官一員，置司建州。先是，建州歲貢片茶二十餘萬斤，葉濃之亂，園丁亡散〔三四〕，遂罷之，以市舶官兼茶事。上祀明堂于臨安。始命市五萬斤，爲大禮賞。已而都督府請如舊額，發赴建康，召商人持往淮北。既而官給長引，許商販渡淮。及興榷場，遂取臘茶爲榷茶本。尋禁私販，官盡榷之。上京之餘，許通商，官收息三倍。及是，將鬻建茶於臨安，始別置提舉官，專一發賣〔三五〕。

黄達如乞賞議和人

黄達如乞罷異論人

十有一月壬辰，左朝散郎黄達如言：「太后回鑾，梓宫還闕，兹爲盛事。望宣付史館，然後褒功罰罪。大明黜陟，將前日異論沮謀者明正典刑，其力主和議者重加旌賞，庶上慰徽宗、二后在天之靈，少紓太母留滯抑鬱不平之氣。」詔禮部侍郎兼實録修撰王賞編修付史館。達如，建陽人，嘗知南雄州，以贓罪爲提點坑冶官韓球所按，代還，奏事，乃上此奏焉。

令江邈攻罷張俊

癸巳，樞密使張俊爲鎮洮、寧武、奉寧軍節度使〔三六〕，充醴泉觀使、奉朝請，封清河郡王。初，太師秦檜與俊同主和議，約盡罷諸將，獨以兵權歸俊，故俊力助其謀。及諸將已罷，而俊居位歲餘，無請去之意，檜乃令殿中侍御史江邈論其罪。邈言：「俊據清河坊以應讖兆，占承天寺以爲宅基；大男楊存中握兵于行在，小男田師中擁兵于上流。他日變生，禍不可測。」上曰：「俊有復辟功，無謀反之事，皆不可言。」會樞密使孟忠厚竣事還朝，而邈又言俊之過，俊乃求去位，遂有是命。〔三七〕

李椿年乞行經界

左司員外郎李椿年言經界不正十害：「一侵耕失税，二推割不行〔三八〕，三衙前及坊場户虚供抵當，四鄉司走弄税名〔三九〕，五詭名寄産，六兵火後税籍不信爭訟日起，七倚閣不實，八州縣隱賦多公私俱困，九豪猾户自陳税籍不實，十逃田税偏重，故税不行。」且言：「臣聞平江歲入昔七十萬斛有奇，今按其籍，雖三十九萬餘，然實入才二十萬耳。詢之土人，其餘皆欺隱也。望考按覈實，自平江始，然後之天下，則經界正而仁政行矣。」上謂宰執曰：「椿年之論頗有條理。」乃詔專委椿年措置。椿年請先往平江諸縣，俟其就緒，即往諸州，要在均平，爲民除害，更不增税額。從之。

管軍始除保傅

乙未，檢校少保兼領殿前都指揮使職事楊存中爲少保。國朝故事，未有以保、傅爲管軍者，論者惜之。

己亥，詔太學養士，權于臨安府學措置增展。先是，言者屢請復太學以養人才，上以戎事未暇。至是，謂宰執曰：「太學教化之原，宜復祖宗舊法。」程克俊曰：「東晉設學於鼎沸之中。今兵息矣，興學正其時也。」秦檜曰：「久有此議，今當舉行之。」乃命禮部討論取旨。議復太學

辛丑，言者論：「陛下斥遠姦邪，與腹心之臣一德，以定大計。大功巍巍，超冠古昔〔四〇〕。臣愚慮前日不得志之徒，未即丕變，作爲不靖，有害治功。伏望屏置遠方，終身不齒。」詔榜朝堂。言者乞竄異論人

知鎮江府劉子羽提舉江州太平觀，以右諫議大夫羅汝檝論其專任私意，變亂是非也。先是，子羽言和好本非久遠計，宜及閒暇時修城壘，厲器械，備舟楫，以俟時變。秦檜始以復職非己出，已不悦，至是益怒，諷汝檝論其罪，遂罷歸。令羅汝檝攻劉子羽

和衆輔國功臣、太保、護國鎮安保静軍節度使、充萬壽觀使、楊國公劉光世薨於行在，年五十四。詔贈太師。光世蚤貴，其爲大將，御軍姑息，無克復志，論者以此咎之。劉光世薨贈太師 光世姑息無克復志

丙午，詔責授清遠軍節度副使趙鼎、責授嚮德軍節度副使王庶，今赦更不赦王庶趙鼎

不檢舉。寶文閣待制曾開、徽猷閣直學士李彌遜並落職，權中書舍人程敦厚草制曰：「方同惡而相濟，肯信君子以爲必歸。逮寧親而解憂，是宜國人皆曰可殺。」時庶已死，而秦檜未知也。

曾開李彌遜落職

徽猷閣待制致仕尹焞卒於紹興府，年七十二。上知其貧，特賜錢三百緡。

尹焞卒於紹興府

庚戌，樞密使、信安郡王孟忠厚罷判福州。

左承事郎張戒特勒停。

張戒特勒停

十有二月庚申，鄉貢進士董自任永免文解，充太學録。自任獻所著春秋總鑑于朝，程敦厚言其論盟于宋暨齊平之類，出於先儒之表。故録之。

董自任春秋總鑑

辛酉，童子張岩叟九歲，其弟岩卿七歲，能誦書。詔並免文解一次，仍以束帛賜之。〔四一〕

張岩叟兄弟免解

甲子，上曰：「朕以天下財賦養天下士大夫，以天下公器處天下士大夫〔四二〕。要使人人盡心職業，朕何愛爵禄哉？」

責士大夫盡心職業

庚午，禮部乞太學養士，權以三百人爲額〔四三〕。上曰：「太學，師儒之官，雖選經術，當先德行，要使士子化之，以厚風俗。」

選學官先德行

六曹寺監法成

壬申，太師秦檜等上重修六曹寺監通用敕令格式四十七卷，申明六卷，看詳四百十卷。詔頒行之。

熊彥詩阿秦檜

丙子，主管台州崇道觀熊彥詩知永州。彥詩坐趙鼎客閑廢累年。及是，秦檜除太師，彥詩以啓賀之，有曰：「大風動地，不移存趙之心；白刃在前，獨奮安劉之略。」檜喜，繇是稍復録用。

初除太學官

上喜閱書作字

親寫尚書史記孟子

庚辰，高閌守國子司業，闕注爲太學正。始除學官也。上覽除目，曰：「朕一無所好，惟閱書作字，自然無倦。尚書、史記、孟子俱寫畢，尚書寫兩過〔四四〕，左傳亦節一本。」

秦檜生日賜宴

癸未，以太師秦檜生辰，錫宴于其第，自是歲爲例。

陝西民多飢死

初，陝西連歲不雨。至是，涇、渭、灞、滻皆竭，五穀焦槁。秦民無以食，争西入蜀。川陝宣撫使鄭剛中以誓書所禁，不敢納，皆散去餓死，其壯者北人多買爲奴婢，郡邑蕩然矣。

增入名儒講義皇宋中興聖政卷之二十八

校勘記

〔一〕北狄騎兵　「北狄」原作「西北」，據明抄本及宋史全文卷二一改。

〔二〕案「秦檜等曰」至「致中興必矣」二十二字原脱，據繫年要録卷一四四所引補。

〔三〕見亶于春水開先殿　「開先殿」，金史卷四熙宗本紀作「天開殿」。

〔四〕右從政郎洪适並合格　「右」原作「石」，據宋史全文卷二一及繫年要録卷一四四改。

〔五〕其利溥矣　「溥」，明抄本、宋史全文卷二一及繫年要録卷一四四作「博」。

〔六〕皓身陷虜區　「虜」原作「敵」，據明抄本及宋史全文卷二一改。

〔七〕舉天下之大　「大」原作「人」，據明抄本、宋史全文卷二一及繫年要録卷一四五改。

〔八〕兼愛夷夏之民　「夷夏」原作「四方」，據明抄本及宋史全文卷二一改。

〔九〕則當歸功于天也　「當」，皇朝中興紀事本末卷六〇及繫年要録卷一四五作「常」。

〔一〇〕秋七月癸巳　「癸巳」原作「癸丑」，據皇朝中興紀事本末卷六〇及繫年要録卷一四六改。

〔一一〕戊申　原作「戊午」，據皇朝中興紀事本末卷六〇及繫年要録卷一四五改。

〔一二〕起居郎權中書舍人張廣持不可　案「張廣」即「張擴」，避寧宗諱改。

〔一三〕湖外米平　「平」，皇朝中興紀事本末卷六〇及繫年要録卷一四六作「賤」。

〔一四〕堯湯所不能免　「不」原作「一」，據明抄本、皇朝中興紀事本末卷六〇及繫年要録卷一四六改。

〔一五〕求商州及和尚方山原地　「地」原作「也」，據明抄本、宋史全文卷二一及繫年要録卷一四六改。

〔一六〕時上遣后弟韋淵往迓　「后」原作「皇」，據繫年要録卷一四六改。

〔一七〕而太宗終恨魏證　「證」當作「徵」，蓋避仁宗諱改。以後遇此不出校。

〔一八〕兵力强而而夷狄畏服　「夷狄」原作「天下」，據明抄本改。

〔一九〕后令上早臥　「早」原脱，據繫年要録卷一四六補。

〔二〇〕戊子　原作「庚子」，案本月辛酉朔，無戊子日，據繫年要録卷一四六改。

〔二一〕己丑　原作「辛丑」，據繫年要録卷一四六及宋史卷三〇高宗本紀七改。

〔二二〕竊惟金虜爲中國患　「金虜」原作「金國」，據明抄本改。

〔二三〕虜亦知所畏服　「虜」原作「敵」，據明抄本改。

〔二四〕無復敢肆　「敢肆」原作「用兵」，據明抄本改。

〔二五〕金人渝盟　「金人」原作「金國」，據明抄本及宋史全文卷二一改。

〔二六〕今歲幣銀帛各三十五萬匹兩　「三十五」，據前文應作「二十五」。

〔二七〕反盡割入于虜　「虜」原作「北」，據明抄本及宋史全文卷二一改。

〔二八〕反使虜創屯田軍于河南矣　「虜」原作「敵」，據明抄本及宋史全文卷二一改。下同。

〔二九〕士大夫陷没虜中　「陷没虜中」原作「流落北土」，據明抄本及宋史全文卷二一改。

〔三〇〕金人遣知彰化軍節度使事賀景仁來分畫　「人」原作「復」，據明抄本、宋史全文卷二一及繫年要録卷一四六改。　案是月條記事宋史全文卷二一置於前文「大事記曰」前。

〔三一〕慈寧就養　「慈寧」原互倒，據明抄本、宋史全文卷二一及繫年要録卷一四六乙正。

〔三二〕赴鄂州軍前送納　「鄂」字原脱，據明抄本及繫年要録卷一四七補。

〔三三〕太保萬壽觀使雍國公劉光世改封楊國公　「楊」字原脱，據宋史全文卷二一及繫年要録卷一四七補。

〔三四〕園丁亡散　「丁」字原脱，據明抄本、宋史全文卷二一及繫年要録卷一四七補。

〔三五〕專一發賣　「發賣」，繫年要録卷一四七作「買發」。

〔三六〕樞密使張俊爲鎮洮寧武奉寧軍節度使　「俊」原作「浚」，據明抄本、宋史全文卷二一及繫年要録卷一四七改。

〔三七〕案從「事皆不可言」至「遂有是命」凡三十二字，其中除去「又言」的「言」不脱外，其他三十一字原脱，據明抄本及宋史全文卷二一補。

〔三八〕左司員外郎李椿年言經界不正十害一侵耕失税二推割不行　案「左司員外」四字原脱；「年言經界不正十害一侵耕失税」十三字原脱，均據明抄本、宋史全文卷二一補。

〔三九〕三衙前及坊場户虚供抵當四鄉司走弄税名　案「前及坊場户虚供抵當四鄉」十一字原脱，據明抄本及宋史全文卷二一補。

〔四〇〕超冠古昔　「古昔」原脱，據明抄本、宋史全文卷二一及繫年要録卷一四七補。

〔四一〕案從「有害治功」至「仍以束帛賜之」凡三百五十六字原脱，據明抄本及宋史全文卷二一補。

〔四二〕甲子上曰朕以天下財賦養天下士大夫以天下公器處天下士大夫　「甲子上曰朕以天下財賦養天下士大夫以天下」十九字及後一處「下士」二字原脱，據明抄本及繫年要録卷一四七補。

〔四三〕權以三百人爲額　「三百」原脱，據明抄本、宋史全文卷二一及繫年要録卷一四七補。

〔四四〕尚書寫兩過　「兩」字原脱，據明抄本、宋史全文卷二一及繫年要録卷一四七補。

增入名儒講義皇宋中興聖政卷之二十九〔一〕

高宗皇帝二十九

輸田稅賜詔獎諭

紹興十有三年春正月癸巳，醴泉觀使韓世忠請以其私産，及上所賜田，紐計從來未輸之稅，併歸之官。從之。仍賜詔獎諭。

加徽宗謚

戊戌〔二〕，遣太師秦檜册加徽宗謚曰體神合道駿烈遜功聖文仁德憲慈顯孝皇帝。

立春復故事

辛丑，立春節，學士院始進帖子詞，百官賜春幡勝。自建炎以來久廢，至是始復之。

創太學國子監

癸卯，詔以錢塘縣西岳飛宅爲國子監、太學。舊太學七十七齋，今爲齋十有二，曰禔身、服膺〔三〕、守約、習是、允蹈、存心、養正、持志、誠意、率履〔四〕、循理、時中。

乞頒御書經史

丙午，新知湖州秦棣乞前後御書經史，並以墨本頒賜諸州學官。從之。

卻圓瓜之瑞

丁未，安吉縣布衣談庚言：「本邑去秋有圓瓜並蒂，合而爲一，此實皇帝孝治天下，故見祥瑞，以昭天意〔五〕。」詔勿受，自今有似此投獻者，皆卻之。

不畏多事畏無事

己酉，上謂宰執曰：「朕不畏多事，事若多，必入思慮。大抵無事則怠忽易生，不可不戒。」

興胡舜陟之獄

詔大理寺丞袁柟、燕仰之往静江府，推劾提舉江州太平觀胡舜陟不法事以聞。先是，舜陟帥廣西，因奉詔討郴賊駱科餘黨，以饋餉不繼〔六〕，與轉運副使呂源有隙。源即奏舜陟因生日受知邕州俞儋百金，又盜官馬八百餘匹，贓汙僭擬，傲慢不恭；又以書抵秦檜，言舜陟非笑朝政。檜素惡舜陟，入其説，遂奏遣柟等雜治。

畢良史春秋正辭

戊午，右迪功郎畢良史獻春秋正辭二十卷，遂特改京官。

趙甡之曰：良史初補文學，既得三京地，東京留守司俾權知東明縣。良史乃搜求京城亂後遺棄古器、書畫。金人敗盟，良史乃教學講春秋。及復得還歸，乃盡載所有骨董而至行在。上大喜，於是以解春秋改京秩。自此人號良史「畢骨董」。

李文會附會言仁義

二月乙丑，殿中侍御史李文會入對。文會以朝廷方守和議，不言兵，乃奏仁義之説，曰：「陛下至孝格天，文德來遠，慈寧以寧親，永固以寧神，偃兵息民，天下大安，則其仁固大矣。曩者金人犯闕，陛下毅然請行，志存宗社。及登大寶，力圖恢復，任賢去邪，斷自宸衷，而宗社再安，則其義固大矣。臣以是知陛下足以大有爲〔七〕。願慎守此道而力行之，太平之基實在於此。」後五日，上謂秦檜曰：「文會力陳仁義，甚善〔八〕。朕令録一本，置之几案，欲常觀鑒。」

論君臣當知春秋

丙寅，上曰：「爲君不知春秋，昧爲君之道；爲臣不知春秋，昧爲臣之道。此書褒貶甚嚴，真萬世之法。」上又曰：「爲政之要，在辨忠邪，此治亂所由分也。」秦檜曰：「書生喜論王霸。臣謂推誠任德〔九〕，是爲儒學；施於有政，是爲王道。挾術任數，是爲雜學；施於有政，是爲霸道。」上以爲然。

臣留正等曰：爲國而或王或霸〔一〇〕，治道之所出者，同源異派耳。霸政雖曰駁雜，而有紀綱，有政事，恩威足以使民，勢力足以强國。如管仲、晏子所以用於齊國者，謂之不純于道德則可，舉而謂之挾術任數則不可。人而挾術任數，邪孰甚焉，未有不亂天下者！是以太上皇帝曰：「辨邪正，治亂之所由分也。」

因輸稅得封郡王

以主和議先得王

太傅、醴泉觀使、潭國公韓世忠進封咸安郡王。張俊勳譽在世忠左，特以主和議，故爲秦檜所厚顧，先得王。至是，世忠願輸積年租賦于官，乃有是命。

造琴爲盾樣

己巳，上謂大臣曰：「古人琴制不同。朕今出意作盾樣〔一一〕，以示不忘武備之意。」

蠲廣西十州免行錢

乙亥，蠲雷、化、高、融、宜、廉、邕、欽、賀、貴十州免行錢，用去年七月詔旨也。

高閌定課試法

己卯〔一二〕，國子司業高閌言：「太學者，教化之本。而最所當先者，經術是也。自漢以來，多置博士。而後世所得詩賦、論策，皆經術之餘耳。太學舊法：每旬有課〔一三〕，月一周之；每月有試，季一周之。亦皆以經義爲主，而兼習論策，爲三場，苟加一場，則旬課季考之法，遂不可行。臣今參合條具太學課試，及科舉三場事件〔一四〕：第一場，大經義三道，論語、孟子義各一道；第二場，欲以詩賦；第三場，以子史論一首，并時務策一道。永爲定式。」閌又言：「今比歲郡國雖有學，而與選舉不相關。今參取祖宗舊制，通以當今之宜，補太學生，以諸路住本貫學滿一年〔一五〕、三試中選，不曾犯第三等以上罰〔一六〕，或雖不住學，而曾經發解、委有士行之人，教授保委申州，給公據，赴國子監補試。諸路舉人，以住本貫學半年，或雖不住學，而兩預釋奠，及齒於鄉飲酒禮者，本學次第委保，教授審實，州縣取應，仍自紹興十四年爲始。」皆從之。

高閌立類陞法

龜鑑曰：或者乃曰：「虜勢如焚，國勢如綫，彌文縟典，何暇蒐舉，得無蹈宣、靖之覆轍乎？」愚應之曰：「不然。科舉固所以沮天下豪傑之氣，亦所以收天下豪傑之心。當是之時，苟無科舉以取之，學校以養之，則士之不知愛重者，不入於虜，則入於盜矣。張九成之策、李時雨之書，何由而來哉？」

辛巳，秘書省著作郎王揚英、周執羔並爲尚書吏部員外郎。先是，日曆所修書，自建炎元年至去年，成五百九十卷。秘書少監秦熺因與揚英等書皇太后回鑾本末，上之。壬午，詔熺、揚英、執羔各進官一等。自秦檜再相，取其罷相以來一時詔旨，與夫斥逐其門人章疏〔一七〕，或奏對之語，稍及於己者，悉皆更易焚棄，由是日曆、時政記亡失極多，不復可以稽考。逮其擅政

焚罷相以來事迹

以來，凡所記録，莫非其黨奸佞之詞，不足以傳信天下後世矣。

初除博士員

真州州學教授楊邦弼〔一八〕、左迪功郎陳鵬飛並爲太學博士，初除博士員也。

建景靈宮

乙酉，詔令臨安府景靈宮創于新莊橋之西，以劉光世賜第爲之。築三殿：聖祖居前，宣祖至徽宗居中，昭憲而下，二十一后居後。

大事記曰：秦檜始則倡和議以誤國，中則挾虜勢以要君，終則飾虛文以爲中興，使一世酣豢於利欲之中〔一九〕。奉賊稱臣而不以爲恥，忘讎事虜而不以爲怪，用夏變夷而不以爲非，其弊可勝言哉！紹興十一年，置玉牒所；十二年，作崇政、垂拱二殿；十三年，築圜丘，建太社、太稷、國子監、太學；十四年，置宗子學，建秘書省、御書院；十六年，建武學；二十五年，建執政府；二十六年，築兩相第；二十七年，建尚書六部，定都；二十年而郊廟、宮省之制，亦已具備矣。紹興十年，明堂備大樂；十三年，初謁景靈宮，合祭天地，建金雞肆赦、班鄉飲酒儀；十四年，作渾天儀，復教坊樂工；十五年，行大朝會禮；十六年，制常行儀衛，耕籍田，郊備祭器，設八寶，作景鍾，閱禮器，奏新樂；十七年，祠高禖；十九年，定蜡儀；十八年，圖景靈宮配享功臣；息兵二十年〔二〇〕，而禮樂文物亦略備矣。國家靖康之禍，乃二晉之所未有。中國衣冠禮樂之地，宗廟、陵寢、郊社之所，盡棄之虜，禮器、樂器、犧尊、彝鼎、駕輅、册冕、鹵簿、儀仗之物，盡入于虜。渡江以來，庶事草創，皆至檜而後定。然耕籍、朝覲、祀明堂、養老，更武王克商後事也；辟雍、靈臺、明堂、籍田，光武平隴、蜀後事也〔二一〕。今果偃武修文時耶？果息馬論道時耶？宫室雖備，而忘前日巡幸之懼矣；郊廟雖具，而忘前日宵旰之憂矣；朝儀雖肅，而忘前日扈從之勞矣；文物雖新，而忘前日根括之慘矣。趙霈告高宗曰：「願陛下毋忘親征時。」王庶謂秦檜曰：「公不思東都抗節存趙時，而忘此虜乎？」洪皓曰：「錢塘暫居，而太廟、景靈宫皆極土木之華，豈非示無中原意乎？」

陳設不須文繡

三月辛卯，詔宴殿陳設，止用緋、黄二色，勿以文繡。上以祖宗朝殿帷但用純綵，後來寖多文繡，故屏去之也。

立三年省親法

國子司業高閌請：「在學人依徽宗御筆，復立三年歸省之限，以彰孝治。」上曰：「舊有九年之法，至徽廟，方改作三年。豈有士人九年而不省其親者乎？其從之。」

川陜宣撫副使鄭剛中乞增印錢引四百萬緡。許之。

乙未，詔文宣王廟門立戟二十四。

乙巳，詔臨安府建太社、太稷。

丙午，詔臨安府同殿前司修築圜丘於龍華寺之西。

辛亥，明州言〔三〕：「自廢廣德湖田，歲失官租三千餘斛，請復以爲田。」從之。

夏四月庚申，上謂宰相曰：「郡政以循良稱者，便與擢用，庶與諸郡守之勸。今兵事少息，當以民事爲先，卿等宜博詢之。」

壬戌，知嚴州淳化縣孔括爲右宣義郎。先是，浙西提點刑獄公事王鈇言括治狀，輔臣進呈。上曰：「可與轉一官，令再任。任滿更與陞擢。縣令最親民而員最多，難於一一選擇，但有治狀者進用之，有過惡者黜責之，使知所勸懲，則人自勵，而不害吾民矣。」

癸亥，詔禮部以鄉飲酒儀制鏤板，遍行郡國。

庚辰，兩浙轉運副使張叔獻等，乞依元祐古迹，于華亭置閘，以捍鹹潮。

鄭剛中增印錢引

宣聖廟門增戟

修築圜丘

廣德湖復爲湖田

擢循良郡守

孔括轉官再任

頒鄉飲酒儀

民事以農爲先

上曰：「今邊事息，當於民事爲急。民事當以農爲先。朕觀漢文帝詔書，多爲農而下，以農者，天下之本。置聞，其利久遠，不可憚一時之勞也。」乃令叔獻措置。

治異論寄居人

殿中侍御史李文會論：「寄居士大夫干擾州縣，又監司、郡守類皆親故，莫敢誰何。望嚴加戒約，儻或不悛，令監司、郡守密具姓名聞奏，重置典憲，不以赦原。」從之。時士大夫與秦檜異論者多奉祠里居，或僑寄他郡，自是以次被罪矣。

春秋正經出題

丁亥，國子司業高閌言：「舉人春秋，欲依舊制，止以正經出題。」從之。先是，有旨許于三傳解處出題〔二三〕，閌謂：「如此，則是三家者與六經並行，以春秋之法繩之，三家者當被僭聖作經之罪。」乃下禮部，如所請。

是月〔二四〕，蒙國復叛，金主亶命將討之〔二五〕。

殿宇用赤土桐油

閏四月戊子朔，上曰：「祖宗時，殿宇皆用赤土刷染，飾以桐油，蓋以國家上火德故也。所以只用赤土、桐油者，敝則易以更修。後來多用朱紅漆，不惟所費不貲，且難以修整。」檜等曰：「此有以見陛下追述祖宗之儉德也。」

立貴妃爲皇后

己丑，立貴妃吴氏爲皇后。

丁酉，提點江淮荆浙福建廣南路坑冶鑄錢韓球，請籍坑場户姓名，約定賣納銅數。許之。時郡邑或毁錢爲銅，以應其命，民大以爲擾。其後，歲收銅二十萬斤、鐵二十八萬斤、鉛十九萬斤、錫二萬斤，皆不登租額。

韓球括銅之擾

戊戌，殿中侍御史李文會論前知閩縣李汝明贓污。上謂大臣曰：「縣令最衆，安得人人而知之？若一一待臺諫論列，何用監司？今後贓污人爲臺諫所論，而監司失按發者，量與降官，庶知所懲。行之數年，贓吏自然少矣。」時本路提、轉黄積厚、陳桷、賀允中、余應求已代去，皆貶秩焉。

監司失按贓吏降官

大事記曰：檜雖監司、郡守到闕，必要珍寶數萬貫，乃得差遣。而上則嚴監司失按發贓污爲臺諫所論，而監司失按發者降官。又令監司察縣令，申嚴監司巡歷法，其飭吏之嚴自若也。

己亥，詔紹興府守臣，即直秘閣陸寘家録所藏書，以實三館。

録陸寘家藏書

壬寅，詔人户應管田産，雖有契書，而今來不上砧基簿者，並拘没入官。用兩浙轉運副使、措置經界李椿年請也。時椿年行經界法，量田不實者，罪至徒流。江山尉汪大猷覆視龍游縣〔二六〕，白椿年曰：「法峻民未喻，固有田少

椿年聽汪大猷言

而供多者。願許首復改正。」又謂：「每保各圖頃畝林塘，十保合一大圖，用紙二百番，安所展視？」椿年聽其言，輕刑省費甚衆〔二七〕。

減月樁錢額

壬子，户部具上諸路月樁錢。上諭輔臣，令析其數爲二，存其有窠名者，餘悉蠲之。

黜郡守昏老

甲寅，上諭大臣曰：「昨日上殿楊大任，其人昏老，難當郡寄，可處以宫祠。似此等人作郡，臺諫欲論，又無顯過，但千里之民陰被其害。今後郡守，卿等宜審擇之。」

罷王次翁參政

乙卯，參知政事王次翁提舉臨安府洞霄宫。

論南地可牧馬

五月庚申，上諭大臣曰：「人言南地不宜牧馬。朕昨自創行，雖所養不多，方二三年，已得駒數百，此後不患不蕃。與自川、廣市來，病不堪乘，而沿路所費不少，計之一匹自省數百千。」秦檜曰：「儉以足用，寬以愛民，魯頌專言牧馬。」上又曰：「國家自有故事，京城門外便爲孳生監，每年所得甚多，祖宗用意可見也。」

論牧馬在得人

甲子，秦檜奏牧馬事。上曰：「此事在乎得人。朕初令楊忠憫管馬五十匹，忠憫不理會得，養一年之間〔二八〕，死損俱盡。後得張建壽付之，更無死損。

以此知全在得人。不惟養馬，凡事皆如此，得人則事無不濟矣。」

詔奉議郎張九成作與宫觀人，令南安軍居住。九成既免喪，秦檜取旨，上曰：「可與宫觀。此人最是交結趙鼎之甚者，自古朋黨，惟畏人主知之，此人獨無所畏。」檜曰：「陛下知人之明如此，誠帝王之大德也。」既而右司諫詹大方言：「頃者鼓唱浮言，九成實爲之首，徑山僧宗杲從而和之。今宗杲已遠竄，爲之首者，豈可置而不問？望罷九成宫觀，投之遠方，以爲傾邪者之戒。」故有是命。

竄張九成

乙丑，川陝宣撫副使鄭剛中節制諸將，極其尊嚴，三都統每入謁，必先庭揖，然後就坐。及右護軍都統制吴璘陞檢校少師來謝，語主閽吏，乞講鈞敵之禮。剛中曰：「少師雖尊，猶都統制耳。儻變常禮，是廢軍容〔二九〕。」璘皇恐聽命。

鄭剛中御將嚴

丁卯，右迪功郎何俌獻中興龜鑑十卷。詔遷一官。

何俌中興龜鑑

辛未，詔左從事郎鄭厚自今不得差充試官及堂除。厚嘗著書，號藝圃折衷，其言有詆孟軻者。駕部員外郎王言恭言于朝，詔建州毀板，其已傳播者皆焚之。

毀藝圃折衷板

立學官生員額

壬申，詔國子監置博士、正、録各一員，學生權以八十人爲額。

聖節復賜宴

丁丑，天申節，宰臣率百官上壽，京官任寺、監、簿已上[三〇]，及行在陞朝官並赴，始用樂。近臣進金酒器、銀香合、馬[三一]。郡縣錫宴如承平時。

太后善治宮中事

壬午，上諭大臣曰：「太后未與皇后相識，今此一見便相喜，如太后飲食、衣服，皆皇后親自供承。太后未嘗有所需求，每云飲食、衣服只取飽煖，不欲以細故擾思慮。自太后歸，朕於宮中事，更不費力，遂得專意外治。」

王循友乞根隱税

六月戊子，倉部員外郎王循友言：「國家平昔漕發江、淮、荆、浙六路之粟六百二十餘萬，和糴之數，又在其外[三二]。而近歲上供之數纔二百八十餘萬，除淮南、湖北凋殘最甚[三三]，蠲放之外，兩浙號爲膏腴沃衍，粒米充羨，初無不耕之土，而較之舊額，亦虧五十萬石。此蓋税籍欺隱，豪强巨室，詭名挾户，多端以害之也。比者，兩浙漕臣建議欲正經界，朝廷從而行之。若使盡究隱田，庶幾供輸可足舊額。欲望訓敕諸路漕臣，各令根檢税籍之失。」上謂輔臣曰：「所論可行。蓋農桑，衣食之本，然須有所勸懲，勿爲文具。」

治監司失按罪

壬辰，殿中侍御史李文會論簽書江陰軍判官廳公事蔡寀不法，勒停。上曰：「不按發監司須當行遣，天下事必待臺諫論列，臺諫豈能盡知之？監司乃朝廷耳目，豈可坐視不舉？」於是，提、轉王鈇、李椿年、張叔獻皆坐降官。

不許撥放度牒

癸巳，壽星院乞撥放度牒〔三四〕。上曰：「朕觀昔人有惡釋氏者，即非毀其教；有好釋氏者，即崇尚其徒。二者皆不得中。朕於釋氏，但不使其太盛耳。言者皆欲多鬻度牒，以資國用。朕謂不然，一度牒所得，不過一二百千，而一夫不耕，其所失豈止一度牒之利？若住撥十數年，其徒當自少矣。」

不許樂人出官

戊戌，輔臣進呈鈞容直乞推賞。上曰：「樂人無出官法，可與支賜及轉資。昔有教坊官求爲郡者，太祖以唐莊宗爲監，不與之，止令于樂部遷轉。此祖宗之良法也。」

轉對官自此不言事

吏部員外郎周執羔轉對，乞戒諸路監司檢視簿書無主簿書押者，又乞廣行搜訪徽宗御製。皆從之。

李心傳曰：臣謹按：秦檜再當國柄，十有八年，自定和策勳之後，士大夫無敢少違其意者，故一時輪對臣僚，但毛舉細務，以應詔旨。如紹興二十七年六月黄中所論，及上諭大臣之辭，蓋可見也。故自今年以後，至紹興二十五年十月己卯以前，職事官面對奏劄，見于施行者，共有二百二十四事〔三五〕，皆撮其大略書之，其間則亦有及民間利害者，蓋因可考其人焉。

辛丑，温州進士蔡大中上書獻太平十謹論〔三六〕。詔與永免文解。

蔡大中十謹論

壬寅，簽書樞密院事程克俊提舉臨安府洞霄宫。

罷程克俊簽樞

甲辰，全州文學師維藩權國子録〔三七〕。國子司業高閌等言：「維藩博通古今，士人推服。建學之初，宜得老成，誘掖後進。」輔臣進呈，上曰：「師儒之任，尤當遴選，須心術正者爲之。將以經旨諭後進，一有邪説，學者從而化之，爲害不小。」

師儒選心術正人

龜鑑曰：大學之補，則曰：「士人進取，不可不謹。今日所養，可以見異日之所爲。」學官之除，則曰：「師儒之任，尤當遴選，須得心術正者，與之講解，則學校不爲無益也。」

庚戌，金人遣通問使洪皓、張邵、朱弁還行在。中興奉使幾三十人，生還者三人而已。

奉使得還者僅三人

癸丑，上謂輔臣曰：「近觀諸郡所奏便民五事，固有法已該載，亦有一方

看詳便民事件

之便，朝廷未知者。宜委都司看詳，其便民者，即與於行，無事虚文也。」

胡舜陟静江之獄

胡舜陟冤死

是月，提舉江州太平觀胡舜陟死于静江獄。初，大理寺丞燕仰之、袁柟至静江，遂以舜陟屬吏〔三八〕，居兩旬，辭不服而死。舜陟再守静江，有惠愛，邦人聞其死，皆爲之哭，丐者亦斂數十千致祭。既而舜陟妻汪氏訴于朝。詔左朝奉郎、通判德慶府洪元英究實。元英言：「舜陟受金事涉曖昧，其得人心，雖古循吏無以過。」上謂秦檜曰：「舜陟從官，兼罪不至死，勘官不可不懲。」於是仰之、柟皆送吏部。

下諸州求遺書

秋七月戊午，上謂大臣曰：「昨訪遺書，今猶未有至者〔三九〕。朕觀本朝承五代之後，文籍散逸。太宗留意於此，又得孟昶、李煜兩處所儲益之，一時始備。南渡以來，御府舊藏皆失。宜下諸州搜訪，其獻書者，或寵以官，或酬以帛，蓋教化之本，莫先於此也。」

復置書庫官

己未，復置國子監書庫官一員。

甲子，詔求遺書。

議蠲浙西賦

丙寅，上謂秦檜曰：「朕嘗與卿言，候國用足日，蠲賦以寬民力。若一概除之，又恐用或不足。浙西駐蹕之久，民供不易，臨安尤甚。本路三等下户與蠲一料，庶貧民被實賜也。」

蠲兩浙欠丁鹽錢

壬申，詔：「兩浙民户丁鹽錢多，欠負者其除之。」上曰：「民間所以不舉子者，正以是也。朝廷法禁非不嚴，終不能絶其本，乃在於此。」

是日，雨雹。

癸酉，詔：「諸州奏大辟刑名疑慮公案〔四〇〕，若刑寺擬斷，雖非大辟，官吏並免收坐。」以議者言「慮僻遠小郡，不能盡曉法意，畏憚收坐，不敢具奏〔四一〕，遂致斷遣失當，所犯罪之人，無以辨雪」故也。

初補試監生

初，命國子司業高閌等補試生員，四方來者甚衆。丙子，有司上合格三百人，以徐驤爲首。

奉安文宣王

癸未，奉安至聖文宣王於國子監大成殿，命太師秦檜行禮。時監學初成，上自題賜書閣榜，曰「首善」。

書太學首善榜

八月丙戌，遣權吏部侍郎江邈奉迎景靈宫萬壽觀祖宗神御于温州，自海道至行在。

温州神御至臨安

丁亥，有司言：「將來郊禮，合用珠子坐褥。」上曰：「事天以誠爲主，如器用陶匏之類，貴其質也。若惟事華麗，恐非事天之本意。」

事天以誠質爲主

高閌請幸學

乙未，國子司業兼崇政殿説書高閌，乞率諸生上表，請車駕臨幸太學。上曰：「太宗幸學，嘗令學官講經，及各有恩例，其令有司檢故事來上。」既而，閌侍經筵。講畢，奏曰：「國學落成，臣奉詔試補諸生幾六千人。自中興以來，雖三年省闈，亦未有如此之盛。」上曰：「乍脱干戈，人皆向學，此誠可喜。」閌曰：「臣待罪學官，見此美事，諸生以謂陛下方偃武修文，與太祖初定天下之時同符，宜舉建隆故事。願陛下講臨雍之禮。」言未畢，上曰：「已令討論矣。」

洪皓自虜歸

優賜洪皓

張和公虜所憚

不悦洪皓所言

戊戌，徽猷閣待制洪皓至自金國。上即日引見內殿，諭皓曰：「卿志不忘君，雖蘇武不能過。」賜內庫金幣、鞍馬，黄金三百兩、帛五百匹，象齒、香綿、酒茗甚衆。翊日，見於慈寧殿。帝人設簾，后曰：「吾故識尚書矣。」命撤之。皓退，見秦檜，語連日不止，曰：「張和公虜所憚，乃不得用。錢塘暫居，而景靈宮、太廟皆極土木之華，豈非示無中原意？」檜不悦，謂其子秘書省正字适曰：「尊公信有忠節，得上眷，但官職如讀書，速則易終而無味，要須如黄鍾、大吕乃可。」

武臣不宜治民

壬寅，左朝散大夫宋宙知興州還，入見，乞諸路州學已葺治者，並置教授員。又請罷諸縣武令。上曰：「學官須逐州置〔四二〕，昨已降旨，宜擇通經、心術正者爲之。武官安能治民？然亦難頓罷，第令宣撫司以漸易置可矣。」

王銍太元解義

丁未，湖南安撫司參議官王銍獻太元經解義〔四三〕，賜白金三百兩。

論糴買事宜

己酉，上與宰執論糴買事，因曰：「今漕司各管一路，有無不能相通。宜倣舊來發運，置都轉運使一員，通管諸路，米賤處糴，米貴處糶，如此則有濟，公私皆利。可於從官中選通曉錢穀者付之。」秦檜言：「劉晏能權萬貨低昂，使天下無甚貴賤，而物常平。」上曰：「漢、唐以來，所可稱者，晏一人而已。自來人多恥言財利，不知國家之所急。孟子言：『無政事，則財用不足。』此豈小事也？」

講究寬恤事件

庚戌，詔諸路監司、守臣，講究寬恤民力事件。

復置捍江兵

壬子，初，錢塘江有石堤以捍水，故無水患。歲久，堤且圮，乃置捍江兵二千人，專令采石修堤，人以爲便。

虜索趙彬等家屬

九月甲子，權直學士院洪皓出知饒州。時金人來取趙彬輩三十人家屬，詔歸之。皓曰：「昔韓起謁環于鄭。鄭，小國也，能引誼不與。虜既限淮，官屬皆吳人，留不遣，蓋慮知其虛實也。彼方困于蒙兀，姑恃强以嘗中國〔四四〕。若遽從之，彼將謂秦無人而輕我矣。若恐以不與之故致渝盟，宜謂之曰：『俟淵聖皇帝及皇族歸，乃遣。』秦檜大怒〔四五〕。皓又言：「王倫輩以身徇國，棄之不取，緩急何以使人？」初，檜在完顏昌軍中，昌攻楚州，久不下，欲檜草檄諭降。有室撚者，在軍知狀〔四六〕。皓與檜語及虜事，因曰：「憶室撚否？別時托寄聲〔四七〕。」檜色變而罷。翌日，侍御史李文會即奏：「皓貪戀顯烈，不求省母。若久在朝，必生事端。望與外任。」檜進呈，因及宇文虛中事。上曰：「人臣之事君，不可有二心。爲人臣而有二心，在春秋之法，皆所不赦。」乃命出皓。

大怒洪皓

令李文會攻洪皓

尚書吏部侍郎魏良臣、户部侍郎沈昭遠並罷。良臣與秦檜里舊，一日，言於檜曰〔四八〕：「昨日不寐，偶思得一事，非晚郊祀，如遷客之久在遐方者，可因赦内徙，以召和氣。」檜曰：「足下今爲何官？」良臣曰：「備員吏部侍郎。」檜曰：「且管銓曹職事，不須胡思亂量。」侍御史李文會即奏良臣卑凡，昭遠朋附。乃以良臣知池州，昭遠知袁州。

令李文會攻魏良臣

丁卯，左司諫詹大方論張邵奉使辱命，乃以邵主管台州崇道觀。已而，邵又遺秦檜書〔四九〕，言虜有歸淵聖及宗室諸王意，勸其遣使迎請。於是，檜浸

怒張邵

怒之。

命養濟窮民

戊辰，上謂大臣曰：「諸處有癃老廢疾之人，依臨安例，令官司養濟。窮民無告，王政之所先也。」

除梁弁閣職

壬申，尚書右司郎中梁弁稱疾，乞奉祠。上曰：「士大夫有操守、安分，而以疾乞去者甚可惜，不比奔競之人。朕嘗觀寶訓，太宗朝士人有奔競躁進者，必痛抑之。抑奔競，則廉恥之道興。」乃除直龍圖閣、主管洪州玉隆觀〔五〇〕。

知通帶主管學事

癸酉，左朝奉郎、知建昌軍李長民言：「宣和以前，應知、通、令、佐階銜〔五一〕，並帶主管學事。自軍興以來，學校之教中輟。今和議既成，儒風復振，謂宜依舊結銜，以示聖朝偃武修文之意。」從之。

張燾成都之政

丁丑，詔知成都府張燾依所乞，提舉江州太平觀。初，燾開府，適當歲旱。大發積粟，以振飢民，撫存黎、雅蕃部，禁戢貪吏，開修渠堰，蠲落江田税，決遣獄訟，修文翁舊學，時與諸生講論經旨，政無不舉，蜀人大悅。

監學敕令成

冬十月己丑，太師、尚書左僕射、提舉詳定一司敕令秦檜等，上國子監太學武學律學小學敕令格式二十五卷。

川陝舉人用夏季

戊戌，詔川、陝諸州秋試舉人，並用六月前鎖院。先是〔五二〕，成都府路安撫使張燾乞春月發解，庶使得解舉人可赴行在省試。禮部言：「自來發解年，係三月降詔。」故改用夏季焉。

令所在宗子入學

己亥，上諭大臣曰：「自今宗子，許於所在入學，令與寒士同處，第別作齋。仍選士人爲長諭，庶盡變積習，文行皆可取也〔五三〕。」

十有一月庚申，日南至。合祀天地於圜丘，太祖、太宗並配。

龜鑑曰：過宗廟則必有敬心，見虛墓則必有哀心。桐宫爲自怨自艾之地，郊祀見基命宥密之意〔五四〕。今景靈之輪奐一新，圜丘之規制一定，風景雖殊，山河頓異，固不能不起秋風黍離、春日蒲柳之歎。然天子建國，宗廟爲先；祭祀之典，天地爲重。嗚條之師，正可告于皇天；孟津之舉，亦常類於上帝。則郊祀之舉，亦未害也。

論觀書養性

丁卯，秦檜奏：「前日蒙付出御書尚書，來日欲宣示侍從官，不惟觀陛下書法之妙，又令知陛下聖學不倦如此〔五五〕。」上曰：「朕之性與人異，無事惟静坐觀書，所得甚多。」又曰：「朕觀古之人君，有嗜殺人者，蓋不能養性，故多恣暴。大率知足更無事。貴爲天子，誰能制之？若不知足，更爲侈靡，未有不亂，如唐明皇是也。」時上所寫六經與論語、孟子之書皆畢，檜因請刊石於國子監〔五六〕，仍頒墨本賜諸路州學。詔可。

頒御書州縣學

大事記曰：所幸聖心無欲，君德無玷。檜雖使人上聖德頌，而上萬機之暇，專意經術，親書石經，命儒臣紬繹其說，祁寒隆暑，略無倦色。又作損齋，置經史古書於其中，以爲燕坐之所，且爲之記，其講學不輟也！

恐市錦擾民

己巳，福建轉運司進錦樣。上諭輔臣曰：「儻可備禮物之用，亦無庸遠取，第須令官給其直，毋使及民，恐閩中又生此一擾也。」

撥贍學錢糧

詔諸州將贍學糧撥養士，監司常切覺察，毋得他用。仍各具養士及錢糧數申省。

内侍不可預薦人

戊寅，上因説及梁師成〔五七〕：「蘇軾文字，首尾都記得。此人雖是内侍，却讀書，只是不合干預朝廷，如薦引士大夫，皆非所當爲。内侍引用人才，最害政之大者，此等人便當重置於刑。歷觀諸古，内侍薦引人才，未有不至於亂者。」

秦檜賀日食

十二月癸未朔，日有食之。詔避殿減膳。是日，陰雲不見，太師秦檜率百官上表稱賀。自是率如之，逮檜薨乃止。

賀瑞雪

庚寅，太師秦檜以瑞雪應時，率百官詣文德殿拜表稱賀。自是歲如之，迄今不改。

禁私鑄毛錢

辛卯，詔：「民間所鑄當二毛錢悉毁之，違者抵罪。自不及百錢已上，並許告賞。」

監生給綾紙

癸巳，詔試中監學生，依嘉祐故事，給綾紙。用新知永州熊彥詩請也。彥詩言：「主上登用真儒，載興太學，監貼之制，似可復行。」秦檜進呈〔五八〕，上曰：「學校者，人才所自出。人才須素養〔五九〕。太宗皇帝置三館，養天下士。

論祖宗教養人才

至仁廟朝，人才輩出，爲朝廷用。」檜曰：「國朝崇儒重道，變故以來，士人雖陷虜者，往往能守節義，乃教育之效也。」上曰：「然。五代之季〔六〇〕，學校不修，故當時士人多無名節。今日若不興崇學校〔六一〕，將來安得人才可用耶？」

建秘閣右文殿

秘書丞嚴抑言：「本省藏祖宗國史、歷代圖籍，舊有右文殿、秘閣、石渠及三館四庫。自渡江後，權寓法慧寺，與居民相接，深慮風火不虞。欲望重建，仰副右文之意。」於是建省於天井巷之東，以故殿前司寨爲之，上自書「右文殿」、「秘閣」二榜，命將作監米友仁書「道山堂」榜，且令有司即直秘閣陸宰家録所藏書來上。

龜鑑曰：藏書求書，制禮作樂，使不於此而汲汲焉，則將踵漢人馬上安事之陋習，而守殘補缺，重爲來世之嘆。昧東都熙洽之儀容，而撥羲於河海，亦豈盛世之事！矧秘書三館，書籍經史，凡所謂典章文物者，盡入于虜也哉！

是日，賜喜雪御筵于尚書省，初復故事也。

喜雪賜宴

癸卯，有司進呈賜北使弓矢，上以其不精工，命出内庫所造者賜之。翌日，諭大臣曰：「此朕自指教〔六三〕，雖軍中人，亦未必能之。賜予使人，不惟觀美，兼器械之良，亦可使遠人知所畏服。」

選賜北使弓矢

乙巳，太師秦檜辭生日賜宴。詔曰：「以不世之英，值難逢之會，其始生之日，可不爲天下慶乎？宜服異恩，無守沖節。」檜每生日，四方獻壽者，金玉爲不足，至於搜盡世間之希奇以爲侑。錫賚踵至，賜教坊樂佐酒。一日，

秦檜生日之侈

伶人作雜劇之戲，熺笑言微高，檜目之不語，少頃，檜起更衣而不出。其夫人王氏使人候之，乃在一室中默坐。論者謂檜歎其子不足以相副也。嗚呼，深哉！

秦檜心術之深

史臣曰：子之賢不肖，皆天也。雖然，亦前人積累之報。如洪皓忠義，則二子皆中詞科。秦檜平生所爲，既不忠於事君，又以殘忍而害賢士大夫，其報可知矣。猶且歎其子熺不足以相副，至於當宴而罷懽，默坐以懷怨，是亦不能反思之甚也。積善之家，必有餘慶，易經之訓明甚。以不善之積，而責其餘慶之應，誠恐餘殃踵至矣，何慶之有哉？爲人父者盍思夫！〔六三〕

己酉，大金賀正旦使完顏暈、馬諤見于紫宸殿。上謂秦檜曰：「今此使人來〔六四〕，大體皆正，其他小節不足較。觀虜人之意，和議必須堅久。非卿學識過人，堅主和議，安得如此？」

喜虜人和議堅

關外初行營田，凡一千三百餘頃。

關外行營田

初，申嚴淮海銅錢出界之禁〔六五〕，而閩、廣諸郡多不舉行。於是，泉州商

申嚴錢入海禁

人夜以小舟載銅錢十餘萬緡入洋，舟重風急，遂沉於海，官司知而不敢問。

增入名儒講義皇宋中興聖政卷之二十九

校勘記

〔一〕案：現存皇宋中興兩朝聖政卷二十九是孝宗乾道二年四月（部分）至十二月記事，而據原書目録應是紹興十三年的内容。現據明抄本配補。

〔二〕戊戌　原作「庚子」，據繫年要録卷一四八、宋史卷三〇高宗本紀七及皇宋十朝綱要卷二四改。

〔三〕今爲齋十有二曰禔身服膺　「今」原作「令」；「服」原作「伏」，據繫年要録卷一四八、咸淳臨安志卷一一太學及宋會要輯稿崇儒一之三四改。

〔四〕養正持志誠意率履　「養正持志」原作「持正養志」；「率履」原作「率理」，據繫年要録卷一四八、宋史全文卷二一、宋會要輯稿崇儒一之三四及本書卷三〇改。

〔五〕以昭天意　「昭」原作「詔」，據繫年要録卷一四八及宋史全文卷二一改。

〔六〕以饋餉不繼　「以」原作「不」，據繫年要録卷一四八及宋史全文卷二一改。

〔七〕臣以是知陛下足以大有爲　「以是知」原作「知是以」，據繫年要録卷一四八及宋史全文卷二一改。

〔八〕甚善　「甚」原作「其」，據繫年要録卷一四八及宋史全文卷二一改。

〔九〕臣謂推誠任德　「德」，繫年要録卷一四八及皇朝中興紀事本末卷六一均作「賢」。

〔一〇〕爲國而或王或霸　第二個「或」原脱，據繫年要録卷一四八所引補。

〔一一〕朕今出意作盾樣　「出」原作「世」，據繫年要録卷一四八及宋史全文卷二一改。

〔一二〕己卯　原作「乙卯」，案：二月己未朔，無乙卯日，據繫年要録卷一四八改。案：宋史卷三〇高宗本紀七及皇宋十朝綱要卷二四均繫於「庚辰」。

〔一三〕每旬有課　「旬」原作「詢」，據繫年要録卷一四八及宋史全文卷二一改。

〔一四〕及科舉三場事件　「場」原作「傷」，據繫年要録卷一四八及宋史全文卷二一改。

〔一五〕以諸路住本貫學滿一年　「住」原作「往」，據繫年要録卷一四八及宋史全文卷二一改。下同。

〔一六〕不曾犯第三等以上罰　「第三等」原作「等三場」，據繫年要録卷一四八及宋史全文卷二一改。

〔一七〕與夫斥逐其門人章疏　「斥」原作「斤」，據繫年要録卷一四八及宋史全文卷二一改。

〔一八〕真州州學教授楊邦弼　「學」原作「李」，據繫年要録卷一四八及宋史全文卷二一改。

〔一九〕使一世酣豢於利欲之中　「之」下原衍「心」，據繫年要録卷一四八及宋史全文卷二一删。

〔二〇〕二十年　「二十」，繫年要録卷一四八作「三十」。

〔二一〕光武平隴蜀後事也　「平」原脱，據繫年要録卷一四八及宋史全文卷二一補。

〔二二〕明州言　「明」原作「湖」，據本書卷二五及繫年要録卷一四八改。

〔二三〕有旨許于三傳解處出題　「旨」原作「言」，據繫年要録卷一四八及宋史全文卷二一改。

〔二四〕是月　「月」原作「日」，據繫年要録卷一四八改。

〔二五〕金主亶命將討之　「主」原作「王」，據繫年要録卷一四八及宋史全文卷二一改。

〔二六〕江山尉汪大猷覆視龍游縣　「龍游縣」原作「龍縣」，據繫年要録卷一四八及宋史全文卷二一改。

〔二七〕輕刑省費甚衆　「甚」原作「其」，據繫年要録卷一四八及宋史全文卷二一改。

〔二八〕養一年之間　「養」，繫年要録卷一四九作「牧養」。

〔二九〕是廢軍容　「容」原作「器」，據繫年要録卷一四九及宋史全文卷二一改。

〔三〇〕京官任寺監簿已上　「簿」原作「博」，據繫年要録卷一四九及宋史全文卷二一改。
〔三一〕近臣進金酒器銀香合馬　「馬」，繫年要録卷一四九作「焉」。
〔三二〕又在其外　「其」原脱，據繫年要録卷一四九及宋史全文卷二一補。
〔三三〕除淮南湖北凋殘最甚　「甚」原作「其」，據繫年要録卷一四九及宋史全文卷二一改。
〔三四〕壽星院乞撥放度牒　「放」原作「攷」，據宋史全文卷二一改。
〔三五〕共有二百二十四事　此八字原脱，據繫年要録卷一四九補。
〔三六〕温州進士蔡大中上書獻太平十謹論　「謹」原作「慎」，據宋刊本分類事目回改。蓋宋人避孝宗之諱作「謹」。
〔三七〕全州文學師維藩權國子録　「録」原作「監」，據繫年要録卷一四九及宋史卷四三三高閌傳改。
〔三八〕遂以舜陟屬吏　「陟」下衍「爲」，據繫年要録卷一四九及宋史卷四三三高閌傳删。
〔三九〕今猶未有至者　「今」原作「令」，據繫年要録卷一四九及宋史全文卷二一改。
〔四〇〕諸州奏大辟刑名疑慮公案　「奏」原作「秦」，據繫年要録卷一四九改。
〔四一〕不敢具奏　「具」原作「且」，據繫年要録卷一四九改。
〔四二〕學官須逐州置　「逐」原作「遂」，據繫年要録卷一四九及宋史全文卷二一改。

〔四三〕湖南安撫司參議官王銍獻太元經解義　「元」當作「玄」，蓋避始祖趙玄朗諱而改。

〔四四〕姑恃强以嘗中國　「嘗」原作「常」，據繫年要録卷一五〇及宋史全文卷二一改。

〔四五〕秦檜大怒　「大」原作「之」，據繫年要録卷一五〇及宋史全文卷二一改。

〔四六〕在軍知狀　「在」原作「任」，據繫年要録卷一五〇及宋史全文卷二一改。

〔四七〕别時托寄聲　「時」原作「聲」，據繫年要録卷一五〇及宋史全文卷二一改。

〔四八〕言於檜曰　「於」原作「與」，據繫年要録卷一五〇及宋史全文卷二一改。

〔四九〕邵又遺秦檜書　「遺」原作「遣」；「書」原作「曰」，據繫年要録卷一五〇及宋史全文卷二一改。

〔五〇〕主管洪州玉隆觀　「隆」原作「龍」，據繫年要録卷一五〇改。

〔五一〕應知通令佐階銜　「階」原作「陛」，據宋史全文卷二一改。

〔五二〕先是　原互倒，據繫年要録卷一五〇及宋史全文卷二一乙正。

〔五三〕文行皆可取也　「取」原作「服」，據繫年要録卷一五〇及宋史全文卷二一改。

〔五四〕郊祀見基命宥密之意　「基」原作「墓」，據繫年要録卷一五〇及宋史全文卷二一改。

〔五五〕又令知陛下聖學不倦如此　「令」原作「今」，據繫年要録卷一五〇及宋史全文卷二一改。

〔五六〕檜因請刊石於國子監　「刊」原作「利」，據繫年要録卷一五〇及宋史全文卷二一改。

〔五七〕上因説及梁師成　「因」原作「用」，據宋史全文卷二一改。

〔五八〕秦檜進呈　「呈」字原脱，據繫年要録卷一五〇及宋史全文卷二一補。

〔五九〕人才須素養　「才」上原衍「人」，據繫年要録卷一五〇及宋史全文卷二一删。

〔六〇〕五代之季　「五代」原作「三代」，據宋會要輯稿職官二八之二四改。

〔六一〕學校不修故當時士人多無名節今日若不興崇學校　「不修故當時士人多無名節今日若不興崇學校」原脱，據繫年要録卷一五〇及宋史全文卷二一補。

〔六二〕此朕自指教　「此朕」原互倒，據繫年要録卷一五〇及宋史全文卷二一乙正。

〔六三〕案此段「史臣曰」原無，據宋史全文卷二一補。

〔六四〕今此使人來　「此」，繫年要録卷一五〇及宋史全文卷二一作「次」。

〔六五〕申嚴淮海銅錢出界之禁　「淮」原脱，據繫年要録卷一五〇及宋史全文卷二一補。

增入名儒講義皇宋中興聖政卷之三十

高宗皇帝三十

紹興十有四年春正月丁卯，提舉江州太平觀黄龜年落職，令本貫福州居住。龜年爲御史，嘗論秦檜之罪故也。

丁丑，詔四川路内藏錢帛，並易輕齎赴行在，惟絹以本色。

戊寅，内出鎮圭付國子監，以奉文宣王。

二月癸未，宰執奏榷貨務茶鹽推賞事，上因諭：「祖宗茶鹽之法，納粟于邊，請鈔於京，公私皆便，不惟邊面可實，而又免轉輸之勞。朕常思祖宗立法〔一〕，無不善者，豈可輕議變易？」上又曰：「朕因前日虜使須要射，以謂武備不可一日弛，深慮邊事寧息，諸軍稍怠。朕見造金銀椀，將因暇日親閱，用此旌賞，以勸激之。」

潼川府路轉運判官楊椿改本路提點刑獄公事〔二〕。時諸路漕臣多獻羨

秦檜逐黄龜年

出鎮圭奉先聖不變法

武備不可一日弛

楊椿不獻羨餘

餘，獨椿無所獻，常曰：「今瘡痍未瘳，愧不能裕民力，其肯掊剋，以資進身耶！」

高閌再請幸學

戊子，國子司業高閌等率諸生上表，請視學。手詔宜允。

己丑，福建安撫使葉夢得，乞將見拘留海船，與不係籍船户，輪流差使。上曰：「不惟海船一事，民間積欠亦可放〔三〕。」因言：「朕頃在山東、河北，備見民間利病，如官司錮吏下鄉催科〔四〕，此適足資其爲奸耳。」乃詔江、浙等路紹興八年以前拖欠，並與蠲免。

詔蠲積欠

史臣曰：聖人中心之仁，譬猶穀之有種也。上因海船之請，而遽及於逋負。蓋其愛人利物之誠，根於聖性，故有以感發之，而仁不可勝用矣。

復置教坊

辛卯，復置教坊，凡樂工四百十有六人，以内侍充鈐轄〔五〕。

招填軍額

甲午，上諭大臣曰：「昨嘗降旨：諸軍揀汰人數〔六〕，令便招填。可嚴切行下，不然闕損軍額，不可不慮，恐緩急誤事。」時皇太后築外第，有遷徙居民處，上命臨安倍支般挈之費〔七〕，仍對撥官屋居之，毋令失所。

支民搬挈之費

鄭剛中奏減科須

丙申，上謂大臣曰：「近見鄭剛中奏減民間科須，數目不少，朕聞之頗喜。自是四川之民當少蘇矣。」

李文會等攻万俟卨

丙午，參知政事万俟卨提舉江州太平觀。先是，卨使虜還，太師秦檜假金人譽己數十言，囑卨奏於上，卨不可。他日奏事退，檜坐殿廬中，批上旨，輒除所厚官，吏鈐紙尾進〔八〕，卨拱手曰：「偶不聞聖語。」却不視。檜大怒，自是不交一語。御史中丞李文會、右諫議大夫詹大方聞之，即奏卨黷貨營私，窺探國是。卨再章求去，上命以資政殿學士出守。及入謝，上問勞甚悉。檜愈怒，給事中楊愿因封還録黄，乃有是命。

定宗學生額

同知大宗正事士䅳請宗學生以百員爲額，大學生五十，小學生四十，職事人各五人。從之。

己酉，新知紹興府樓炤過闕，入見，即日除簽書樞密院事兼權參知政事。

禁豪强奪民居

三月壬子朔，上謂大臣曰：「聞臨安府官地民間見佃者，近日頗爲豪强所奪，至毀其屋宇。此事在民利害甚大，宜令禁止，仍舊給與小民。」

猺人不可擾

癸丑，秦檜等奏選除武岡軍守臣。上曰：「猺人當安，不可擾。煙瘴之地，遣兵討伐，視他處尤難，不可不慎。」

除江浙京湖積欠

乙卯，輔臣進呈諸路未發上供錢糧數。上曰：「江、浙、京、湖積年拖欠皆虚數。紹興十年以前，除形勢及第二等以上户外，悉蠲除之。」乃出榜曉示。官吏故違，許之越訴于朝。

減坑冶課額

庚申，户部尚書張澄乞：「諸路坑冶，委的有名無實去處，令憲、漕司别立酌中課額，仍覺察，無令有力之家計囑幸免，致下户受弊。」上曰：「寧於國計有損，不可有害於民。若富藏於民，猶國外府，不然，民貧爲盜，常賦且將失之，此有若所謂『百姓足，君孰與不足』者也。」

幸學講書

己巳，上幸太學，祗謁先聖，止輦於大成殿門外，步趨升降〔九〕。

史臣曰：治道莫盛於堯、舜〔一〇〕，而夫子則明堯、舜之道者。故欲舉堯、舜之治，必先推本明堯、舜之道者。〔一一〕

退，御敦化堂，命禮部侍郎秦熺執經，國子司業高閌講易泰卦，權侍郎、正刺史已上並與坐。講畢，賜諸生席于廡下，啜茶而退。遂幸養正〔一二〕、持志二齋，觀諸生肄業之所。賜閌三品服，熺與學官皆遷官，諸生授官、免解、賜帛如故事。

臣留正等曰：學校以教之，王政之本也。樂育人材，菁莪之義也。士不素養而求一旦之用，猶兵不禁練而責其一日之戰也。太上皇帝興太學以養天下之士，慮其未廣，又下增員之令，譬之嘉穀，種之力者獲必豐，養之至者才難何慮矣！

壬寅，太師秦檜言：「陛下文德誕敷〔一三〕，干戈載戢。乃者祇謁先聖，遂幸太學，躬行之化，乃在斯舉。臣不勝慶幸，乞宣付史館，仍許拜表稱賀。」上曰：「非卿力主和戎之議，兵革休息，則學校何由興〔一四〕？所請宜依故事。」

胡寅移書責高閌

國子司業高閌權尚書禮部侍郎。徽猷閣直學士胡寅聞之，移書責閌曰：「太學，明人倫之所在也。閣下召自閑廢，有成均之命，竊自計曰：『今天下方無三綱，斯人之所以來乎？』及見請幸太學之表，寅心愓然，不意閣下有斯請，而有斯言也。昔秦、楚敵國，懷王不還，楚人憐之，如悲親戚，蓋忿秦之以强力奸詐加於其君，使不得其死，其慘勝於加之刃也。太上皇帝，我中原受命之主，劫制夷狄，生往死歸，此臣子痛心切骨，坐薪嘗膽，宜思所以必報者也。而柄臣者乃敢欺天罔人，以大讎爲大恩乎？昔宋公爲楚所執，楚子釋之。孔子筆削春秋，乃曰：『諸侯盟于薄，釋宋公。』不許夷狄之人得制中國之命也。大母，天下之母，其縱釋乃在夷狄之君，此中華大辱，臣子所不忍言者也〔一五〕。而柄臣者乃敢欺天罔人，以大辱爲大恩乎？大宋基業封疆，皆太祖、太宗收用英俊，勤恤民隱，躬擐甲冑，與天下大夫勞苦以得之。又累聖嚴恭寅畏，不敢荒寧，而守之者也。今關河重地，悉爲虜封；園陵暴露，不得瞻守；宗族拘隔，不得相見；土地分裂〔一六〕，人民困苦，不得鳩集；冤恨之氣，外薄四海，不得伸雪。而柄臣者方且施施然厚誣天下〔一七〕，自以爲有大功乎？閣下受其知遇，何不勤勤懇懇而爲之言乎？言而或聽，天下國家實幸也。晉朝廢太后，董養遊太學，升堂歎曰：『天人之理既滅，大亂將作矣！』則遠引而去。今閣下目睹忘讎逆理，北面夷狄〔一八〕，以苟晏安之事，猶偃然爲天下師儒之首。既不能建大論，明天人之理，以政君心，乃阿諛柄臣，希合風旨，求舉太平文具之典，又爲之詞曰云云。欺天罔人，孰甚焉！是黨其惡也。人皆謂閣下平生志業掃地去矣，數十年積之，而一朝毀之乎！春秋之義，誅國賊者〔一九〕，必先誅其黨。歷觀往古人君，以無道行者，猶不能終，況人臣而敢肆然以無道行之乎？一旦明天子監亂亡之禍，赫然震怒，以咎任事者，嗚呼危哉！豈不與董養異哉？閤下不及今翻然改圖，則必與之俱矣！」

竄解潛　御史中丞李文會言：「提舉江州太平觀解潛本趙鼎之客，不附和議。」詔責濠州團練副使、南安軍安置。

龜鑑曰：竄王庶，檜怒其不附和議也；竄胡銓，檜怒其曾沮和議也。論趙鼎、論曾開、論李彌遜，而此心無愧之張九成，既與之編置；不肯附和議之解潛，亦從而謫居焉。王次翁之力排趙鼎則喜之，孫近之請召張浚則惡之。生殺廢置，惟己所欲。異時賢士五十三人，皆欲置之死地，獄成未上，而檜則自斃矣。天之所欲，又豈人之所能爲哉！

上性好讀書　癸酉，秦檜進呈講筵闕官，因言：「陛下聖學日躋，實難其人。」上曰：「朕學問豈敢望士大夫，但性好讀書。」檜曰：「士人讀書固多，但少適用。若不適用，或托以爲姦，則不若不讀之爲愈。」上又曰：「王安石、程頤之學，各有所長，學者當取其所長，不執於一偏，乃爲善學。」

製先聖七十二子贊　乙亥，上出文宣王贊，刻石賜學官。高閌言：「陛下贊文，形容先聖盛德，無愧於古。」上曰：「唐明皇作贊文，乃斥先聖先師之名，非尊儒重道之意。」閎曰：「此尤見聖學高出前代帝王之上。」其後，上又悉贊七十二子。

王銍聖學通紀

戊寅，新湖南安撫司參議官王銍獻祖宗八朝聖學通紀論。詔遷一官。

恤民謹獄

己卯，新利州路提點刑獄公事李志行乞戒飭諸路帥臣、監司〔二〇〕，將前後所承寬恤民力及恤刑詔書，恪意奉行，違者重置典憲。上曰：「二事皆切中時病。方今兵革既息，惟寬恤民力、欽慎庶獄，是爲急務。可令有司申嚴立法行下。」

印諸州書籍

夏四月庚辰，詔諸州軍應有刻板書籍，並用黄紙印一帙送秘書省。

催結絶滯獄

甲申，詔刑部將半年以上未結絶公事，行在委本部，外路委監司，責限結絶。內日月稍遠者，取問因依申奏。以都省言四方多滯獄也。

製渾儀

丙戌，命太師秦檜提舉製造渾儀。詔有司求蘇頌遺法來上。上謂檜曰：「宮中已製成小範〔二一〕，可以窺測，日以晷度、夜以樞星爲則。蓋樞星，中星也。非久降出，用以爲式，但廣其尺寸爾。」

蘇籀集諸儒經説

將作監蘇籀面對，乞取近世儒臣所著經説，集而成編，以補唐之正義遺闕。上諭秦檜曰：「此論甚當。若取其説之善者，頒諸學官，使學者有所宗一，則師王安石、程頤之說者，不至紛紜矣。」

木柱天下太平字

丁亥，知虔州薛弼言：「江東鎮民居木柱內有『天下太平年』五字，適符上元甲子之歲。此殆天啟其祥，非人力所能爲。」詔侍從同觀，仍送史館。

不受姜樓獻助

五月丙辰，饒州言，右迪功郎姜樓等獻錢十萬緡，以助國用。上曰：「國用有常，自不至闕，不然，雖多亦有不足之患。其還之。」

詔四川募兵

詔四川宣撫司募兵赴行在。先是，右護軍都統制吴璘言西邊可募衛兵。上諭輔臣曰：「諸軍招填闕額，類是南人，恐西北寖損，數年之後，始見其弊。兼諸路軍器物料，近多不到，方閑暇時，尤宜整治。」

甲子，簽書樞密院事兼權參知政事樓炤罷。

令李文會攻高閌

乙丑，御史中丞兼侍讀李文會言：「權尚書禮部侍郎高閌、權工部侍郎王師心、起居舍人吴秉信，此三人者，若久在朝，必害至治。」詔以閌知筠州，師心知袁州，秉信知江州。先是，上在經筵，嘗謂閌曰：「向來張九成嘗問朕：『左氏傳載一事或千餘言，春秋只一句書之〔三〕，此何也？』朕答之云：『聖言有造化，所以寓無窮之意。若無造化，即容易知，乃常人言耳。』」閌曰：「說春秋者雖多，終不能發明〔三〕，正如窺造化也。」上曰：「九成所問極是〔二四〕。」閎曰：「陛下所答亦極是。」上因問九成安否？翌日，謂秦檜曰：「張九成今在何處？」檜曰：「九成頃以唱異惑衆，爲臺臣所論。既與郡，乃乞祠。觀其意，終不爲陛下用。」上曰：「九成清貧，不可無禄。」檜疑閎薦之，呼給事中楊愿詢其事，文會即劾閎。

是日，李文會簽書樞密院事兼權參知政事〔二五〕。自是執政免，即以言者代之。

大事記曰：自如淵擢中丞，而巫伋、鄭仲熊、李文會之徒除授悉由密啟。欲竄逐諸賢，則使之露章而論其罪；欲斥去執政，則使之彈擊而補其闕，而臺諫之權在檜矣。

戊辰，尚書吏部員外郎黃達如降一官，放罷。坐前知南雄州日，私役禁軍、販易物貨故也。達如爲提點坑冶司所案，贓汙鉅萬。獄既上，雖秦檜亦不能免〔二六〕，僅止罷黜，人亦快之。

甲戌，初，兩浙轉運副使李椿年置經界局於平江府，守臣周葵問之曰：「公今欲均税耶？或遂增税也？」椿年曰：「何敢增税。」葵曰：「苟不欲增，

疑高閎薦張九成
李文會參政
黃達如贓汙鉅萬
秦檜庇黃達如
平江置經界局

李椿年誣周葵

胡爲言本州七十萬斛？」椿年曰：「若然，當用圖經三十萬數爲准〔二七〕。」時秦檜怒葵不已，椿年因奏葵在郡錫宴北使，飲食臭腐，致行人有詞。葵坐落職，主管台州崇道觀。自是投閑十一年。

王之望小東坡

丁丑，王之望行太學録。之望初舉進士，考官孫道夫異其文，知貢舉朱震持以示人曰：「此小東坡也！」

曾惇稱秦檜聖相

六月辛巳朔，右朝奉郎曾惇知台州。惇嘗獻秦檜詩，稱爲「聖相」，故以郡守處之。自檜擅權，凡投書啟者，以皋、夔、稷、卨爲不足比擬，必曰：「元聖」，或曰「聖相」。

蠲諸路諸色錢

甲申，詔：「江、浙等路州縣〔二八〕，酒税欠折，坊場廢壞，綱運沉失，倉庫漏底，委非侵盜者，皆蠲之。」

賑恤水災

乙未，上謂大臣曰：「浙東、福建被水災處，可令監司躬往，悉力賑濟，務使實惠及民，毋爲文具。」時江、浙、福建同日大水，建州水冒城而入，俄頃深數丈，公私廬舍盡壞〔二九〕，溺死數千人；嚴州水暴至，城不没者數板，通判州事洪光祖集舟以援民，且區處山阜，給之薪粥，卒無溺者。衢、信、處、婺等州民之死者甚衆。

江浙福建同日水

配白鍔張伯麟

丙申，華州觀察使、提舉佑神觀白鍔特刺面〔三〇〕，配萬安軍。時閩、浙大水，鍔乃自北方從太后歸者，宣言：「燮理乖繆，洪皓名聞華夷，顧不用。」太師秦檜聞之，奏繫鍔大理寺。鍔館客張伯麟嘗題太學壁曰：「夫差，爾忘越王之殺而父乎！」伯麟亦下獄。獄具，鍔坐出言指斥，乃有是命。伯麟亦杖脊，刺配吉陽軍。御史中丞詹大方即奏皓與鍔爲刎頸交，更相稱譽，誑惑衆聽。丁酉，詔皓提舉江州太平觀。

令詹大方攻洪皓

海清不受賀

甲辰，淮東轉運判官湯鵬舉言：「五月乙亥，楚州鹽城縣海水一概澄清。」秦檜率百官入賀，上曰：「自太祖平定天下，太宗時干戈偃息，真宗時祥瑞甚多。祖宗聖語，止以豐年爲瑞。第可付史館，不必受賀。」

國子監置小學

乙巳，詔國子監置小學。

秋七月壬子，詔藤州安置李光，俟牽復日，特降三官，坐前爲江東大帥，擅用上供錢帛也。

虜殺王倫

戊午，同簽書樞密院事王倫爲金人所殺。倫留居河間者六年，至是，金人欲以爲河間平欒三路都轉運使，倫曰：「倫奉使而來，非降也。大宋之臣〔三一〕，豈受大金爵祿耶？」虜遣使來趣倫，又不受。虜人杖其使，俾縊殺之。

倫厚贐使人〔三一〕，冠帶南向，再拜慟哭，乃就死。於是河間地震，雨雹，三日不止，人皆憐之。

頒刻御書孝經

辛未，詔諸州以御書孝經刊石，賜見任官及係籍學生。時已頒孝經于郡庠，而殿中侍御史汪勃言：「陛下獨擅聖人之德，上天昭鑒，果定和議於衆論鼎沸之中，極天下之至養〔三二〕。望降明詔，令募工摹刻，使家至户曉，以彰聖孝。」故有是命。

幸秘書省秘閣

丙子，上幸秘書省，遂幸秘閣。召群臣觀晉、唐書畫，三代古器。還，御右文殿，賜群臣茗飲〔三四〕。省官及史官皆遷官。戊寅，上曰：「秘府書籍尚少，宜廣求訪。」檜曰：「陛下崇儒尚文，翕然向化。」李文會曰：「若非干戈偃息，此事亦未易舉。」

臣留正等曰：國初，削平僭亂，收諸國之書，而三館之制，猶仍五代簡陋。太宗皇帝見之，慨然曰：「是豈足以蓄天下圖書，延四方之士耶？」遂親爲規畫，一新輪奐，大書飛白，焜燿榜題，鑾輿臨觀，以幸多士。聖聖相繼，有加無損，文明之治，跨越漢、唐。廊廟之材，皆於是乎取之。兹誠有國之先務〔三五〕，而治化之本源也。中遭難厄，太上皇帝開中興之運，首求遺書，追祖宗之秘藏；崇建三館，還祖宗之舊觀。親御榜題，臨幸多士，襲祖宗之盛典。行幸之詔又曰：「士習於空文，而不爲有用之學，爾其彊修學業，益勵猷爲〔三六〕，一德一心，丕承我祖宗之大訓。」是又欲幸多士而作成之〔三七〕，以收祖宗得人之盛也。猗歟盛哉！雖周宣復古〔三八〕，何以尚兹？是宜聖子永永萬年，得以持循也歟〔三九〕！

怒孟忠厚謝表

八月庚辰朔，判紹興府孟忠厚特放罪。忠厚以郊赦加恩，令所親吳棫爲表，其間有「本無時才〔四〇〕，出爲世用」之語，乃有是命。秦檜尋物色知棫所代，由是廢斥以終。

監學始降敕差官

甲申，右正言何若爲國子監發解所監試，秘書少監游操等三人充考試官，詳定一司敕令所删定官駱庭芝等陸人爲點校試卷官，尚書刑部員外郎吳㮚考别試，駕部員外郎葉庭珪等二人爲點檢試卷官。監學降敕差試官，自此始。

命審察縣令

辛卯，上謂大臣曰：「言者多乞選縣令，蓋令非其人，則爲民害。可令吏部長貳審察注擬。或老病，則更授他職，庶得人而民受其惠。」後二日，都省請：「申嚴近制：因民事被罪及老病之人，不得注守、倅、縣令。」從之。

不許變法

癸巳，上諭大臣曰：「言者多勸朕變法。朕思祖宗舊法已善，豈宜輕改？」秦檜曰：「遵先王之法而或過者，未之有也。」上曰：「然。」

讀王羲之傳

庚子，上謂秦檜曰：「朕于晉書取王羲之傳，凡誦五十餘過。其與商皓書及會稽王箋，所謂『自長江以外，羈縻而已』，其論用兵，誠有理也。」

禁用曲學臆説

癸卯，殿中侍御史汪勃言：「陛下兼愛南北之民，力定和議，與天下更始。崇儒重道，同符祖宗。臣愚以爲，今年科場當國學初建，萬方多士，將拭目以觀取舍，爲之趨向。欲望戒敕攸司〔四一〕，苟專師孔、孟而議論粹然、一出於正者，在所必取。其或采摭專門曲説、流入迂怪者，在所必去。」甲辰，進呈，上曰：「勃論甚善。曲學臆説，誠害經旨，當抑之，使不得作〔四二〕，則人之心術自正矣。可如所奏。」

祖宗法不必改

九月庚戌，禮部員外郎陳鵬飛面對，言：「凡有獻利害者，乞加討論，必合於祖宗之舊。如已試無成，必加黜責〔四三〕。」上謂大臣曰：「祖宗之法，思慮已精審，講究已詳備，不必改作，天下自治。」秦檜曰：「天下本無事，宜遵成憲爲善。」上曰：「小人喜更法，往往謂朝廷無所建明，不知本無事，然法至於弊，乃不得已而更之耳。」

分利州東西路

辛酉，詔分利州爲東、西兩路。用四川宣撫副使鄭剛中請也。剛中請以興元府、利、閬、洋、巴、劒州、大安軍七郡爲東路，治興元府；興、階、成、西和、文、龍、鳳七州爲西路，治興州。從之。時和議方堅，而吴璘獨嚴備，日爲敵至之虞，故西路兵爲天下最。上覽剛中奏，謂秦檜曰：「川、陜地遠，爲將尤難得人。如璘統兵有法，肯爲朝廷出死力，諸將所不及也。」

西兵爲天下最
吴璘統兵有法

論獄吏弛慢

壬戌，宰執奏大理寺詞訴事。上曰：「皆官吏弛慢所致。可委長吏親察之。如非其人，即與沙汰。又獄吏但以諸州吏充，逐時更替，漏泄獄情，非便。宜令吏久於其職，不可替也。」

詔守臣舉所部縣令

甲子，詔守臣終更入見，各舉所部縣令一員。所舉稱職，特與推賞；不當，坐繆舉之罰。

竄趙鼎海外

辛未，御史中丞詹大方奏：「責授清遠軍節度副使、潮州安置趙鼎，輔政累年，不顧國事，邪謀密計，深不可測，與范沖輩咸懷異意，以徼無妄之福〔四四〕。用心如此，不忠孰甚焉！」壬申，秦檜進呈。上曰：「可遷之遠地，使其門生故吏知不復用，庶無窺伺之謀。」於是移吉陽軍安置〔四五〕。

根刷蔡攸家屬

癸酉，詔臨安府根刷蔡攸家屬，押赴元貶所，取收管狀奏。時攸之妻子漸至行都。殿中侍御史汪勃論：「靖康之變，由於京、黼，望令密切搜索，特加處分。」故有是旨。仍命京子孫二十三人，永不量移，如初詔。

罷張闡不附己

丙子，秘書郎張闡罷。時秦檜用事久，每除臺諫，必以其耳目〔四六〕。知闡久次〔四七〕，喜論事，一日，微諷闡，謂當入臺。闡曰：「丞相苟見知，老死秘書足矣。」檜默然〔四八〕。殿中侍御史汪勃因劾闡，由是罷去。

何若排道學

冬十月甲午，右正言何若言：「自趙鼎唱爲伊川之學，高閌之徒，從而和之〔四九〕，乃有横渠正蒙書〔五〇〕、聖傳十論，大率務爲好奇立異，而流入於乖僻之域。頃緣閌爲國子司業，學者争投所好，於是曲學遂行。伏望申戒内外師儒之官，有爲乖僻之論者，悉顯黜之。如此，則專門曲學，不攻自破矣。」輔臣進呈，上曰：「若所論甚當。程頤當哲廟之初，在經筵奏曰：『陛下記得臣説否？如記得，明日可對臣説過〔五一〕。』是時，宣仁聖烈皇后聞之，大怒，曰：『皇帝雖年少，然宫中自不廢學，措大家不識事體如此！』」

除湖南身丁錢等

己亥，御筆：「除永、道、郴州、桂陽監茶陵縣民丁身錢、絹、米、麥。」自馬氏據湖南，四州始增丁賦。上謂大臣曰：「天德好生，今民爲身丁錢，至生子不舉，誠可憫也。若更循馬氏舊法，非所以上當天意。」

命到官謁先聖

庚子，詔州縣文臣初至官，詣學祗謁先聖〔五二〕，乃許視事。用左奉議郎羅長源請也。長源言：「士大夫皆學夫子之道以從政，而不知所自。望令先詣學宮，以彰風化之本。」後遂著爲令。

十有一月戊申朔，詔諸路監司帥守奏辟及定差縣令，並精加銓量，非曾緣民事被罪，及老病之人。用吏部請也。

君臣皆當知春秋

癸丑，吏部員外郎嚴抑面對，乞春秋三傳釋經處，許出題以取士。上謂大臣曰：「爲人君，爲人臣，皆不可不知春秋。往者，建言之臣，欲罷讀春秋，蓋不思之甚矣。如不可讀，則聖人不修此經也〔五三〕。」

甲子，上即宫中閲試殿前馬步諸軍將士，藝精者錫賚有差。自是歲以

立冬月内教法

冬月行之，號「内教」。

朱勝非卒

因忤秦檜奉祠八年

乙丑，提舉臨安府洞霄宫朱勝非薨。勝非與秦檜有隙，奉祠八年。

許宗室任行在官

壬申，上曰：「宗室中之賢者，如嘗中科第，及不生是非之人，可收置行在，如寺、監、秘書省，皆可以處之。祖宗以來，不用宗室作宰相，其慮甚遠。

秦檜乞置宗學

可用至侍從而止〔五四〕。」秦檜奏乞依舊置宗學，教育宗子。上可之。

楊愿附會言士風

御史中丞楊愿言：「數十年來，士風澆浮，議論蜂起，多飾虚名〔五五〕，不恤

國計。沮講和之議者，意在避出疆之行；騰用兵之説者，止欲收流俗之譽。甚者私伊川元祐之説，以爲就利避害之計。窺摇國論，詿誤後生。此風不革，臣所甚憂也。願下臣章，揭示朝堂，俾中外洗心自新〔五六〕，以復祖宗之盛。」從之。

竄李光瓊州

癸酉，楊愿言藤州安置李光之罪。先是，知藤州周某者誘光唱和，其間言及秦檜和議有諷刺者積得數篇，密獻於檜。檜怒，令言者論之，乃移光瓊州安置。

甲戌，户部員外郎李朝正言：「今歲浙右間有水災，而江西、湖南粒米狼戾。望嚴遏糴之禁。」上曰：「所論甚當。如有遏糴州縣，可許鄰郡越訴，仍責監司按劾。」

宋蒼舒獻嘉禾

十二月丁丑朔，潼川府路轉運判官宋蒼舒獻嘉禾一莖九穗者二。上曰：「凡赤烏、白雉之類，止可一觀而已，不足爲瑞。惟五穀豐稔，乃上瑞耳。」

命舉劾縣令

戊寅，上曰：「縣令有清廉愛民者，令監司每路各舉數人；其老耄不任事者，並令按劾。縣令得人，則民受實惠矣。」

因雪詔養濟窮民

戊子，雪，百官入賀。上諭宰執曰：「天下窮民宜加養濟，孟子所謂『文王發政施仁，必先斯四者。』」於是，詔諸路常平官以時散米，務令實惠及民。

楊朴禮部韻括遺

己丑，知資州楊朴獻禮部韻括遺，詔遷一官。

令楊愿攻李文會

丁酉，端明殿學士、簽書樞密院事李文會罷。御史中丞楊愿等疏六上，詔文會落職、提舉江州太平觀。愿等又攻之，詔文會筠州居住。自秦檜再居相位，每薦執政〔五七〕，必選世無名譽、柔佞易制者，不使預事，備員書姓名而已。百官不敢謁執政，州縣亦不敢通書問，如孫近、樓炤、万俟卨、范同、程克俊及文會等，不一年或半年，必以罪罷。尚疑復用，多使居千里外州軍，且使人伺察之。

秦檜除執政備員

大事記曰：自孫近參政，而執政特備員書姓名而已。百官不敢謁政府，州郡不敢通書問，若韓肖胄以至施鉅、鄭仲熊二十一人，皆不一年或半年，誣以罪罷之，而政府之權在檜矣。

引楊愿參政

庚子，御史中丞楊愿充簽書樞密事。

辛丑，詔愿兼權參知政事。〔五八〕

紹興十有五年春正月丁未朔，初行大朝會禮于大慶殿。初行大朝會禮

戊申，瀘南安撫使馮檝獻嘉禾九穗。上曰：「近日州郡所奏嘉禾甚多，馮檝獻嘉禾大有年之慶，庶幾可望也。」

壬子，秦檜因論士大夫之弊曰：「軍興以來，士大夫無肯爲國出力者，所以不能勝敵。臣嘗謂敵之所以勝我者，以其用心朴實故也。」上曰：「朕觀太祖、太宗以來，多用朴實之人〔五九〕，所以風俗忠厚。卿等嘗出使，見彼北人〔六〇〕，雖使蹈河赴海，皆所不辭也。」

臣留正等曰：士大夫之弊，以風俗之移人也。風俗之無弊，其惟祖宗之時乎！漢周勃、張相如，皆高帝之臣也，逮事文帝，其言不能出口，一時在廷之臣，誰獨無長者之風哉？及帝善嗇夫之對，而張釋之稱譽二人者〔六一〕，至於反覆問辯〔六二〕，蓋明其爲高帝之臣也〔六三〕。漢嘗以是繼秦而爭天下矣。秦政弊，則徒文具而無實，天下爲之風靡，漢誰與敵哉！故釋之亦因爲文帝言之，士大夫而趨浮僞之俗，宜爲國者之所深戒也。

經賦分爲二科

己未，分經義、詩賦爲二科以取士。

初籍千畝

辛酉，初籍千畝，用司封郎中李潤請也。

減成都對糴激賞

丁卯，四川宣撫副使鄭剛中乞減成都府路對糴米三分之一，本司激賞錢二十萬緡。時剛中於階、成二州營田，抵秦州界，凡三千餘頃，歲取十八萬斛〔六四〕，而宣撫司激賞錢已減爲一百萬緡，至此復有此請。上謂秦檜曰：「累年民力少寬，此休兵之效也，其從之。」

王鈇措置經界

戊辰，命權户部侍郎王鈇措置兩浙經界。李椿年既以憂去，秦檜請用鈇。上因言：「經界之法，細民多以爲便。」檜曰：「不如此則差役不行，賦税不均。積弊之久，今已盡革。去年陛下放免積欠，天下復覺少蘇。」

己巳，左諫議大夫何若知貢舉，權吏部侍郎陳康伯、秘書少監游操同知貢舉。若、操嘗爲發解所試官，及是再命之，非故事也。

使人奏祥瑞

崇仁民産三男

臨川禾登九穗

庚午，知撫州晁謙之知建康府。謙之嘗言崇仁縣民婦産三男〔六五〕，足驗生齒蕃息之盛；又言臨川縣禾登九穗，足爲瑞應。皆乞宣付史館。秦檜喜，故擢用之。

林泉野記曰：秦檜頻使臣僚及州縣奏祥瑞，以爲檜秉政所致云。

大事記曰：日屢食，則檜皆以陰雲不見賀；彗星見，康與之以爲不足畏，檜則與之改秩。而日使臣僚及州縣奏祥瑞，以爲檜秉政所致而已。

僧道納免丁錢

辛未，初命諸路僧、道士納免丁錢。

劉昉劾向子忞

乙亥，主管台州崇道觀向子忞特降三官。子忞寓居衡山，帥臣劉昉希秦檜意〔六六〕，劾其强横虐民，故有是命。

增國學生員

二月戊寅，上曰：「朕觀史册，見古之養士，有至二三千人，亦朝廷一盛事。」於是增國學弟子員百人，通舊以七百人爲額。尋命置上舍三十人，内舍百人。

私其親黨徐琛

庚寅，福建運判徐琛爲兩浙西路提點刑獄公事。

揮麈録曰：徐獻之琛與秦會之妻爲中表〔六七〕，而師川之族弟也。會之知高宗眷念師川不替，一日奏事，啟上云：「徐俯身後伶俜可憐，有弟琛能承兄之業〔六八〕，願陛下録用之〔六九〕。」上從其請。其後，獻之爲二卿。會之並緣罔上，率皆類此。

己亥，崇國公璩進封恩平郡王，以將出閤故也。（崇國公封恩平郡王）

夏四月丙子朔，賜太師秦檜甲第一區。戊寅，檜遷居賜第。命内侍東頭供奉官王晉錫押教坊樂導之，賜檜銀、絹、緡錢各萬，綵千匹，金銀器皿、錦綺帳褥六百八事，花千四百枚。（秦檜賜第）

是夜，彗出東方。（彗出東方）

癸未，賜正奏名進士劉章等三百人及第、出身、同出身；正奏名張鎡新科明法及第。甲申，特奏名林洵美等二百四十七人〔七〇〕，武舉正奏名應褒然等，特奏名三人，授官有差。（劉章等賜第）

丁亥，赦天下。前四日，上謂秦檜曰：「彗星見，朕甚懼焉。卿等可圖所以消弭之道。」檜奏太宗、真宗朝，嘗緣彗星疏決獄囚等事。上曰：「且降詔，以四事爲主，避殿、減膳、寬民力、出滯獄。」於是，手詔監司、郡守，條具便民事目，憲臣巡行，親決獄事。至是肆赦〔七一〕。（舉行弭災四事）

庚寅，知敘州邵隆卒。隆在金州，數以兵出虜境，秦檜恨之。至是因飲酒暴卒。或謂檜密使人酖殺之。敘人皆悲哭，爲之罷市。（秦檜酖殺邵隆）

甲午，上諭大臣曰：「比遣將捕盜閩中，第令殲其渠魁，脅從者皆釋。若（捕盜止取渠魁）

措置得宜，優與推恩。不然，罰亦隨之。」

省四川都轉運

庚子，省四川都轉運司，以其事歸宣撫司。

取詞科三人洪邁與焉

辛丑，新和政縣令湯思退、行太府寺主簿王曮並爲秘書省正字，左承務郎洪邁爲敕令所删定官。邁，皓子也。三人皆以博學宏詞合格賜第，故有是除。既而言官汪勃論邁知其父不靖之謀〔七一〕，同惡相濟，乃以爲福州州學教授。

減和預買絹

五月丙辰，詔減東南和預買絹一千匹，以寬民力。

支舉子義倉米

戊午〔七二〕，詔貧民産子者，予義倉米一斛。以大理寺丞周楙轉對有請也。

復架閣官四員

壬戌，復置六部架閣官四員。

六月乙亥朔，日有食之。

幸秦檜新第

丁丑，上幸秦檜新第。

秦檜言横議無益

戊戌，秦檜爲上言：「士大夫多横議，無益國事。」上曰：「靖康之事是也〔七四〕。朕見當時士大夫奏狀，多是李綱、耿南仲等紛紛争議，無肯以國事爲慮者。」檜曰：「靖康之初，誠有人肯任國事，則大計久已定矣。」上曰：「後來生靈塗炭之甚，皆由於此。所以國家大事，須在得人肯任。」

縣令不可庸繆

辛丑，江東轉運判官趙不棄乞令監司察部内縣令，老病不職者，與嶽祠〔七五〕。上曰：「朕嘗謂縣令最爲親民，又非郡守之比。贓吏固不可，而庸繆之人〔七六〕，尤害百姓，蓋因其庸繆，則吏計得行。若十吏用事，是有十縣令矣。」

罷夔路酒店

秋七月乙巳朔，罷夔路軍興以來所置酒店，以寬民力。用四川宣撫副使鄭剛中奏也。夔路舊無酒禁，爲場店者百四十餘所而已〔七七〕。建炎末，增至六百餘，然土荒民少，人不以爲便。剛中既以本司錢四萬餘緡代撥贍軍，遂弛其禁。

司馬伋請毁記聞

丙午，新添差浙東安撫司幹辦公事司馬伋言：「建州近刊行一書，曰司馬温公記聞，其間頗關前朝政事。緣曾祖平日論著，即無上件文字，顯是妄借名字，售其私説。伏望降旨禁絶。」詔委建州守臣，將不合開板文字盡行毁棄，伋特遷一官。初，范沖在史館，上出光記聞，命沖編類進入。沖乃繕寫成十册上之。至是，秦檜數請禁野史，伋懼罪，遂諱其書，然其書卒行於世。

復利州錢監

戊申，復置利州紹興監，歲鑄錢十萬緡，以救錢引之弊。用四川宣撫副使鄭剛中請也。

因條便民事以觀人

辛亥，執政進呈處州守臣徐度准詔條上便民事件。上曰：「因此亦可以觀人才，如議論平正，留心國事，其說自然可見。不然，矯訐迂闊者亦可見也。」

展廬光州上供

戊午，詔廬、光州上供錢米展一年，用轉運司請也。上曰：「人皆知取之爲取，而不知予之爲取。若稍與展免，俟其家給人足，稅斂自然易辦。淮南平時，一路上供內藏紬絹九十萬匹有奇，至紹興末年，纔八千匹爾。」

議蠲減蜀中財賦

己巳，秦檜進呈放免四川轉運司因贍軍借用常平錢十三萬緡。上曰：

治道貴清靜

「休兵以來，上下漸覺富貴。大抵治道貴清靜〔七八〕，人君不生事，則天下自然受福。」

相賢則所薦皆賢

八月丙子，上與大臣論事，因曰：「朕謂進用士大夫，一相之責也。一相既賢，則所薦皆賢矣。」上因論史事，秦檜曰：「圍城中失節者，相與作私史，反害正道。」上曰：「卿是時獨不推戴異姓，圍城中人自然不容。」楊愿曰：「檜非獨是時不肯雷同，宣和間，耿延禧爲太學官，以其父在東宮，士皆靡然從之，獨檜守正，不爲易節。」檜曰：「臣嘗聞范仲淹與其友書云：『致意某官，爲渠作東宫官，不敢通書。』聖主于忠義之臣與夫失節之徒，灼然如此，誠立國之本也。」

李心傳曰：臣謹按，范仲淹祥符末登第，終真宗之世爲小官。自爲陳州通判，以至執政而薨，仁宗未有子，安得有東宫官？檜之誕妄無稽，皆此類也。

秦檜妄誕無稽

丁亥，國子監丞文浩面對，乞自今試教授，並于六經中臨時取二經，各出兩題，不拘義式，以貫穿該贍爲合格。戊子，詔禮部看詳行之。

試教官不拘治經

己亥，權户部侍郎王鈇言：「常平之法，本以抑兼并、備水旱。科條實繁，其利不一。有義倉和糴之儲，坊場河渡之入〔七九〕。以産制役，欲使平均，以陳易新，俾無紅腐。一有饑饉，則開發倉廩，以濟艱食，豈一主管官能勝其任哉？望復置提舉官，庶良法美意，不爲虚文。」乃命諸路茶鹽官改充提舉常平茶鹽公事，惟四川、廣西以憲臣，淮西、京西以漕臣兼領。仍令檢察所部州，有擅用常平錢物者，按劾以聞。

提舉復領常平

辛丑，增太學弟子員二百，以國子司業嚴抑有請也。

增太學弟子員

宇文虚中死事

九月壬子，金主亶祀天於郊。先是，資政殿大學士宇文虚中既爲金人所用，虚中知東北之士憤爲左衽，密以信義感發之，從者如響。乃與其翰林學士高士譚等同謀，欲因亶郊天，就劫殺之。先期以蠟書來告於朝，欲爲之外應。秦檜拒不納。會事亦覺，虚中與其子師瑗皆坐誅，闔門無噍類。

安撫舉狀理職司

丙辰，詔諸路安撫使見帶待制以上者，所舉京官狀理爲職司。

太廟旁居民火

甲子夜，太廟旁居民遺火。上令於左右各撤屋二十間〔八〇〕，以備不虞。

書閣名賜秦檜

賜物如蔡京王黼例

冬十月乙亥，上書秦檜第賜書閣曰「一德格天之閣」，遣中使就第錫宴，仍賜檜青羅蓋〔八一〕、塗金從物，如蔡京、王黼例。

大事記曰：我高宗之待檜，既賜之相第，又賜之家廟祭器；既賜之畫像贊，又賜之「一德格天之閣」六字。而孫三人尚在襁褓，並賜之三品服，果何負於其臣！而檜忍於負其君如此，此檜之罪所爲上通于天，萬死而不可贖也！

罷楊愿參政

丙子，簽書樞密院事兼權參知政事楊愿提舉江州太平觀。

癸未，樞密都承旨兼侍讀李若谷簽書樞密院事，尋兼權參知政事。

戊子，提舉亳州明道宮晏敦復力詆屈己之非。秦檜患其不附己，使腹心之人啗敦復以利〔八二〕，曰：「公若曲從，兩地旦夕可至。」敦復曰：「吾終不以身計而誤國家。況吾薑桂之性，到老愈辣，請勿言！」檜卒不能屈。上嘗面諭曰〔八三〕：「卿鯁峭敢言，無所間避，可謂無忝爾祖矣。」

甲午，提舉臨安府洞霄宮折彥質郴州居住。彥質方居信州，侍御史汪勃希秦檜意，奏彥質與守臣吴説私相議論，妄及朝政。説坐免官，而彥質有是命。

庚子，詔置四川宣撫司總領錢糧官。

金都元帥、梁國王宗弼卒。宗弼且死，語其徒以「本朝軍勢强盛〔八四〕，宜益加和好，俟十餘年後，南軍衰老，然後可爲寇江之計」云。

十有一月癸卯朔，饒州童子戴松十歲，其弟槐九歲，皆能誦詩〔八五〕。詔免文解一次。

己未〔八六〕，宰執奏新製祀享禮器事。上曰：「今天下無事，郊祀廟享，禮莫大焉，不可不留意。」

庚申，江南東路轉運判官趙不棄充四川宣撫司總領官。時秦檜既疑鄭

晏敦復到老愈辣

竄折彥質

置四川總領

兀朮死

戴松兄弟免解

新製禮器

秦川買馬大略

剛中，乃薦不棄而命之。

兵部言：「秦州舊買馬二萬匹，今僅發五十八綱，乞省押馬使臣。」許之。自紹興後，秦州茶馬司歲市馬九千八百有奇，成都、潼川府、利州路漕司歲應副博馬紬絹十萬餘匹，成都、利州路二十三茶場歲産茶二千一百餘萬斤，而茶馬司歲輸總領所錢四十萬緡，此其大略也。〔八七〕

録諸路書

閏十一月戊寅，提舉秘書省秦熺言秘府多闕書。詔本省即諸路藏書之家借書録本，且訪先賢墨迹。

罷明法科

己卯，詔罷新科明法。

上好米芾書

癸未，權尚書兵部侍郎米友仁充敷文閣待制〔八八〕、提舉佑神觀、奉朝請。上好米芾書，友仁能世其業，上眷待甚厚〔八九〕。

詔守令出郊勸農

甲申，司農寺主簿宋敦朴面對，言：「望詔守令以來春耕籍之後，出郊勸農，諭以天子親耕，使四方曉然知陛下德意，仍自今每春行之。」上曰：「農者，天下之本。守令有勸農之名，無勸農之實，徒爲文具，何益於事？」乃詔從之。

上論經説得失

丁酉，進呈太學博士王之望面對，乞倣端拱、咸平故事，悉取近郡所開群經義疏〔九〇〕，及經典釋文，令國子監印千百秩，俾郡縣各市一本，置之於學。上曰：「古人讀書，須親師友〔九一〕，雖未必盡得聖經妙旨，然亦有淵源〔九二〕。今士大夫未有自得處，便爲注説，以爲人師，此何理也？」

十有二月戊申，上謂大臣曰：「今雖無事，諸軍教閱亦不可少廢，宜丁寧戒飭之。」

教閱不可少廢

大事記曰：檜雖偃兵以苟安，而上御殿閱馬；又每歲閱殿前〔九三〕、馬、步軍，賞將士藝精者，增置殿前司軍；又分軍於州郡，以控扼盜賊，其立武不忘也。

丁巳，孫道夫知蜀州。道夫入對，上諭曰：「軍興以來，蜀民應副不易。朕將詔鄭剛中條具〔九四〕，盡與蠲減。止存經賦而已。」

甲子，詔右司員外郎李朝正仍舊同措置經界。

戊辰，詔諸路提舉常平官復爲監司，歲舉屬吏五人改京官。

提舉復爲監司

增入名儒講義皇宋中興聖政卷之三十

校勘記

〔一〕朕常思祖宗立法　「常」，繫年要録卷一五一及宋史全文卷二一作「嘗」。

〔二〕潼川府路轉運判官楊椿改本路提點刑獄公事　「獄」原作「玉」，據繫年要録卷一五一及宋史全文卷二一改。

〔三〕民間積欠亦可放　「積」下原衍「力」，據繫年要録卷一五一及宋史全文卷二一删。

〔四〕如官司錮吏下鄉催科　「下」原脱，據繫年要録卷一五一及宋史全文卷二一補。

〔五〕以内侍充鈐轄　「鈐轄」原脱，據繫年要録卷一五一補。

〔六〕諸軍揀汰人數　「諸」原作「請」，據繫年要録卷一五一及宋史全文卷二一改。

〔七〕上命臨安倍支般挈之費　「支」原作「史」，據繫年要録卷一五一及宋史全文卷二一改。

〔八〕吏鈐紙尾進　「吏」原作「史」，據繫年要録卷一五一及宋史全文卷二一改。

〔九〕步趨升降　「趨」原作「侈」，據繫年要録卷一五一及宋史全文卷二一改。

〔一〇〕治道莫盛於堯舜　「盛於堯舜」原作「舜心盛於舜」，據繫年要録卷一五一改。

〔一一〕故欲舉堯舜之治必先推本明堯舜之道者　本句原脱，據繫年要録卷一五一補。

〔一二〕遂幸養正　「正」原作「生」，據繫年要録卷一五一及宋史全文卷二一改。

〔三〕陛下文德誕敷　「誕」下原衍「殿」字，據繫年要録卷一五一及宋史全文卷二一删。

〔四〕則學校何由興　「學」原作「何」，據繫年要録卷一五一及宋史全文卷二一改。

〔五〕臣子所不忍言者也　「言者也」原作「吞宋者」，據繫年要録卷一五一及宋史全文卷二一改。

〔六〕土地分裂　「裂」原作「例」，據繫年要録卷一五一及宋史全文卷二一改。

〔七〕而柄臣者方且施施然厚誣天下　「厚」原作「後」，據繫年要録卷一五一及宋史全文卷二一改。

〔八〕北面夷狄　「面」原作「而」，據繫年要録卷一五一及宋史全文卷二一改。

〔九〕誅國賊者　「賊」原作「賦」，據繫年要録卷一五一及宋史全文卷二一改。

〔一〇〕新利州路提點刑獄公事李志行乞戒飭諸路帥臣監司　「臣」原作「至」，據繫年要録卷一五一及宋史全文卷二一改。

〔一一〕宫中已製成小範　「已」原作「以」，據繫年要録卷一五一及宋史全文卷二一改。

〔一二〕春秋只一句書之　「秋」原脱，據繫年要録卷一五一及宋史全文卷二一補。

〔一三〕終不能發明　「發」原作「廢」，據繫年要録卷一五一及宋史全文卷二一改。

〔一四〕九成所問極是　「所」原脱，據繫年要録卷一五一及宋史全文卷二一補。

〔一五〕李文會簽書樞密院事兼權參知政事　「李」，繫年要録卷一五一及宋史全文卷二一作「拜」。

〔二六〕雖秦檜亦不能免　「免」，繫年要録卷一五一及宋史全文卷二一作「掩」。

〔二七〕當用圖經三十萬數爲准　「三」原作「二」，據繫年要録卷一五一及宋史全文卷二一改。

〔二八〕江浙等路州縣　「浙」原作「湖」，據繫年要録卷一五一及宋史全文卷二一改。

〔二九〕俄頃深數丈公私廬舍盡壞　「深數丈公私廬」原脱，據繫年要録卷一五一及宋史全文卷二一補。

〔三〇〕提舉佑神觀白鍔特刺面　「白」原脱，據繫年要録卷一五一及宋史全文卷二一補。

〔三一〕大宋之臣　「大宋」原作「太宗」，據繫年要録卷一五二及宋史全文卷二一改。

〔三二〕倫厚贖使人　「倫厚贖使」漫滅，據繫年要録卷一五二及宋史全文卷二一補。

〔三三〕極天下之至養　「養」原作「賢」，據繫年要録卷一五二及宋史全文卷二一改。

〔三四〕賜群臣茗飲　「茗」原作「若」，據繫年要録卷一五二及宋史全文卷二一改。

〔三五〕兹誠有國之先務　「國」原作「本」，據繫年要録卷一五二改。

〔三六〕益勵猷爲　「猷」原作「獻」，據繫年要録卷一五二改。

〔三七〕是又欲幸多士而作成之　「欲」原脱，據繫年要録卷一五二補。

〔三八〕雖周宣復古　「周」原作「用」；「復」原作「護」，據繫年要録卷一五二改。

〔三九〕是宜聖子永永萬年得以持循也歟　「年」原作「千」，「持」原作「特」，據繫年要録卷一五二改。

〔四〇〕本無時才　「才」原作「不」，據繫年要録卷一五二及宋史全文卷二一改。

〔四一〕欲望戒敕攸司　「敕」原作「剌」，據繫年要録卷一五二及宋史全文卷二一改。

〔四二〕使不得作　「使」原作「所」，據繫年要録卷一五二及宋史全文卷二一改。

〔四三〕必加黜責　「黜」原作「點」，據繫年要録卷一五二及宋史全文卷二一改。

〔四四〕以徼無妄之福　「徼無妄」原作「激無望」，據繫年要録卷一五二及宋史全文卷二一改。

〔四五〕於是移吉陽軍安置　「吉」原作「士」，據繫年要録卷一五二及宋史全文卷二一改。

〔四六〕必以其耳目　「其耳」原作「試具」，據繫年要録卷一五二及宋史全文卷二一改。

〔四七〕案從「之耳辛酉詔分利州爲東西兩路」至「必以其耳目知闡」原置於十二月丁丑條後，據宋史全文卷二一乙正。

〔四八〕檜默然　「默」原作「點」，據繫年要録卷一五二及宋史全文卷二一改。

〔四九〕高閌之徒從而和之　「和」原作「如」，據繫年要録卷一五二及宋史全文卷二一改。

〔五〇〕乃有横渠正蒙書　「乃」原作「何」，據繫年要録卷一五二及宋史全文卷二一改。

〔五一〕明日可對臣説過　「明日」後衍「明日」，據繫年要録卷一五二及宋史全文卷二一一刪。

〔五二〕詣學祗謁先聖　「詣」原作「諸」，據繫年要録卷一五二及宋史全文卷二一改。

〔五三〕則聖人不修此經也　「修」原作「循」，據繫年要録卷一五二及宋史全文卷二一改。

〔五四〕可用至侍從而止　「用」原作「謂」，據繫年要録卷一五二及宋史全文卷二一改。

〔五五〕多飾虚名　「飾」原作「節」，據繫年要録卷一五二及宋史全文卷二一改。

〔五六〕俾中外洗心自新　「俾」原作「裨」；「外」原作「處」，據繫年要録卷一五二改。

〔五七〕每薦執政　「執」原脱，據繫年要録卷一五二及宋史全文卷二一補。

〔五八〕案從「宋蒼舒獻嘉禾一莖九穗者二」至「辛丑詔愿兼權參知政事」原置於九月庚戌條後，據繫年要録卷一五二及宋史全文卷二一乙正。

〔五九〕多用朴實之人　「用」原作「少」，據繫年要録卷一五三及宋史全文卷二一改。

〔六〇〕見彼北人　「北」原作「此」，據宋史全文卷二一改。

〔六一〕而張釋之稱嗇二人者　「二」原作「一」，據繫年要録卷一五三改。

〔六二〕至於反覆問辯　「反」原脱，據繫年要録卷一五三補。

〔六三〕蓋明其爲高帝之臣也　「蓋」原作「善」，據繫年要録卷一五三改。

〔六四〕歲取十八萬斛　「斛」原作「解」，據繫年要録卷一五三改。

〔六五〕謙之嘗言崇仁縣民婦産三男　「嘗」原作「常」，據繫年要録卷一五三改。

〔六六〕帥臣劉昉希秦檜意 「帥」原脱，據繫年要録卷一五三及宋史全文卷二一補。

〔六七〕徐獻之琛與秦會之妻爲中表 「妻」原脱，據繫年要録卷一五三及揮麈後録卷之一一補。

〔六八〕有弟琛能承兄之業 「承」原作「琢」，據繫年要録卷一五三及揮麈後録卷之一一改。

〔六九〕願陛下録用之 「録」原作「擢」，據繫年要録卷一五三及揮麈後録卷之一一改。

〔七〇〕特奏名林洵美等二百四十七人 「美」原作「矣」，據繫年要録卷一五三及宋史全文卷二一改。

〔七一〕至是肆赦 原作「至肆赦是」，據繫年要録卷一五三及宋史全文卷二一改。

〔七二〕既而言官汪勃論邁知其父不靖之謀 「知」原脱，據繫年要録卷一五三補。

〔七三〕戊午 原作「戊子」，據繫年要録卷一五三及宋史全文卷二一改。

〔七四〕靖康之事是也 「事」原作「康」，據繫年要録卷一五三及宋史全文卷二一改。

〔七五〕與嶽祠 「嶽」原作「獄」，據繫年要録卷一五三及宋史全文卷二一改。

〔七六〕而庸繆之人 「庸」原脱，據繫年要録卷一五三及宋史全文卷二一補。

〔七七〕爲場店者百四十餘所而已 「店」下衍「店」，據繫年要録卷一五四及宋史全文卷二一删。

〔七八〕大抵治道貴清静　「貴」原作「遺」，據繫年要録卷一五四及宋史全文卷二一改。

〔七九〕坊場河渡之入　「河」原作「何」，據繫年要録卷一五四及宋史全文卷二一改。

〔八〇〕上令於左右各撤屋二十間　「間」，繫年要録卷一五四作「步」。案此條記事，繫年要録卷一五四繫於「乙丑」。

〔八一〕仍賜檜青羅蓋　「蓋」原作「善」，據繫年要録卷一五四及宋史全文卷二一改。

〔八二〕使腹心之人啗敦復以利　「啗」原作「陷」，據繫年要録卷一五四及宋史全文卷二一改。

〔八三〕上嘗面諭曰　「嘗」原作「常」，據繫年要録卷一五四及宋史全文卷二一改。

〔八四〕語其徒以本朝軍勢强盛　「朝」原作「廟」，據繫年要録卷一五四改。

〔八五〕皆能誦詩　「詩」，繫年要録卷一五四及宋史全文卷二一作「書」。

〔八六〕己未　原作「癸亥」，據本書下文及繫年要録卷一五四改。

〔八七〕案兵部言秦州買馬事，繫年要録卷一五四繫於「癸亥」。

〔八八〕權尚書兵部侍郎米友仁充敷文閣待制　「敷」原脱，據繫年要録卷一五四及宋史全文卷二一補。

〔八九〕上眷待甚厚　「甚」原作「其」，據繫年要録卷一五四及宋史全文卷二一改。

〔九〇〕悉取近郡所開群經義疏　「郡」原作「群」，據繫年要録卷一五四及宋史全文卷二一改。

〔九一〕須親師友　「須」原作「雖」，據繫年要録卷一五四及宋史全文卷二一改。

〔九二〕然亦有淵源　「源」原作「須」，據繫年要録卷一五四及宋史全文卷二一改。

〔九三〕又每歲閲殿前　「每」原作「軍」，據繫年要録卷一五四改。

〔九四〕朕將詔鄭剛中條具　「具」原作「且」，據繫年要録卷一五四及宋史全文卷二一改。

卷之三十一至卷之四十四原闕

增入名儒講義皇宋中興聖政卷之四十五

孝宗皇帝五

守年限陞差法

乾道二年春正月丙辰，進呈郭振申、董超等陞差，上曰：「年皆及否？」洪适等奏：「年皆已及。」上曰：「立定年限，方可杜其私意。」

賞劉源繳付身

壬戌，進呈建康都統劉源繳納到逃亡事故，横行、拱衛大夫至副尉、軍兵將校都虞候至押官付身二萬一千六百八十二件。上曰：「付身還有許多否？」洪适等奏：「果有此數，見今委都司毁抹。」上曰：「此事甚不可得。」於是詔武略大夫、忠州團練使劉源特轉武顯大夫、高州防禦使。

優恤利道運夫

甲子，進呈汪應辰乞優恤利州路運糧百姓。而漕臣亦具奏，乞運糧一碩，人支錢引三道，計合降度牒八百餘道。上曰：「中間亦曾免了一處。」洪适等奏：「成、和等四州已嘗免夏秋二税一年，京西路諸州亦免二税一半。」上曰：「利路運糧，每碩與二千，可紐計度牒支降。」

寬薦舉同罪法

二月丙子，詔：「宰臣奏乞令侍從、臺諫、兩省官舉監司、郡守，可依薦舉舊法，如犯入己贓，當同罪，餘皆略之，庶多薦引，以副任使。」

行罰不私親近

庚辰，進呈臨安府勘到殿前司軍兵裴義等三名，盜取駱昂錢物，內有蕭郁、呂宣未獲。洪适等奏：「訓練隊將，專管一隊事務，不爲無罪。」上曰：「統制官如何休得？須各與降一官。」适等奏：「統制乃王公述，兼帶御器械。陛下行罰，雖親近不免，天下安得不畏服耶？」

不開超陞例

丙戌，進呈戚方申審陞差統領官孟俊充統制、副將董苑充統領。洪适等奏：「孟俊今年九月方及三年，董苑充統領係陞二等。」上曰：「孟俊可依差。董苑陞二等，恐後援以爲例，且已之。」上又曰：「立定年限，省多少事，亦是良法。」

不減官兵俸料

壬辰，進呈户部措置每月官兵俸料減支見錢分數，月中可省二十萬緡。上曰：「不若且依舊例。事稍動衆，不可輕改。」

賑江浙饑

是月，遣使賑兩浙、江東饑。

守法不私懿親

三月甲辰，進呈吏部申安穆皇后堂侄女夫沈巘補官，方十二歲，年未及格。又趙氏乞收使故夫郭瑊恩數，與康汝濟等嶽廟差遣。上曰：「補官只争三年，無甚利害，可待年及。恩例既不合換獄廟，只可依條。」洪适等奏：「陛下以至公存心，雖懿親不爲少回，況臣等豈得用私意邪？」

詔戒獄吏侮法

壬子，內降詔曰：「比年以來，治獄之吏，大率巧持多端，隨意援引，而重輕之，故有罪者與除，而不辜者罹酷，朕甚患焉。卿等其革玩習之弊，明審克之公，使姦不容情，罰必當罪，用迪于刑之中。」

命大臣審驗將官

丁巳，進呈殿前司陞差將副等。洪适等奏：「陞差但以年限，殊不較量能否。合亦呈試事藝。」上曰：「拘以年限，自是國家法令。今後遇有陞差，卿等可間點三二名就堂下審驗，與之語言，能否自可見矣。」

引見初改官人

庚申，進呈吏部長貳措置到選人改官引見，令立班移近軒陛，逐一宣名。其間聖意或有所疑之人，即乞指名宣諭吏部侍郎，令同到都堂審驗。如不中選，即取旨別作施行。上曰：「如此施行，全在卿等盡公，方得其實。」

命東宮講尚書

無事看尚書數篇

甲子，給事中魏杞等劄子：「今來皇太子已講授孟子徹章。」上曰：「可令講尚書，治國之道，莫先於此。君臣更相警戒，無非日所行事。朕每無事，必看數篇。」

臣留正等曰：仰惟壽皇天縱英明，聖學高妙，見於政治之迹，莫非咸五登三之隆。蓋其垂精載籍，深有得於上古之書。謂「每無事，必看數篇」，勸講諸官，亦以是書，猗歟盛哉！臣等竊惟治國之道，無出於畏天、法祖、恤民、用人之大端，而書實具之。其君臣更相警戒，若禹之告舜：無若丹朱傲，惟慢遊是好。益之戒舜：罔游於逸，罔淫于樂。傅説之告高宗：無啓寵納侮，無恥過作非。周公之告成王：無若商王受之迷亂，荒於酒德。此其警戒之深功著明者。無逸、立政，尤拳拳焉，此固萬世帝王之龜鑑也。

李信父言五弊

辛未，進呈李信父上書，大略謂守令不得人，且舉其所見聞之一方者言之：「如蠶未成絲，已催夏税；禾未登場，已催冬苗，陛下固申加禁止矣。今蓋有今年而追來年之租，謂之預借者。荒郡僻邑，有先二年而使之輸者，如編户差役，官吏全不究實，陛下固申警有司矣。今則受財鬻法，以合差役者隱焉，其不應役之家，則自甲至癸，以次相及，使致賄以求免。如節次減免租負，何嘗不巧作追呼也？如粳稻不得收税，而今之收税者自若也。如過犯不得入役，今之入役者自若也。常賦之外，泛科名色，容或循習，訟牒不問大小輕重，或罰使輸金，或抑使買鹽。頃歲小不登，鄉曲小民十百爲群，持仗剽奪，借艱食之名，以逞其私憾，倒廩傾囷，所在皆然，官不能禁也。」上曰：「李信父書詞理甚可取，此五事合如何施行？」汪澈等奏：「守令得人，即無此弊。」上曰：「可行約束。已降指揮，召赴都堂審察，卿等更看其人如何。」於是詔户、刑部檢坐見行條法指揮，申嚴約束行下，如有違戾去處，仰監司覺察，按劾聞奏。

擢蕭國梁等

是月，親試舉人，賜蕭國梁以下及第、出身有差。榜首本趙汝愚，以故事降居第二。

洪适罷相

洪适罷相奉祠，以臣僚交章論之也。

喜劉珙儒臣能了事

夏四月甲戌朔，進呈劉珙等以措置李金賊徒了畢推賞。上曰：「朕已批與劉珙，近時儒者多高談，無實用，卿則不然，能爲朝廷了事，誠可賞也。」

論執政毋創例害法

丁丑，上諭執政：「卿等當謹法令，無創例以害法，如胥輩兼局之類，切不可放行。」

以淫雨講究決獄

戊寅，詔淫雨爲沴，害及禾麥，可令侍從、臺諫講究所宜以聞。其臨安府并諸路郡縣見禁刑獄立限結絶，委官分詣檢察。

乙酉，臣僚言：「訪聞昨御營司招收弓手，所管三千三百人見在殿司，以殿司而有弓手之名，色目不類。又聞王琪招收百姓一千四百人，專充養馬并輜重突頭，大率游手，不妨在外營趁。又聞馬司逐月勘支效用軍兵一萬六千三百餘人，似與密院兵籍房數目不同，望付密院審實，銷落虚數，所有弓手并養馬軍兵並行揀閲，將强壯堪披帶之人收附，以充戰士，尩羸老弱並行揀汰。」詔委都承檢詳揀閲，仍取會不同因依，申密院。於是檢詳晁公武取會殿前、馬、步三司在外諸統帥之兵，各開具置籍聞奏。上曰：「朕令殿帥王琪措置三軍，有掌記子，將各人武藝注於其下，甚易見。」

核實兵籍

丁酉，進呈莫濛、程逖、司馬倬等奏，知荆南李道所爲乖謬，政出胥吏，妄用經費，專意營私，盜賊群起，不即擒捕。上曰：「李道輒恃戚里，敢爾妄作，可與放罷。」葉顒等奏：「陛下行法不問戚里，天下聞之，孰不畏服耶？」〔一〕

罷李道妄作

行法不避戚里

獲而鐫統制官之秩，雖王公述以親近而不免，以監司之按劾而停帥臣之任，雖李道以戚里而必行，此天下所以咸仰壽皇聖斷之英明也。〔二〕

己亥，臣僚言：「祖宗留意考課之法，王安石始罷之。欲望遵用太宗故

申明批書法

事，應監司、郡守朝辭日，别給御前印紙曆子。至於興某利，除某害，各爲條目。每考令當職官吏從實批書，任滿精覈。」詔：「經筵官參祖宗法與見行條制，務要適中，可以久行。」

除浙西圍田

是月，除浙西圍田，以其壅水害民田故也。

參知政事兼知樞密院事葉顒罷〔三〕，以臣僚論列也。仍將納賂求差遣人林懋能、周良臣送大理寺。

選材不較資格

五月甲辰，進呈饒州闕守臣。葉顒等擬俞翊，且言其作邑有聲，鄱陽大郡，但此人履歷未深。上曰：「選材治劇，亦不須較資格也，可依擬差。」

勉大臣任事

丁巳，上宣諭宰執曰：「近日臣僚劄子，多言大臣不任事，卿等更宜勉力。如朕有所不至處，卿等須來理會，或事有不可任，但來執奏。」

不歷郡不除郎

庚申，御筆：「不曾任守臣，不得除郎官。」魏杞奏：「其間却有任監司人，未審合與不合除授？」上曰：「監司察州縣者也，事同一體。」

看詳投獻文字

丙寅，詔今後看詳四方投獻書劄文字，擬定等第將上。

責監司守臣備荒

丁卯，詔行下諸路監司、守臣，察今秋有田禾不熟之處，預先講求救荒之政。如將來水旱去處，却致無備，必置於罰。如備預有方，當議推賞。

樞密院呼召武臣

六月壬午，林安宅、蔣芾奏：「臣等備員宥地，所職在於兵將。如二三大將，陛下之所深知，偏裨之間，有才者亦多，但臣等素不相識，無以知其才否。欲自此與之相見。」上曰：「卿等於審察或陞差之際觀之，亦可見其人材。且如三省呼召文臣，卿等亦可呼召武臣，文武自當一律。」

喜晴不憚暑

癸未，王曮入見進對，奏久晴極暑。上曰：「久晴得百穀堅好，朕寧受極暑，不敢憚也。」

革和糴弊

丁酉，中書舍人王曮、起居舍人陳良祐言：「和糴之弊，害及於民，守令之罪也。朝廷抛降有定數，而州縣額外掊科，朝廷降糴本於州縣，而州縣十不支一二。乞令州縣各置場，申嚴條法。」從之。

中書、門下省言〔四〕：「州縣等官在任有合支請，往往援例請過官錢，理宜約束。」詔帥臣、監司覺察。

罷兩浙舶司

是月，罷兩浙市舶司。以言者論兩路市舶所得不過一萬三千餘貫，而一司官吏請給，乃過於所收故也。

乾道新書成

乾道新書成。

詔舉制科

詔舉制科，許侍從薦舉，或監司、守臣解送，及權罷注疏出題。

廣西提刑張維奏曰：「昔漢宣帝嘗曰，庶民各安於田里，而亡歎息愁恨之聲者，政平訟理也。臣今考察守令，以政平訟理爲臧，以政不平訟不理爲否。而臧否之中，復有優劣，凡臧之品有三，否之品有二。」詔諸路監司帥臣，依張維所奏，察本路守令，限兩月，各具臧否以聞，不得連銜。

以政平訟理爲臧否

是夏，初令户部印給交子三百萬緡，行於兩淮，不得過江南。

印兩淮交子

秋七月乙卯，臣僚言：「出官人銓試中，而後使之從仕，陛下之命也。近覩將仕郎都謙亨差監潭州南嶽廟，本人係隆興元年八月内，因父致仕，陳乞恩澤補官，既未曾銓試，又補授未滿三年，陛下法令如此之備，甲令如此之嚴〔五〕，必欲違戾，臣所未曉也。乞指揮，今後初出官人陳乞差遣，先令吏部具本人曾與不曾銓試，申尚書省，然後取旨除授。」詔都謙亨嶽廟差遣更不施行，餘並依奏。今後執政常遵近制，仍戒諭後省官，毋再忽慢。

申嚴任子銓試法

庚申，執政内殿進對，上曰：「前日一雨之後，想見禾稼秀實。」魏杞等奏浙中田間正望此一雨，兼聞江東亦自豐熟。上曰：「今歲秋成可望，甚可喜也。」奏事訖，杞等退而私語曰：「主上憂勤如此，與夫必待進戒，而後知稼穡艱難者遠矣。」

喜雨望秋成

守禄令不破例

八月丁丑，進呈内東門司申内人紅霞帔韓氏得旨轉郡夫人，即依外命婦支給請受。據户部供，外命婦郡夫人即無禄令。上曰：「禄令如此，朕不欲破例，此事且已，朕禁中自理會也。」

臣留正等曰：爵禄者，人主所以奔走天下也，不可以輕用之。法令者，人主所以維持國家也，不可自壞之。壽皇聖帝欲爲一宫人增俸，顧禄令不可而止，則其重爵禄、守法令之意可以類推矣。此萬世子孫所當觀法也。

罷臺諫風聞失實

丙戌，詔林安宅、王伯庠論葉顒姪元潾受周良臣請求贓事，訊驗無跡，事干大臣，風聞失實。林安宅可罷同知樞密院事，王伯庠罷侍御史。丁亥，進呈周良臣等案。上曰：「林安宅、王伯庠昨日之罷，亦非得已，若不如此行遣，自後大臣必爲人汙衊，受曖昧之謗。周良臣等可踈放，林安宅可筠州居住。」

會子交子兑易

是月，降會子、交子各二千萬，均發於鎮江、建康兩榷貨務，如兩淮人過江南，許將交子於務場换易會子，江南人過兩淮，亦聽用見錢或會子，就務場對換交子行使。

汪澈以繆舉自劾

九月丙午，知鄂州汪澈劄子：「臣頃任御史，嘗舉選人李允升，以贓汙送大理寺，所有臣繆舉之罪，望有司施行。」詔特降兩官。

置章奏簿

甲子，詔：「今後臺諫、侍從章奏各置一簿，隨所上録之，一以留禁中，時備觀覽；一以授大臣，使之詳閱。有事已行而輒廢，或行而以法有礙，於民未便，及監司、郡守言與事違者，各以時糾之。」從秘書少監汪大猷請也。

賑温州水

是月，温州水災，遣使賑之。

地震

地震。

配李允升

知上元縣李允升坐贓貸死，決配。建康帥守王佐坐容縱允升尋醫離任，追兩官勒停〔六〕，建昌軍居住。提刑袁孚以失按降一官。

中都官不分清濁

莫濟乞久任

禮部員外郎莫濟爲司農少卿。魏杞奏曰：「濟嘗中詞科，且掌南宮牋奏，但恐議者以爲蹊徑，未是。」上曰：「中都官初不分清濁，如司農責任亦甚重，以士人除授，亦無害也。」濟尋奏言：「爲治在於任人，任人在於責實。任人而不能久，則賢而能者無以見其長，惡而不肖者得以逃其罪，雖有責實之政，將安所施？ 今輔相大臣或數月而已罷，寺監丞簿、郎曹、卿監不踰歲而輒遷，恐進退人才，似乎稍驟也。」詔：「所論甚當，凡百執事，各勤乃職，期底于治。」

命諸帥薦部曲

汪大猷奏：「乞令諸帥不拘部曲，各精擇三兩人，必實言其或智或勇，或知其有某材可用，或舉其任某事可取，悉以名聞。分命文武禁近之臣，更迭接見，與之談論兵家之務，然後賜對便殿。略其言語儀矩之失，取其材力謀略，審其可用，試之以事，立功則舉者同賞，敗事則罰亦如之。」詔從之。

冬十月乙亥，吏部尚書陳俊卿進對，奏：「臣典選事，但當謹守三尺，檢柅吏姦。至於愚暗所見或未到，亦望聖慈宣諭，時時訓敕之。君臣之分雖嚴，而上下之情不可不通。」上曰：「卿言是也。朕或有過，卿亦宜盡言。」俊卿奏：「自古惟唐太宗能導人使諫，所以致正觀之治。」上曰：「每讀太宗事，未嘗不慕之。若德宗之忌剋，不樂人言，未嘗不鄙之。」

上樂聞過

上退御講筵。講罷，上曰：「朕雖無大過，豈無小失？卿等不聞有所規諫，恐思慮有所未至，賴卿等補益。」周執羔等奏曰：「陛下聖明，事無過舉。」上曰：「卿等若只備位，非所望於卿等。」梁克家奏：「容臣等退思，苟有闕失，不敢不盡言。」

臣留正等曰：臣等每讀唐史，切見唐太宗謂長孫無忌等曰：「人苦不自知其過，卿可爲朕言之。」對曰：「陛下武功文德，臣等將順之不暇，又何過之可言？」太宗曰：「朕問公以己過，公等乃曲相諛説乎！」遂歷舉群臣得失以面戒之。導諫如此，亦足以見其真情矣。今觀壽皇聖帝所以咨諏近臣者，殆與太宗如出一口，乃知聖明樂於聞過，所見略同，夫豈徒曰慕之而已矣！

周執羔嘗進對，上曰：「卿有所言，朕未嘗不行。然有過失，卿當直言。有司之過失，亦當言之。」

進呈知温州劉孝韙劄子，以本州大水之後，乞降度牒應副修塘埭事。上因言：「朕近日覽神宗紀，見是時災異甚多，何故？」魏杞等奏：「天出災異，譴告人君，正如父母訓飭，爲人子者，不必問自己有過無過，但常恐懼修省而已。」上曰：「卿之言甚善。若不恐懼修省，自取滅亡之道也。」

臣留正等曰：災異之説，經傳言之備矣。大抵恐懼修省，則能變災爲福；玩而不戒，則危亡隨之，此必然之理也。詩稱宣王，不言其無災，

災異當恐懼修省

而言其遇災而懼，側身修行，欲銷去之，故主中興之美。書之論紂曰：「惟帝降格，嚮于時夏，弗克庸帝，大淫泆有辭，惟時天罔念聞，厥惟廢元命，降致罰。」興亡之決，端在於此。大哉！壽皇聖帝之訓曰：「若不恐懼修省，自取滅亡之道也。」其言實與六經相爲表裏，自非聖學高明，誠心寅畏，又安得及此言乎？

論役法之擾

己丑，臣僚言：「役法科擾，大略有弓兵月巡之擾，有透漏禁物之責，有捕獲出限之罰，有將迎擔擎之差，有催科填代之費，有應副按檢之用，有承判追呼之勞。凡此之類，皆役法之所深懼。若蒙朝廷約束，無復如前科擾，天下幸甚。」詔監司常切覺察。

減饒州貢金

是月，先是，饒州歲貢金一千兩。詔減十分之七〔七〕。

雨雹。

不降中批

十有一月辛亥〔八〕，執政進呈次，上出吴蓋妻趙氏乞故夫遺表恩澤奏異姓，上曰：「不知前此有無體例，可以行否？」魏杞等奏：「容檢照舊例。」上曰：「今後有文字更不批出，只與卿等理會，庶幾不錯。」杞等奏：「若無例，臣等亦不敢行。陛下欲只與臣等理會，如此，政令豈有過舉者？」

臣留正等曰：朝廷命令與大臣謀議而出之，既出之後，有給、舍以駁正，有臺諫以論救，此所以刑賞適中，而事無過舉也。若乃旨從中出，則事關綸言，有司難於論執，偶有論執，而命令已行，人主亦憚於反汗，往往隳成憲而啓倖門，必自是。如昔富弼言於神宗曰：「內外之事，多出親批，若事事皆中，亦不是爲君之道；況事有不中，則咎將誰執？」壽皇聖帝於吴蓋妻趙氏之請，聖訓及此，真可謂得爲君之道矣。

戒執政私第見客

乙卯，詔：「執政私第接見賓客，除侍從稟議職事外，其餘呼召取覆官，止許各接見一次。」

大明舉主賞罰

丁巳，殿中侍御史單時言：「伏睹制旨，監司於所部保明郡守，郡守于所屬保明知縣。縣令治狀顯著，令中書門下省籍記，取旨甄擢。然人之才術各有分量，吏之治迹未易稽考。臣願訓敕監司、郡守，列其所舉之人治狀之目，詳著於薦書，然後大明賞罰，舉得其實，則受上賞；舉失其實，則置重憲，庶幾選舉之法得矣。」從之。

幸白石閲兵

甲子，車駕幸候潮門外大教場，次幸白石教場，抽摘進呈三司軍馬，有旨慰勞，錫賚諸將鞍馬、金帶，以及士卒，賞皆有差。時久陰曀，暨皇帝出郊，雲霧解駮，風日開霽。

臣留正等曰：壽皇聖帝之志未嘗一日而忘中原也，是以二十八年之間，練軍實，除戎器，選將帥，厲士卒，所以爲武備者，無所不講。白石之蒐，隆冬出郊，親御鞍馬。夫豈徒爲文具而已！故臣敢因斯事，以推明聖志之所嚮焉。

大事記曰：自乾道二年大閱于白石，四年大閱于茅灘，上親御甲冑，指授方略。淳熙以來，或幸玉津園宴射，或大閱于龍山，而鐵簾之射翃自聖意，偏校小卒皆得奏技于萬乘之前，以希一命之賞，而武事精矣。

是月，起居舍人洪邁直前奏：「臣幸得以文字薄技待罪屬車間，每侍清閑之燕，獲聞玉音，凡所擿諭，莫非中的，徽言善道，可爲世法。退而執筆，欲行編次，而考諸起居注，皆據諸處關報，始加修纂，雖有日曆、時政記，亦莫得書，故使洋洋聖謨無所傳信。臣伏睹今月五日，給事中王曮進講春秋莒人伐杞，言周室中微，諸侯以强淩弱，擅相攻討，殊失先王征伐之意，上曰

『春秋無義戰。』周執羔進讀三朝寶訓，論文章之弊，上又曰：『文章以理爲主。』陳巖叟等奏刑部事，上曰：『寬則容奸，急則人無所措手足。』此數端，皆 聖語至明至當
承學之臣日夜探討，累數百語，所不能盡，而陛下蔽以一言，至明至當。然記言動之臣弗能宣究，恐非所以命侍立本意。欲望聖慈令講讀官，自今各以日得聖語，關送修注官，仍乞因今所御殿，名曰祥曦記注，庶幾百代之下，咸仰聖學，以迹聰明文思之懿。」從之。 修祥曦殿記注

步帥陳敏言：「本司所管官兵二萬餘人，今汰去老弱二千餘人，以所請錢米論之，歲費四十八萬貫。推究諸處共約有三十萬餘人，以十分爲率，汰去一分老弱，計三萬人，每歲可省七百二十萬貫。如是，則費用省而國自富，老弱去而兵自强矣。」從之。 汰老弱兵

十有二月庚寅，左司諫陳良祐奏：「今之言利者多要生財，生財乃所以病民，國用愈見不足。取見所養官吏與兵之數，其可省者從而省之。願取見一歲賦入之數，其取於民者已過，則從而蠲免之，以寬民力。常令財用十分，以七分養兵與官吏，三分以備非常，如此，則上下兼足。」上曰：「朕常有志放免和買及折帛等錢，以寬民力，但如今未暇。」良祐奏：「舊來本無此等 定國用經制

錢，皆是軍興時科取，講和之後，依舊不除。今取於民者竭矣。若制節國用，令出入有度，稍有蓄儲，即可行陛下之志矣。」上曰：「因卿之言，當定經制。」

臣留正等曰：寬民力，定經制，壽皇聖帝意也。然寬民力者，惟約己節用則可行〔九〕，定經制者，惟量入爲出則可久。

命宰執兼制國用

辛卯，詔：「朕惟理國之要，裕財爲重。夫百姓既足，君孰與不足？量入爲出，可不念哉？自今宰相可帶兼制國用使，參政可同知國用事，庶幾上下同德，永底阜康。」

臣留正等曰：冢宰制國用，見於王制甚詳，自漢陳平有治粟内史之對，後世信之，遂謂錢穀之問，非大臣所宜與。夫商功利，榷毫末，立法以牟取民利，是誠非大臣事也。至於出入贏縮之度，上下損益之理，此正古冢宰之所職者。身爲大臣，乃漫焉不知其凡可乎？壽皇聖帝之以宰執制國用也，蓋欲量入以爲出，以足百姓者而足國，則其所以責任之道，誠有合於先王遺意，故明著之，使後世有考焉。

密院文書始畫黃

樞密院密白

丁酉，起居舍人洪邁奏：「天下萬務，出命于中書，審于門下，行於尚書，所以敬重政令，期於至當而已，初無文武二柄，東、西二府之別也。今三省所行，事無巨細，必先經中書畫黃，宰執書押，既圓，當制舍人書行，然後過門下，而給事中書讀。如給、舍有所建明，則封黃具奏，以聽上旨。惟樞密院既得旨，即畫黃過門下，而中書不預。則封繳之職，微有所偏。況今日宰相、樞臣兩下兼領，因而釐正，不爲有嫌。欲望詔樞密院自今已往，凡已被旨文書，並關中書、門下，依三省式畫黃、書讀，以示欽重出命之意。」詔從之。然樞院機速事則不由中書，直關門下省，謂之「密白」。

葉顒魏杞並相

用陳俊卿忠讜

中外慶宰執得人

是月，以葉顒、魏杞爲左、右僕射，簽書蔣芾兼參知政事，陳俊卿同知兼權參政。先是，上猶未能屏鞠戲，又將遊獵白石。俊卿時爲吏書，上疏力諫。後數日入對，上迎謂曰：「前日之奏，備見忠讜，朕決意用卿矣。」俊卿再拜謝。上曰：「朕在藩邸，已知卿爲忠臣矣。」兵侍陳巖肖因對，奏：「近覩宣麻，並拜左、右二相，同日除參、樞二執政，中外相慶，以爲得人。然臣以爲大臣當稍付之以權，使之任天下之責。」上深嘉納。

曾覿、龍大淵以舊恩竊寵，士大夫頗出其門，言事者語或及之，往往獲罪。時陳俊卿受詔館北使，大淵爲副，公見外，未嘗與交一言。大淵造門納謁，亦謝不見。一日，中書舍人洪邁見俊卿，曰：「人言鄭聞當除右史，某當除某官，信乎？」俊卿曰：「不知也。」詰語所從，邁以大淵對。俊卿他日入對畢，具以邁語質於上前曰：「臣不知此等除目，兩人實與聞乎？抑其密伺而播之於外，以竊弄陛下之威權也？」上曰：「朕何嘗謀及此輩？必竊聽而得之。卿言甚忠，當爲卿逐之。」俊卿再拜謝，退，未及門，遂有旨，出二人於外矣，中外快之。

陳俊卿去覿大淵　逐曾覿龍大淵

虜使來庭〔一〇〕，俊卿以故事押宴。使者致私覿其狀，花書而不名，俊卿却之。掌儀懼，白俊卿恐生事。俊卿使語之曰：「今日豈當用辛巳前故事耶？」使者詞屈，乃問俊卿爵里甚悉，而易狀書名以遺，曰：「特爲陳公屈耳。」自是遂爲例。

虜使爲陳俊卿屈

增入名儒講義皇宋中興聖政卷之四十五〔一一〕

校勘記

〔一〕案乾道二年正月至四月丁酉條記事原脱，據宋史全文卷二四輯補。
〔二〕案從「獲而鐫統」至「英明也」，疑爲「臣留正等曰」的殘文。
〔三〕參知政事兼知樞密院事葉顒罷　「顒」原作「容」，據宋刊本、宋史全文卷二四改。蓋避清嘉慶帝名諱，下同。
〔四〕案從「六月壬午」至「中書門下省言」凡二百六十一字原脱，據宋史全文卷二四補。
〔五〕甲令如此之嚴　「甲」，宋史全文卷二四作「申」。
〔六〕追兩官勒停　「兩官」，中興兩朝編年綱目卷一五及宋會要輯稿職官七一同。宋史卷三三孝宗本紀一作「三官」。
〔七〕詔減十分之七　「十分之七」，宋史卷三三孝宗本紀一作「三分之一」。
〔八〕十有一月辛亥　「辛亥」原作「辛丑」，據宋刊本、宋史全文卷二四改。
〔九〕惟約己節用則可行　「約」原作「納」，據宋刊本改。
〔一〇〕虜使來庭　「虜」原作「敵」，據宋刊本、宋史全文卷二四改。
〔一一〕卷之四十五　「四十五」原作「二十九」，據宋刊本、本書卷首目録及上下文改。

增入名儒講義皇宋中興聖政卷之四十六

孝宗皇帝六

戒獄官探執政意

乾道三年正月甲辰，内降詔曰：「獄，重事也。稽者有律，當者有比，疑者有讞，持巧心設貳端者有禁。朕選任廷尉、理官，以法付之。而比年以來，顧以獄情白于執政，探取旨意，以爲輕重，甚亡謂也。夫人臣舉要，有司致詳，閱寔之初，五聽參具，在彼有情，在我有法，相當而已，而又何取咨焉？繼自今其祗乃心，敬于刑，惟當爲貴，毋習前非。不如吾詔，吾將大置於罰，罔有攸赦。」

戒儒臣留意金穀

癸丑，何逢原除金部郎官。上曰：「恐儒者不肯留意金穀事〔一〕，如吕擢問簿籍都不知。卿等可面諭何逢原，令留意職事。」

臣留正等曰：户部理天下財穀，郎位其間者有五，而司珍之責莫重焉。爲郎於此，而恬不以事爲意，則均節邦之財利〔二〕，考其簿正，莫其地守，以制盈虚之柄者，將孰任其責也？孔子嘗爲委吏矣，曰：「會計當而已矣。」嘗爲乘田矣，曰：「牛羊茁壯長而已矣。」夫委積芻牧之微，雖聖人未嘗有不屑爲之心也，而況司珍之事，又有大於委積芻牧者乎？壽皇聖訓，與夫子若符節。

降度牒助教帖收會

是月，度支郎唐瑑言：「自紹興三十一年即造會子，至乾道二年七月，共印造二千八百餘萬道。止乾道三年正月六日以前〔三〕，措置收换外，尚有八百餘萬貫在民間未收。今來諸路綱運，依近降旨揮，並要十分見錢，故州縣不許民户輸納會子，致流轉不行。商賈低價收買，輻湊行在，所以六務支取，擁併喧閧〔四〕。今欲給降度牒及諸州助教帖各五千道，付榷貨務，召人依見立價例，全以會子進納，庶幾少息擁併之弊，而會子在民間，亦不過數月，便可收盡。」詔先次給降度牒并助教帖各五百道，候出賣將盡，取旨接續給降。

大事記曰：楮未至於滯也，而已慮其滯，隆興元年，廣行堆垛本錢以給之。楮未至於輕也，而已慮其輕，淳熙二年，多出金銀以收之。楮未至於多也，而已慮其多，淳熙三年，更不增見在之數。故趙雄謂聖慮深遠，不復增印，民間艱得，自然貴重，而楮幣通矣。

兩淮通行銅錢會子

中書門下省言：「昨來支降交子，付兩淮行使，緣所降數目過多，及銅錢并會子不許過江，是致民旅未便。今措置令銅錢、會子依舊任便行使，應官司見在未支交子，令差人管押，赴左藏庫交納。」

造册開具支用

二月壬申，上曰：「朕已草得一指揮，理會財用。」少須降出御筆云：「自後宫禁内人并百官、將校、軍兵、諸司人，每月初五日，國用房開具前月支過已上五項請給數目，并非泛支用，造册進呈，便從此月爲始。外路軍馬，可降式樣，付諸路總領，逐月開具。自此遂爲定式。」

蔣芾尋財用根源

上謂輔臣曰：「蔣參政理會財用，已尋見根源。」初，芾因謝新除，留身奏云：「方今費財最甚者，無如養兵。近見陳敏揀汰二千人，戚方揀汰四千人。夫汰兵，固良法。然今日之兵，多是有官人，與之外任，依舊請券錢，又添供給，雖減之於内〔五〕，添之於外，亦未見其益。既減六千人，必又招六千人填額，則是添六千人耗蠹財用矣。契勘在内諸軍，每月逃亡事故，常不下四百人。若權住招，一年半内，可省三百八十萬貫，候財用稍足，可逐旋招收强壯，訓練而用之，不惟省費，又可兵精。」因奏紹興以來初分五軍，并内外諸軍分合添減之數。上以爲然，故有此宣諭。

用人不求備

乙亥，架閣衛博論用人宜録所長，棄所短。上曰：「卿言極是。用人不當求備，知禮者必不知樂，知樂者必不知刑。若得其人，不當數易，宜久任以責成功。」

以虜酋侈靡自儆

丁丑，上言：「虜主葛王禽荒〔六〕，日事田獵，修造宫室，土木之工不止，後宫亦多，其侈靡又過於顔亮，大與初即位時不同。要之人主侈心一生，其弊至此。朕每以自儆戒，卿等見朕有過，亦當規正。」

臣留正等曰：真宗即政之初，宰相李沆日取四方水旱、盜賊奏之，何者？富貴不與侈靡期，而侈靡自至，其勢然也。是以古之聖哲之主，不以天位爲樂，而每以天下爲憂。天下雖有覆盂之勢，而未嘗無臨深履薄之危；斯民雖有載舟之心，而未嘗無朽索馭馬之懼。然則侈心蕩習，果何自而投吾之隙哉？壽皇慨然有感於敵國，而益深儆戒之念，且諭大臣，以爲見朕有過，亦當規正。由此觀之，豈特盛德大業光華于二十八載之間而已，所以遺聖子神孫者家法亦嚴哉！

勤儉過古帝王

蔣芾奏：「臣近朝德壽宮，恭聞太上皇帝玉音云：『主上勤儉，過於古帝王。』」上曰：「朕亦自以爲勤儉無愧唐太宗，惟是功業遠不逮太宗。」芾奏：

愧功業不如唐太宗

「功崇惟志。陛下既有此志，守之以不怠，何患功業之不成？」

臣留正等曰：功業非志不立，非勤不成，是以有天下者以志爲先，而以勤終焉。觀壽皇功業不逮太宗之一言，則其志未嘗一日而不在乎中原也。雖然功業因變而後見者也，功業因變而後見，則敵釁之未開，事機之未至，壽皇之素志固將有所屬歟。若夫舉神器以授聖子，而游心玩意於希夷之境，此又唐、虞揖遜之盛，非太宗之所敢逮也。

議清中書之務

壬午，起居舍人洪邁奏：「兩省每日行遣録黄文書盈於几閣，多有常程細故，不足以煩朝廷專出命者，使中書之務不清，無甚於此。」上曰：「朕嘗見通鑑載唐太宗謂宰相：聽受辭訟，縈于簿書，日不暇給。因敕尚書細務屬左右丞。朕見欲理會，卿所論可謂至當。」

臣留正等曰：先儒蘇軾曰：「中書者，王政之所由出，天子之與宰相論道經邦，而不知其他者也。」夫不知其它者，將遂漠然而無所事歟？

曰非也，問天下之財，則屬之大農；問天下之獄，則屬之廷尉；問天下之兵，則屬之樞密；而宰相者日與天子揆道，於上聽其治要而責成焉爾。乃欲使之敝精神於一大有司之事，則夫禮樂刑政教化之源，所以使天下回心而向道者，何時而可議也？壽皇因洪邁有欲清中書之務之説，遂謂唐太宗嘗敕尚書細務屬之左右丞。可謂揆之所在矣，中書之務何患不清哉？

周知將官人才

宣諭葉顒曰：「今日可進入武臣薦舉兵將官册子，朕欲周知其人。」顒奏：「宜於無事詢訪，以備緩急。」陳俊卿奏：「陛下曾記得王存否？其人似尚可用。」上曰：「朕識之，麤暴之人，老矣，智力皆無所用也。」

賜將臣兵書

乙酉〔七〕，詔降下武經龜鑑、孫子，令密院差使臣一員，給賜鎮江都統戚方、建康都統劉源，仍令選擇兵官，各賜一本。

不差戚里充環衛

乙未，進呈環衛官元有指揮，不許差戚里，前日得旨差潘才卿，有礙元降指揮。上曰：「卿等如此理會甚好，可別理會。」

臣留正等曰：天子不能無私恩，而公法之守，則一付之臣下，而吾無容心焉。而後天下之名器，始不能輕以畀人矣。環衛之職將以爲將帥之儲也。是以壽皇有不除戚畹之旨，而才卿乃復得之，豈一時之私恩有不能遽絶耶？大臣以爲有礙前旨，可謂善守天下之公法者也。壽皇嘉歎其請，遽命改除，自非不以公徇私，不以恩廢法，疇克爾哉！書曰：「無偏無黨，王道蕩蕩，無黨無偏，王道平平。」壽皇之謂矣。

講備禦策

戊戌，諫議陳天麟言：「近探報，虜聚糧增戍〔八〕，以其太子爲元帥，居汴。宜擇將帥，預講禦備之策。」上曰：「此今日急務。昨王琪請築揚州城，卿等見文字否？」葉顒奏：「琪至都堂，議論尚未定。」魏杞奏：「淮東之備，宜先措置清河、楚州、高郵一帶，庶可遏虜糧道。」上曰：「若把定高郵，不放糧船過來，則虜不能久留淮上，自當引去也。」

論養兵最難

三月庚子，宰臣葉顒乞抽回江州兵馬。上曰：「此豈得已？亦要熟商量。近來招兵練兵皆容易，惟養兵最難，此豈有定論？他時財賦有餘，自可增招。」顒又奏：「昨日陳敏對，陛下必已分付六合事。」上曰：「亦説却欲帶步司人去。」顒奏：「陳敏甚曉地利，且有志立功名。」上曰：「若陳敏等守高郵

以陳敏把高郵

甚好，却别擇一步帥，亦難得人。」

是月，宣押殿前司選鋒軍九百人騎入內射。

夏四月丙子，宣殿前司選鋒等軍五百八十二人、車二十四兩入內教。

庚寅，右軍統制張平奏事，上曰：「兵謀務要決勝，不得輕發。有功者雖讎與賞，有罪者雖親與罰。」

是月，併利州東、西爲一路，以吴璘爲安撫使兼四川宣撫，兼知興元府。璘尋薨。初，璘病，呼幕客草遺表，命直書其事，曰：「願陛下無棄四川，無輕出兵。」不及家事，人稱其忠。璘爲人剛毅靖深，喜大節，略苛細。讀史傳，曉大義。其御軍恩威兼濟，士卒樂爲之用。每出師，指揮諸將，風采凜然，無敢犯令者，故所向多捷。玠死，璘爲大將，守蜀捍虜餘二十年〔九〕，隱然爲方面之重，其威名亞於玠，其選諸將多以功。有告以薦材者，璘曰：「兵官非嘗試，難知其才，今以小善進之，則僥倖者獲志，而邊人宿將之心怠矣。」故所用後多知名。嘗著兵法二篇。追封信王，謚武順。

五月戊申，上曰：「昨批韓曉奏狀，知隨州林嶷放罷。如此處置莫是。」葉顒奏：「臣昨見言者論罷韓曉。臣知林嶷陰遣其家屬在行在納短卷於臺諫，臣方欲再開陳，今陛下批出，可謂明見萬里之外。」陳俊卿奏：「近日此風

內教選鋒軍
兵謀務要決勝
復併利州爲一路
吴璘安撫兼宣撫尋薨
吴璘遺表納忠
吴璘威名亞於玠
吴璘所用多知名
上明見萬里外

戒臺諫受短卷

頗盛，是使監司不敢按郡守，郡守不敢按縣官。」上曰：「此風誠不可長，朕方欲手詔戒諭臺諫。」

論儒生不達時變

辛酉，王炎奏：「近來士大夫議論太拘畏，且如近詔王琪至淮上相度城壁，朝士皆紛然以爲不宜。」上曰：「此何害？儒生之論，真不達時變。昔徐庶言〔一〇〕：通世務者在乎俊傑。朕與卿等當守此議論，他不足恤。」

賑泉州水

是月，賑泉州水災。

奉安玉牒積慶圖

安奉太宗真宗玉牒及三祖下僊源積慶圖、哲宗寶訓。

親閱囚款

六月癸酉，上曰：「朕欲依祖宗故事，先令有司具囚情款，前數日進入，朕親閱之，可釋者釋之，可罪者罪之，庶不爲虛文。可降旨揮，今後並依祖宗典故。」

將帥冗墮之弊

丁亥，度支趙不敵言：「將帥未必知兵，徒務聲勢。今日添使臣，明日招效用，但資冗墮，未見精雄。」上曰：「此正中今日將帥膏肓。」

虞允文宣撫四川

是月，命知院虞允文宣撫四川，代吴璘也。允文尋言：「房州義士、金州保勝軍見管七千餘人，皆建炎、紹興之初自相結集，固守鄉閭，最爲忠義。而州縣全不加恤，分占白直，應副往來，又有都統司差役科擾。欲乞差皇甫

允文乞撫用義兵

倜爲利州東路總管、金州駐劄，令專一主管，于農務隙時，往來教閲，或緩急有警，可責令分守諸關。」從之。

乞寬限賣官田

秋七月辛亥，臣僚言：「户部申請諸路，並限一季出賣官産，拘錢發納。且以江東、西、二廣論之，村疃之間，人户彫踈，彌望皆黄茅白葦，膏腴之田耕猶不徧，豈有餘力可買官産？今州縣迫於期限，且冀有厚賞，不免監錮保長，抑勒田鄰。乞寬以一年之限，戒約州縣，不得抑勒，如有違戾，重置典憲。」從之。

陳良祐論邊備

癸丑，諫議陳良祐奏：「民間傳邊事，多是兩下説成，爲備雖不得已，要不可招敵人之疑。如近日修揚州城，衆論以爲無益。」上曰：「正欲爲備，如何無益？」良祐奏：「萬一虜人衝突〔二〕，兵不能守，則是爲虜人築也。今遣二三萬人過江，虜人探知，却恐便成釁隙。」上曰：「若臨淮則不可，在内地亦何害？」良祐奏：「更願審思。今日爲備之要者，無過選擇將帥，收蓄錢糧，愛民養士。」上曰：「卿言甚是。」

任陳敏備禦淮東

甲寅，上曰：「淮東備禦事，此須責在陳敏，萬一有警，却恐推避誤事。卿等宜熟與之謀。」魏杞奏：「臣等昨爲陳敏約，敏亦自任此事。今朝廷但當稍稍應副之而已。」上曰：「是。」

是月，以皇太子愭疾，大赦天下，尋薨。　皇太子愭薨

閏七月丙寅朔，宣諭曰：「朕欲江上諸軍各置副都統一員，令兼領軍事，豈惟儲他日統帥，亦使主將有顧忌，不敢專擅作過。」　議置副都統

戊寅，郭剛除鎮江副都統。上曰：「郭剛之除，聞鎮江軍中甚喜。」葉顒奏：「郭剛甚廉，軍中素所推服。」　郭剛爲軍中所服

庚辰，上論理檢院故事，因謂葉顒等曰：「朕常思祖宗創立法度以貽後人，後世子孫不能保守，極可惜。」上又曰：「創之甚難，壞之甚易。」蔣芾曰：「臣嘗記元祐三年進士第一人李常寧廷試策破題四句云：『天下至大，宗廟社稷至重，百年成之而不足，一日壞之而有餘。』」上曰：「誠爲明言。」芾奏：「所謂壞者，非一日遽能壞也。人主一念慮之間，不以祖宗基業爲意，則事事放倒，馴致敗壞，故人主每欲自警戒，常恐一念慮之失。」上曰：「朕非獨自警戒而已，且憂後世子孫不能保守，爲可惜也。」　論子孫不守法度

癸未，臣僚言：「閩中鹽策之弊有五，官糴浩瀚而本錢積壓不支，間或支俵，而官吏剋減，計會縻費，貧民下户皆不樂供官，而太半糴於私販，一也。　閩中鹽策五弊

綱運之人，非巨室則官户〔三〕，載縣官之舟，藉縣官之重，影帶私鹽出糶，二也。州縣斥賣，多置坊局，付之胥輩，其權秤之減剋，泥沙之雜和，官皆不之問，私價輕而官價重，官鹽雜而私鹽真，鄉村之民大半食私鹽，故官糶不行，三也。巡尉未嘗警捕，但日具巡歷，申於官長，月書所到，置於驛壁，私販猾商，莫之誰何，四也。今之邑敷賣官食鹽，與夫借鹽本錢者，多是給虛券，約綱到數日支給，甚至抛敷賣之數，付之耆保，攤及僑户，其見在鹽却封樁不得支出，謂之長生鹽；若人户不願請鹽，只納敷數之半以貼陪，官將官鹽貯之別所，以添後日之數，謂之還魂鹽；猾吏攬撲，民户貼陪錢請鹽出賣，出息則與邑均分，謂之請鈔鹽，五也。況閩中崇岡峻嶺，淺灘惡瀨，商旅興販，流轉實難，故鈔鹽之法不可行。乞講究利害，盡革前弊。」明年二月施行。

劉珙言不可獨斷

癸巳，劉珙自湖南召還。初入見，首論：「獨斷，雖英主之能事，然必合衆智而質之以至公，然後有以合乎天理人心之正，而事無不成。若棄僉謀，徇私見而有獨御區宇之心焉，則適所以蔽其四達之明，而左右私昵之臣，將有乘之以干天下之公議者矣。」又論羨餘之弊曰：「州縣賦入有常，大郡僅足

劉珙言羨餘弊

支遣，小郡往往匱乏。而近者四方尚有以羸餘獻者，不過重折苗米，或倍税

商人，至有取新賦以積餘錢，捐積逋以與州郡，州郡無以自給，不過重取於民，此民之所未便，一也。和糴之弊，湖南、江西爲尤甚，朝廷常下蠲免之令，遠方之民舉手相賀。曾未數月，又復分抛。州縣既乏緡錢，將何置場收糴？民間關引無用，則與白著一同。倘有以革綱運之弊，自可減和糴之數，此民之所以未便，二也。望詔止之。」上嘉納。

劉珙言和糴弊

尋以珙爲翰林學士。珙嘗從容言於上曰：「世儒多病漢高帝不悦學，輕儒生。臣竊以爲高帝之聰明英偉，其所不悦，特腐儒之俗學耳。誠使當世之士，有以聖王之學告之，臣知其必將竦然敬信，而其功烈之所就，不止於是而已矣。蓋天下之事無窮，而應事之綱在我。惟其移於耳目，動於意氣，而私欲萌焉，則其綱必弛，而無以應夫事物之變。是以古之聖王無不學，而其學也必求多聞，必師古訓，蓋將以明理正心，而立萬事之綱也。此綱既立，則雖事物之來，千變萬化，而在我常整整而不紊矣。惜乎當是之時，學絶道喪，未有以是告高帝者。」上亟稱善。

劉珙論聖王之學

八月乙未朔。

是月，禁兵官交結内侍。時鎮江軍帥戚方刻剥役使，軍士嗟怨，言者及

禁兵官交結内侍

之。陳俊卿奏：「外議内臣中有主方者〔一三〕。」上曰：「朕亦聞之。方罪固不可貸，亦當併治左右素主方者，以警其餘。」即詔罷方，而以内侍陳瑶、李宗回付大理〔一四〕，究其賄狀。獄成，陳瑶決配循州，李宗回等降罰有差。於是，詔戒兵將官交納内侍，公行苞苴，自今有違戾，必罰無赦。

治内侍納賄罪

上又諭輔臣以「建康劉源亦嘗有賂於近習，方思有以易之。今欲且遣王抃至彼，檢察姦弊，留數月而後歸，庶新帥之來，不至循習。」俊卿又奏曰：「今但遴選主將，則宿弊當自革矣。」上曰：「政患未得其人耳。」俊卿曰：「苟未得人，更宜精擇。既已委之，則當信任。今未得其人，已先疑之，似非朝廷所以待將帥之體。且軍中財賦，所以激勸將士，但主帥不以自私，則其他當一聽之。今檢柅苛細，動有拘礙，則誰復敢出意繩墨之外，爲國家立大事乎！況朝廷所以待將帥者如此，使有氣節者爲之，心必不服，其勢必將復得姦猾之徒，則其巧思百出，弊隨日滋，又安得而盡革耶？今不慮此，而欲獨任一介單車之使以察之。政使得人，猶失任而無益，況不得人，則其弊又將不在將帥而在此人矣！」上納其言，罷抃不遣。

陳俊卿論待將帥

大霖雨，宰執求罷，不允。

大雨減膳慮囚

詔内外察獄。

令太官早晚並進素膳。

戊午，慮囚。

九月丁丑，翰學劉珙進讀三朝寶訓，至「淳化五年，太宗謂近臣曰：『太祖實録或云多有漏落〔一五〕，當命官重修。』因歎史官才難。蘇易簡曰：『大凡史官，宜去愛憎。近者扈蒙修史，蒙爲人怯懦多疑忌，故其史傳多有脱落。』」上曰：「善惡無遺，史臣之職。」珙奏云：「史官以學識爲先，文采次之。苟史官有學識，安得愛憎怯懦疑忌？」上曰：「史官要識、要學、要才，三者兼之。」

史官兼才學識

臣僚言：「檢視災傷，官司未嘗遵承，每差州縣官到，隨行徵求，皆有定例，然後擇村疃中近年瘠薄之田，先往視之，名曰應破；又擇今歲偶熟之處，再往視之，責以妄訐，名曰伏熟，重爲民困。望詔守臣選差練曉清强官，公心考覈，申飭監司，嚴行按舉所差官污廉、勤惰、公正、誣罔，悉以上聞。」從之。

論檢放之弊

是月，陳良翰言：「昨立住賣度牒二十餘年，人民生聚不爲無益。辛巳

論賣僧牒之弊

春，邊事既作，用度浸廣，乃始放行。令下之初，往往爭買，其價則五百千，其限則三個月，其數不過萬道，未足以病民。今則減價作三百千，展限已三十餘次，總數計十萬三千餘道，民甚病之。且唐人有言：十户不能養一僧。今放行者與舊所度者，無慮三四十萬，是三四百萬户不得休息也。不知國之所利者能幾何，而令三四百萬户不得息肩？且又暗損户口，侵擾齊民，奚止千萬？此其爲害，豈淺淺哉！」

申嚴獻羨餘

是秋，申嚴獻羨餘之禁。從劉珙奏也。

論久邊任

冬十月壬寅，上曰：「昨日有從官奏云：邊事規摹未定。」葉顒奏：「臣等日夕講究，亦且徐徐措置。」上曰：「維揚築城已畢，更得來年一冬無事。足可經略。」陳俊卿奏：「淮上規摹，須久任守臣。遲責其效，其不職者，早宜易之。」上曰：「極是。」

朝廷當理會遠大事

壬子，三省進呈畢，上曰：「朝廷更有何事合理會？須是務其遠者、大者，勿徒事於簿書苛細。朕尋常或過飲一兩杯酒，便覺忘事。以此觀之，須是清慮。」

賑成都路旱

是月，成都府路旱，詔降僧牒四百道充糴本，措置賑濟。

郊遇雷雨望祭

十有一月丙寅，郊，雷雨。望祭于齋宮。

陳俊卿奏散齋不用樂

時虜使來賀會慶節〔一六〕，上壽，在郊禮散齋之内〔一七〕，不當用樂。陳俊卿請令館伴以禮諭之，而議者慮其生事，多請權用樂者。俊卿又奏：「請必不得已，則上壽之日設樂，而宣旨罷之。及宴使客，然後復用，庶幾事天之誠得以自盡，而所以禮使人者亦不爲失〔一八〕。」上可其奏，且曰：「宴設雖進御酒，亦毋用樂，惟於使人，乃用之耳。」議者顧以爲紫宸上壽，乃使客之禮，固執前議。俊卿又不可。獨奏言：「適奉詔旨，有以見聖學高明，過古帝王遠甚，臣敢不奉詔？然猶竊謂更當先令館伴以初議喻使人，再三不從，乃用今詔，則於禮爲盡，而彼亦無詞，不可遽鄙夷之〔一九〕，而遂自爲失禮以徇之也。」蔣芾猶守前說。俊卿退。復爲奏曰：「彼初未嘗必欲用樂，我乃望風希意而自欲用之，彼必笑我以敵國之臣而虧事天之禮，他時輕侮，何祈不至〔二〇〕？此尤不可不留聖慮。」上嘉納之。

以雷變策免二相

葉顒、魏杞罷相奉祠，以郊祀雷變故也。

詔戒士夫四弊

詔戒士大夫因循、苟且、誕謾、奔競之弊。

命臺諫、侍從、兩省官指陳時政闕失。

陳俊卿乞清中書務

以陳俊卿參知政事，劉珙同知樞密院。俊卿言於上曰：「執政之臣，惟當爲陛下進賢退不肖，使百官各任其職。至於細務，宜歸有司，庶幾中書之務稍清，而臣等得以悉力於其當務之急。」上甚然之。一日，審察吏部所注知縣，有老不任事者，俊卿判令吏部改注，吏白例當奏知。俊卿曰：「此豈足以勞聖聽？明日取旨，自今此等請勿以問。」

劉珙言恢復未易

一日，上顧輔臣圖議恢復，劉珙奏曰：「復讎雪恥，誠今日之先務。然非內修政事，有十年之功，臣恐未可輕動也。」同列有進而言者曰：「漢之高、光，皆起匹夫，不數年而取天下，又安得所謂十年修政之功哉！」珙曰：「高、光惟起匹夫也，故以其身蹈不測之危，而無所顧。陛下躬受太上皇帝祖宗二百年宗社之寄。其輕重之寄，豈兩君比哉？臣竊以爲自古中興之君，陛下所當法者，惟周宣王而已。宣王之事，見於詩者，始則側身修行，以格天心；中則任賢使能，以修政事而已。其終至於外攘夷狄〔二〕，以復文、武之境，則其積累之功至此，自有不能已者，非一旦率然僥倖之所爲也。」上深然之。

諸路兵分三等

十二月甲寅，詔諸路訓練兵官，將逐州揀中見教閱禁軍內，事藝最高强、身貌强壯爲上等，事藝高强、身貌瘦怯爲中等，餘並爲下等。限一月置册開具，申密院。

檢舉合待報事

是月，詔：「今後已降指揮合待報事，令諸房置簿，隨日抄上，時行檢舉拘催。仍令左右司勾銷結押。如有違慢去處，三省開具取旨。」

重定改官員額

是歲，定改官以一百人，盜賞以二人；四川换、改官以二十人爲額。

配石敦義

廣東提舉茶鹽石敦義坐盜鹽脚錢入己，貸死，刺配柳州。

增入名儒講義皇宋中興聖政卷之四十六

校勘記

〔一〕恐儒者不肯留意金穀事　「肯」原作「負」，據宋刊本、宋史全文卷二四改。

〔二〕則均節邦之財利　「利」，宋史全文卷二四作「物」。

〔三〕止乾道三年正月六日以前　「日」原漫滅，據宋刊本補。

〔四〕擁併喧鬨　「鬨」原作「鬧」，據宋刊本、宋史全文卷二四改。

〔五〕雖減之於内　「減」原作「揀」，據宋刊本、宋史全文卷二四改。

〔六〕虜主葛王禽荒　「虜」原作「金」，據宋刊本、宋史全文卷二四改。
〔七〕乙酉　宋史卷三四孝宗本紀二作「丙戌」。
〔八〕虜聚糧增戍　「虜」原作「敵」，據宋刊本、宋史全文卷二四改。
〔九〕守蜀捍虜餘二十年　「虜」原作「禦」，據宋刊本、宋史全文卷二四改。
〔一〇〕昔徐庶言　「庶」原作「度」，據宋史全文卷二四改。
〔一一〕萬一虜人衝突　「虜」原作「敵」，據宋刊本、宋史全文卷二四改。下同。
〔一二〕非巨室則官户　「户」，宋史全文卷二四作「吏」。
〔一三〕外議内臣中有主方者　「主」原作「王」，據宋刊本、宋史全文卷二四改。下同。
〔一四〕而以内侍陳瑶李宗回付大理　「瑶」，宋史卷三四孝宗本紀二作「瑜」。
〔一五〕太祖實録或云多有漏落　「云」原作「去」，據宋刊本、宋史全文卷二四改。
〔一六〕時虜使來賀會慶節　「虜」原作「敵」，據宋刊本及宋史全文卷二四改。
〔一七〕在郊禮散齋之内　「齋」原作「已」，據中興兩朝編年綱目卷一五及誠齋集卷一二三陳俊卿墓誌銘改。
〔一八〕而所以禮使人者亦不爲失　「失」原脱，據宋史全文卷二四補。中興兩朝編年綱目卷一五作「薄」，亦通。
〔一九〕不可遽鄙夷之　「夷」原作「外」，據宋刊本、宋史全文卷二四改。

〔二〇〕何祈不至　「祈」原作「所」，據宋刊本、中興兩朝編年綱目卷一五及宋史全文卷二四改。

〔二一〕其終至於外攘夷狄　「攘夷狄」原脱，據宋刊本、宋史全文卷二四及中興兩朝編年綱目卷一五補。

增入名儒講義皇宋中興聖政卷之四十七

孝宗皇帝七

乾道四年春正月甲子朔。

是月，籍荆南義勇民兵。先是，前知荆南府王炎奏：「荆南七縣，主客佃户共四萬有奇。丁口一十餘萬。臣依舊籍，雙丁以下及除官户并當差户人外，淨得八千四百有奇。每歲于農隙，只教閲一月，若比以贍養官軍八千四百人，歲當錢四十萬貫、米一十一萬石、紬絹布四萬餘疋，今纔歲費一萬四千石，錢二萬緡。獲此一軍之助，利害豈不較然易見？」

大事記曰：乾道四年，籍荆南義勇。淳熙申嚴保伍法，而張栻在廣西則行保伍，在湖北則修義勇，而民兵强矣。

二月甲午朔。

籍荆南義勇

蠲福建鈔鹽錢

是月，詔：「福建路建、劍、汀、邵武四州軍科賣官鹽，騷擾民户，可將本路鈔鹽一項盡行住罷，轉運司每歲合抱發鈔鹽錢二十二萬貫，並與蠲免。却令本司於八州軍增鹽錢，并將樁留五分鹽本錢抱認七萬貫，充上供起發。今後州縣不得更以賣鈔鹽爲名，依前科敷騷擾。」初，臣僚極言其弊，詔令前漕臣沈度、陳彌作看詳來上，遂有是命。未幾，沈度奏事。上曰：「前日觀卿所奏鹽事，已盡蠲十五萬緡，以寬民力。」且曰：「朕意欲使天下盡蠲無名之賦，悉還祖宗之舊，以養兵之費，未能如朕志。」

欲盡蠲無名賦

放四川鈔鹽綱

又言：「四川有鈔鹽綱，有歲計鹽綱。鈔鹽綱者，爲抱納鈔鹽錢窠名；歲計鹽綱者，每斤除分隸增鹽錢、鹽本等錢外，其餘係州縣所得市利錢，即以充納上供銀錢等用。今鈔鹽窠名已盡行除放，州縣只是搬賣一色。歲計綱須令置場出賣，不得科抑於民。」

給僧牒師號助四川總司

給僧牒一千道、紫衣師號五百道，助四川總司。

相蔣芾尋罷

以蔣芾爲右僕射。

賜王炎出身

王炎賜出身，簽書樞密院事。

雨雹大雪

雨雹，大雪。

詔舉制科

三月癸亥朔，詔舉制科。

夏四月壬辰朔。

是月，振綿、漢等州饑。尋以饒、信及建寧府等州饑，遣司農寺丞馬希言同提舉常平官賑濟，降僧牒一百道付建寧府；户部降米五千石，賑衢州饑；荆南府僧牒二百道，衢州一百道，饒、信米各三萬石。雷州水，賜十道。

（賑綿漢等州饑　降度牒賑饑）

進呈欽宗實録并帝紀。禮部員外郎李燾奏：「修史先進呈帝紀自淳化始，凡所以先進呈者，群臣筆削，或有失當，因取決於聖裁。故號爲進呈紀草。」

（進呈欽宗實録帝紀）

李燾上續資治通鑑長編，自建隆元年至治平四年閏三月。

（李燾上通鑑長編）

五月壬戌朔，令常平官歲按倉儲。

（命歲按倉儲）

六月甲午，上曰：「昨日汪涓對云：去秋江西水，數州之民，至有無藁秸餵牛者，朕都不知。」陳俊卿奏：「去秋沈樞亦申來言水災，陛下所以預令理會和糴。」上曰：「卿等更别措置。今後水旱，須令實申來。」蔣芾奏曰：「州縣所以不敢申，恐朝廷或不樂聞。今陛下詢訪民間疾苦，焦勞形于玉色[二]，誰敢隱？」上曰：「朕正欲聞之，庶幾朝廷處置賑濟。」尋詔諸路漕司以水旱之實聞，州縣隱蔽者，並寘於法。

（命奏水旱）

置度支都籍

辛亥，度支趙不敵言：「方今一歲内外支用之數，大概五千五百萬緡有奇。又以一歲所入計之，若使諸路供億以時，别無蠲減拖欠，場務入納無虧，則足以支一歲之用不闕。然賦入之窠名猥多，分隸於户部之五司，如僧、道免丁，常平免役，坊場酒課之類，則左、右曹掌之；如上供折帛、經總、無額，茶、鹽、香、礬之類，則金部掌之。度支則督月椿，倉部則專糴本，催理雖散于五司，悉經于度支。藉之古人量入爲出之義，則度支一司，安可以不周知其所入之數也哉？臣因置爲都籍，會稽窠名，總爲揭貼。事雖方行，簿書草具，而條目詳備，固已粲然易考。欲望付之本曹，自兹爲始，歲一易之，庶幾有司得以久遠遵行，不惟財賦易以稽考，抑使胥吏無所容姦。」從之。

命按察州縣

丙辰，詔守臣罪狀顯著或職事不舉，而監司不即按劾，却因他事發覺，三省具姓名取旨。守臣不按知縣亦如之。

禁胡服胡樂

秋七月壬戌，臣僚言：「臨安府風俗，自十數年來，服飾亂常，習爲胡裝〔二〕，聲音亂雅，好爲胡樂〔三〕，臣竊傷悼。中原士民淪於左衽〔四〕，延首企踵，欲自致于衣冠之化者三四十年，却不可得，而東南禮義之民，乃反墮于胡虜之習而不自知〔五〕，甚可痛也。今都人静夜十百爲群，吹鷓鴣，撥胡琴〔六〕，使一人黑衣而舞，衆人拍手和之，傷風敗俗，不可不懲。伏望戒敕守臣，檢坐紹興三十一年指揮，嚴行禁止。」詔從之。

命選官檢放災傷

甲申，詔諸路運司行下所屬，將災傷處各選清强官，遍詣地頭，盡與檢放，或不實不盡，有虧公私，被差官并所差不當官司，並重作行遣。其被水甚處，令監司、守臣條具合措置存恤事件聞奏。」

臨軒決遣繫囚

是月，親録繫囚。先是，詔：「以踈決並爲文具，令有司具祖宗典故，朕當親閲。」至是後殿臨軒，決遣罪人。

陳俊卿乞密繳内降

右僕射蔣芾以母喪去位。陳俊卿兼知樞密院事，言於上曰：「臣自叨執政之列，每見三省、密院被内降旨揮，苟有愚見，必皆密奏，多蒙開納，爲之中止。然比及如此，已爲後時。今以參預首員，奏行政令，欲乞自今内降恩澤，有未允公議者，容臣卷藏，不示同列，即時繳奏，或次日面納。」上曰：「卿能如是，朕復何憂？」俊卿每勸上親忠直，納諫諍，抑僥倖，肅紀綱，講明軍政，寬恤民力。

政事復歸中書

異時統兵官不見執政，俊卿曰：「召三五人從容與語，察其材智所堪而密記之，以備選用。」於是上於俊卿之言〔七〕，多所聽從，大抵政事復歸中書矣。

不稱誦聖德。今若復召，必大失天下望。臣願先罷去。」上感其言，遂止不召。龍大淵死欲召曾覿陳俊卿諫召曾覿

龍大淵既死，上憐曾覿，欲召之。陳俊卿曰：「自陛下出此兩人，中外無

贈王悦官。悦知衢州，死之日，百姓巷哭，即爲立祠於徐偃王廟。其喪出城，百姓號慟，聲振原野。悦愷悌慈祥，視民如子。是春乏食，悦發廩勸分，使百姓不至失所。自中夏闕雨，悦竭誠祈禱，絶不茹葷。早晚一粥凡月餘。日題之壁間，有「乞爲三日之霖，願減十年之壽」之語，竟以是卒。詔贈直龍圖閣，仍宣付史館。贈王悦官王悦衢州之政

八月乙巳，度支郎官劉師尹論：「頃年因軍須，額外創添賦入，欲乞漸次裁減，以寬民力。」上曰：「朕未嘗妄用一毫，只爲百姓。」又論漢宣帝時吏稱其職，民安其業。上曰：「宣帝中興，只此數語。今吏不稱職，所以民未受實惠。」不妄用一毫論漢宣中興

臣留正等曰：昔司馬光言：「府庫金帛皆生民之膏血。州縣之吏鞭撻其丁壯，凍餒其老弱，銖銖寸寸而誅之，今以富大之州終歲之積，輸之京師，適足以供一朝恩澤之賜，貴臣一日飲宴之費。何獨不忍於目

前之群臣，而忍之於天下之百姓乎？」夫以嘉祐盛時，仁皇聖德，光言猶若是。況東南財計有限，用度至廣，自兵興以來，創法增賦，不知其幾倍矣。已增者既不可遽減，日朘月削，民不堪命，惟有節用之策，庶可以寬州郡之力耳。壽皇即位，首以恭儉率下，因議臣乞減添賦以寬民力，聖訓有曰：「朕未嘗妄用一毫，只爲百姓。」又及於吏稱民安之效，二十八年孜孜愛民，終始如一，所以固邦本於無窮也。

不罪胡與可賑給

癸丑，知温州胡與可以支常平錢五百貫并係省錢五百貫，賑給被水人户自劾，上曰：「國家積常平米，政爲此也，可放罪。」

行乾道曆

是月，行乾道曆。初，將統元、紀元曆與劉孝榮所獻新曆委官測驗，互有疏密，遂令太史局參照新舊行用。尋禮部侍郎程大昌言：「新舊曆官互有異同，難以參照。而新曆比舊曆則爲稍密。」遂詔令太史局施行新曆，以乾道曆爲名。

李燾言諸曆沿革

未幾，禮部郎李燾言：「曆久必差，自當改法。恭惟列聖臨御，未有不更曆者，獨靖康偶不及此。今統元曆行之既久，其與天文不合固宜。況曆家皆以爲雖名統元，其實紀元。若紀元，又多歷年所矣。曆術精微，莫如大衍，大衍用於世，亦不過三十四年。後學膚淺，其能行遠乎？隨時改曆，此道誠不可廢。抑嘗聞曆不差不改，不驗不用。未差無以知其失，未驗無以知其是。失然後改之，是然後用之，此劉洪要言至論也。舊曆差失甚多，不容不改，而新曆亦未有明效大驗，但比舊曆稍密爾。厥初最密，後猶漸差，初已小差，後將若何？故改曆不可不重也。謹按：仁宗用崇天曆，自天聖至皇祐，其四年十一月月食，曆家言曆不效，詔以唐八曆及本朝四曆參定。曆家皆以景福爲密，遂欲改曆，而劉羲叟獨謂崇天曆頒行踰三十年〔八〕，方將施之無窮，兼所差無幾，不可偶緣天變，輕議改移。又謂古聖人曆象之意，止於敬授人時，雖則預考交會，不必吻合辰刻，辰刻或有遲速，未必獨是曆差。仁宗從羲叟言，詔復用崇天曆。羲叟曆學爲本朝第一，歐陽脩、司馬光輩皆遵承之。崇天曆既復用，又十三年，至治平三年，始改用明天曆。曆官周琮等皆遷官。後三年，明天曆課熙寧三年七月月食，又不效，乃詔復用崇天曆，琮等皆奪所遷官。崇天曆復用至熙寧八年，始更用奉元曆。奉元曆議，沈括實主之。明年正月月食，奉元曆遽不效，詔問修曆推恩人姓名，括具奏辨，故曆得不廢。先儒蓋謂括强解，不深許其知曆也。然後知羲叟所稱『止於敬授人時，不必輕議改移』者，不亦至言要論乎？欲乞朝廷察二劉所陳，及崇天、明天之興廢，申飭曆官，加意精思。勿執今是，益募能者，熟復討論，更造密度，使與天合，庶幾善後之策也。」詔送太史局，仍令諸路求訪精通曆書之人。

不許用異端語

九月壬申，禮部員外郎李燾輪對，論科舉等事。上曰：「科舉之文，不可用老、莊及佛語。若自修於山林何害？儻入科場，必壞政事。」

論任賢使能

甲戌，户部郎官曾逮奏：「任賢使能，周室中興。於賢曰任，於能曰使，則賢能之任使固不同。今以刀筆之小才，奔走之俗吏，謂之使能，此不可不辨。」上曰：「論得甚好。」

臣留正等曰：書曰：「官不及私昵，惟其能。爵罔及惡德，惟其賢。」傳曰：「賢者在位，能者在職。」自昔人君之治天下，賢之與能，未始不兼收並用之也。夫賢以德，能以功，人固不可望之皆賢。然曰能治民，有益於民可也，貪暴而不恤，謂之能可乎？曰能治財，生財有道可也，聚斂以賈怨，謂之能可乎？曰能治兵，恩信以撫士可也，殘民以逞，謂之能可乎？曰能治刑，哀矜以折獄可也，舞文爲姦，謂之能可乎？所謂刀筆之小才，奔走之俗吏，皆以能而使之，則小人之姦黠者，始得以自容，此治功之所以不立也。臣僚論宣王中興在於任賢使能，而謂使能不可以不辨。壽皇嘉納之，真聖明之見哉！

用材在辨邪正

癸未，新差權發遣衢州劉夙奏對，論朝廷不當顓以才取人。上曰：「才有君子之才，有小人之才。小人而有才，虎而翼者也。人主之要，在於辨邪正。」

臣留正等曰：君子、小人才德之辨，先儒論之詳矣。蓋古之所謂才者兼德行而言，如元、凱之賢，謂之才子是也。後世之所謂才，則辨給以禦人，詭詐以集事，行險僥倖，斯謂之才。然則以德而論才，才固未始或殊，捨德以論才，而君子、小人所由判也。壽皇因廷臣論朝廷不當顓以才取人，謂人主之要，在於辨邪正。大哉言乎！可謂得察才之道矣。

讀尚書知畏天

冬十月辛卯，前四川制置使汪應辰面對，讀劄子至「畏天愛民」，上曰：「人心易怠，鮮克有終，當以爲戒。」上又曰：「朕日讀尚書，於畏天之心尤切。」應辰奏：「堯、舜、禹、湯、文、武皆聖人，然一部尚書中，君臣更相警戒，言語雖多，要皆不出此道。聖訓及此，實天下之福。」

臣留正等曰：畏天愛民，君子之常道也。知畏天則知愛民矣，上下之勢，雖若相遠，精祲之交，其應甚速，苟念慮之微，一毫未至，則必有感召而不可誣者，而況見於行與事哉？故曰天人相與之際，甚可畏也。壽皇覽廷臣之奏，有曰：「朕日讀尚書，於畏天之心尤切。」且以「人心易怠，鮮克有終」爲戒。此足以見聖心無一日而不知畏天，亦無一日而不知愛民也。他日，又取尚書所載天事，編爲兩圖，名曰敬天。朝夕觀覽，以自儆省，所以祈天永命，無疆惟休者，端在是歟！

是月，蔣芾起復左僕射，陳俊卿右僕射。芾辭，乞終喪。詔從之。

陳俊卿右相

先是，殿前指揮使王琪被旨按視兩淮城壁還，薦和州教授某人，上命召之。俊卿與同列請其所自，上曰：「王琪稱其有才。」俊卿曰：「琪薦兵將官乃其職，教官有才，何預琪事？」上曰：「卿等可召問之。」俊卿召琪責之，琪皇恐不知所對。會揚州奏昨琪傳旨增築州城，今已訖事。俊卿請於上，則初未嘗有是命也。俊卿曰：「若爾，即琪爲詐傳聖旨，此非小利害也。容臣等

俊卿攻王琪

熟議以聞。」退至殿廬，遣吏召琪詰之，琪叩頭汗下。俊卿亟草奏，言曰：「王琪妄傳聖訓，移檄邊臣，增修城壁，此事係國家大利害〔九〕，朝廷大紀綱，而陛下之大號令也。人主所恃者，紀綱、號令、賞罰耳。今琪所犯如此，此而不誅，則亦何所不爲也哉？謹按律文：詐爲制書者，絞。惟陛下奮發英斷，早賜處分。」於是有旨，削琪官而罷之。先是，禁中密旨直下諸軍者，朝廷多不與聞。有某官張方者，以某事發覺，俊卿方與同列奏請：「自今百司承受御筆處分事宜，並須申朝廷奏審，方得施行。」未報。至是，因琪事復以爲言，上乃悦而從之。事下兩日，則又有旨，收還前命。俊卿語同列曰：「反汗如此，必闗牒至内諸司，有不樂者相與爲之耳。」即具奏曰：「三省、察院，所以行陛下詔命也。百司庶府，所以行朝廷號令也。詔命一出於陛下，號令必由於朝廷，所以謹出納而杜奸欺也。祖宗成憲，著在令甲，比年以來〔一〇〕，漸至隳紊。臣等昨以張方之事，輒有奏聞，及此踰月，又因王琪奸妄之故，陛下赫然震怒，然後降出，聖慮亦已審矣，聖斷亦已明矣。中外傳聞，莫不嘆服〔一一〕。而昨日陛下諭臣等曰：『禁中欲取一飲一食，必待申審，豈不留滯？』而復又有此指揮〔一二〕。夫臣等所慮者，命令之大，如令三衙發兵，則密

陳俊卿奏審御筆

院不可不知；令户部取財，則三省不可不知耳〔三〕，豈爲此宫禁細微之事哉？況朝廷乃陛下之朝廷，臣等偶得備數其間，出内陛下之命令耳。凡事奏審，乃欲取決於陛下，臣等非敢欲專之也。況此特申嚴舊制，亦非創立新條，而已行復收，中外惶惑，且將因循觀望，并舊法而廢之，爲後日無窮之害，則臣等之罪大矣。或恐小人因此疑似，陰以微言上激雷霆之怒。更望聖明深賜體察。」翌日，面奏，上色甚温，顧謂俊卿曰：「朕豈以小人之言而疑卿等耶？」

俊卿申理劉珙

先是，劉珙進對語切，遂忤上意。既退，御筆除珙端明殿學士、在外宫觀。俊卿即藏去，密具奏言：「前日奏劄，臣實草定，珙與王炎略更一兩字，即以投進。以爲有罪，則臣當先罷。若幸寬之，則珙之除命，臣未敢奉詔也。」明日復前申請，且曰：「陛下即位以來，容納諫諍，體貌大臣，皆盛德事。今珙乃以小事忤旨，而獲罪如此，臣恐自此大臣皆以阿諛順旨，爲持禄固位之計，非國之福也。」上色悔。久之，又奏言：「珙正直有才略，肯任怨，臣所不及。願且留之。」上曰：「業已行之，不欲改也。」俊卿曰：「珙無罪而去，當與大藩。以全進退之禮。」上然之，乃以珙爲江西帥。俊卿退，又自劾草奏抵突、被命稽留之罪，上手劄留之。俊卿請益堅，上不許，且曰：「卿雖百請，朕必不從。」上於是有意相俊卿矣，不數日而有是命。

幸茅灘大閱

大閱于茅灘，上親御甲冑，指授方略，命三司合教，爲三陣。戈甲耀日，旌旗蔽天，六師歡呼，犒賞有加焉。

十二月戊子朔。

召魏掞之

是月，召魏掞之。以諸司薦其行高識遠，學術該通，孝于親，友于弟，召赴行在。至是入對。上曰：「治道以何者爲要？」掞之奏：「治道以分臣下邪正爲要。」詔掞之議論可采，賜同進士出身，除太學録。將釋奠孔子祠，職當分獻先賢之從祀者，掞之先事白宰相曰：「王安石父子以邪説惑主聽，溺人心，馴致禍亂，不應祀典。而河南程氏兄弟唱明絶學，以幸來今，其功爲大。

魏掞之乞爵程氏

請言于上，廢安石父子勿祀，而追爵程氏兄弟，使從食。」不聽。又言：「太學之教，宜以德行爲先，其次尤當使之通習世務，以備官使。今壹以空言浮説取人，非是。」其他政事有係安危治亂之機者，亦無不抗疏盡言以諫，至三四上，皆不見省，則移書杜門，以書質責宰相，語尤切。掞之前已數數求去，遂以迎親予告歸〔一四〕。行數日，罷爲台州州學教授。掞之自少有志於當世，晚而遇主，謂可以行其學，然其仕不能半歲而不合以歸，尋以病卒，聞者惜之。

掞之已見紹興三十一年。

授林彖官

先是，福建諸司薦興化軍仙游林彖行義，召不至。諸司又薦彖行義，授迪功郎、添差本軍教授。

江鄂荆三處軍費

是歲，蠲廣德軍月樁錢。湖廣總司申江、鄂、荆襄三處軍馬，歲約用九百八萬四千餘貫。

允文招西川義士

四川宣撫使虞允文奏：「興、洋之間，紹興初義士係籍者以七萬計，今所籍興元、洋州、大安軍共二萬三千人有奇，其金、房等州雖未申到，約亦可得三萬人，則西師之勢壯矣。歲可免六七百萬之費，而獲四五萬人之用，其爲利便甚明。」

俊卿諫鍛銀鑛

有以四明銀礦獻者，上命守臣詢究，且將召冶工即禁中鍛之。陳俊卿奏曰：「陛下留神庶務，克勤小物，然不務帝王之大，而屑屑乎有司之細，臣恐有識之士有以窺陛下也。況彼懼其言之不副，則其鑿山愈深，役民愈衆，而百姓將有受其害者。夫天地之產，其出無窮，若愛惜撙節，常如今日，則數年之後，自當沛然。但願民安歲稔，國家所少者，豈財之謂哉？請直以其事付之明州，使收其贏餘，以佐國用，則亦不至於甚擾民矣。」此事當是俊卿爲參政時，然不得其月日，姑附此年之末。

乾道五年春正月戊午朔。

是月，徐子實新知無爲軍，陳獻屯田利害。上以其可采，遂除大理正，充措置兩淮屯田官。措置兩淮屯田

二月辛亥，中書舍人汪涓奏：「按中書舍人於制敕有誤，許其論奏，而給事中又所以駁正中書違失，各盡所見，同歸於是。近年已來，間有駁正，或中書舍人、給事中列銜同奏，則是中書、門下混而爲一，非神宗官制所以明職分、正紀綱、防闕失之意。」正給舍之職

壬子，又言：「詔令之出，始於中書，又經門下審覆，然後付外，謂之成命。近年以來，往往書讀未定，即已行下所屬，或傳報於外。」詔：「制敕未經兩省書讀，勿行。」

臣留正等曰：唐制，凡軍國大事，中書舍人各執所見，雜書其名，謂之五花判事。中書侍郎、中書令省審之，給事中、黄門侍郎駁正之。故太宗謂王珪曰：「國家本置中書、門下，以相檢察，必設官本意也。」本朝

建置三省，實踵唐舊，今既不各置長官，則中書詔敕不便，惟舍人得專論奏，而經由門下駁正違失，固給事中責也。兩省設屬，各有攸司，彼其緘默順從者，固無足責，而列名同奏，踰越職守，亦豈設官之本意哉？此壽皇聖帝所以亟可汪涓之奏，蓋有意於正名實，存紀綱矣。

是月，雨雹。

罷制國用司

罷制國用司，以其事併歸三省户房。

上不任私意

三月戊午，明州州學教授鄭耕道進對，奏：「太祖皇帝嘗問趙普曰：『天下何物最大？』對曰：『道理最大。』太祖皇帝屢稱善。夫知道理爲大，則必不以私意而失公中。」上曰：「固不當任私意。」

臣留正等曰：天下惟道理最大，故有以萬乘之尊而屈於匹夫之一言，以四海之富而不得以私於其親與故者。若不顧道理，則曰：「予無樂乎爲君，惟予言而莫予違也，私意又安得不肆？」壽皇聖帝因臣下論道理最大，乃以一言蔽之曰：「固不當任私意。」嗚呼！盡之矣。

戒諭王公述

壬午，淮西副總管王公述進對，上曰：「到任應有事，與郭振同共深熟議論。淮甸義兵可依時教閲，不可久勞，有妨種耕。如城修了當，可因往逐州軍按閲廂、禁軍。或見淮甸有大利便，可具奏來。」

薦舉武舉及第人

癸未，臣僚言：「國家置武學養士，皆月書季考，以作成之。而武臣登第，止許參選入監當錢穀之任，銓部積壓猥多，差遣艱得。後雖許通注沿邊親民巡尉，往往皆遠惡去處，多不願受，是致武臣及第之後，所用非所養，甚非朝廷教育作成之意。欲望睿旨，將前後武舉及第之人，其間有兵機練達、武藝絶倫，可爲將佐者，許侍從薦舉，乞賜召對，量才擢用。或令注授屯駐諸軍機幕、幹辦，參贊軍謀，庶幾有以激勸。」詔令監司、帥臣、管軍、侍從已上薦舉。

擢鄭僑等

是月，親試舉人，賜鄭僑以下及第、出身有差。

命王炎宣撫四川

命參政王炎宣撫四川，仍舊參知政事。

幾察淮海盜賊

夏四月辛卯，左祐劄子：「契勘楚州係極邊重地，路當衝要。本州之東地名鼂魚溝、北沙一帶，抵接淮海，與山東沿海相對。乞將本州兵馬鈐轄羊滋移往前去，置廨舍，警察奸盜，緣元管海船二百餘隻，搬運海州軍糧，間探之類，甚爲濟用。其一帶正瀕淮海，與射陽湖通濟，地分闊遠，誠恐本官出巡，臨時闕官拘轄。今欲創置使臣二員，專充管轄海船、譏察淮海盜賊，聽羊滋使唤。」從之。

賑恤流移

是月，詔去歲災傷州郡流移人，令常平司所在收恤賑給。

論抑差耆長弊

五月癸亥，刑侍汪大猷言：「國家立保正之法，緣法中許願兼耆長者聽，故數十年來，承役之初，縣道必抑使兼充。蓋保正一鄉之豪，官吏百須，可以仰給，故樂於並緣以爲己利，凡有差募，互相論糾〔二五〕。乞令諸路常平司相度，或别有所見可行者，限一月條具來上，俟到，令本部參以見行條法，立爲定制。」從之。

置言事簿

詔後省官置言事簿〔二六〕，看詳臣僚士庶言事，詳擇其可行者條上。

詔議獄以法

是月，詔有司議獄以法，不得作情重奏裁。

俊卿諫騎射

六月戊戌，上御便殿。初，上御弧矢，有弦激之虞，以致目眚，至是康復。陳俊卿密疏曰：「陛下經月不御外朝，口語籍籍，由臣輔相無狀，不能先事開陳，以致驚動聖躬，虧損盛德，非細事也。臣聞自昔人主處富貴崇高之極，志得意滿，道不足以制欲，則遊畋、聲色、車服、宫室不能無所偏溺，而不得爲全德之君。陛下憂勤恭儉，清淨寡欲，凡前世英主所不得免者，一切屏絶，顧於騎射之末，猶有未能忘者。臣知陛下非有所樂乎此，蓋神武之略，志圖恢復。故俯而從事於此，以閲武備，激士氣耳。陛下誠能任智謀之士以爲腹心，仗武猛之才以爲爪牙，明賞罰以鼓士氣，恢信義以懷歸附。則英聲義烈，不出樽俎之間，而敵人固已逡巡震疊於千萬里之遠，尚何待區區馳射於百步之間哉？」又曰：「古之命大臣，使之朝夕納誨以輔德，繩愆糾繆以格非，欲其有以正君之過於未形。唐太宗臂鷹將獵，見魏證而遽止；憲宗蓬萊之游，憚李絳而不行。臣人微望輕，無二子骨鯁强諫之節，致陛下過舉，彰聞於外。今誅將及身，而後乃言，亦何補於既往之咎哉？」又曰：「弓矢之技，人所常習而易精，然猶不免今日之患，況毬鞠之戲，本無益于用武，而激射之虞、銜蹷之變，又有甚於弓矢者。間者陛下頗亦好之，臣屢獻言，未蒙省録。今兹之失，蓋天之仁愛陛下，示以警懼，使因其小而戒其大也。陛下試以弦斷之變思之，則向之盛氣馳騁於奔踶擊逐之間，無所蹉跌，蓋亦幸矣，豈不爲之寒心哉？太祖皇帝嘗以墜馬之故而罷獵，又以乘醉之誤而戒飲，遷善改過，不俟旋踵，此子孫帝王萬世之大訓也。臣願陛下克己厲行，一以太祖爲法，則盛德光輝將日新於天下，而前日之過，何傷日月之光哉？」

單時諫擊毬飲酒

右諫議大夫單時亦上疏諫，上面諭曰：「卿言可謂愛朕。」前此，時爲侍御史，嘗上封事言飲酒、擊毬二事，上大喜之，詔輔臣曰：「擊毬，朕放下多時；飲酒，朕自嘗戒。」

賜孔燦官

賜孔璨官。宣聖四十九世孫也。

置言邊事簿

秋七月丙寅，宰執言：「近日上書論邊事者，悉送兩編修官，擇其可行者與可去者或可留存者，各以其類相從，置簿抄上，以備他日采擇之用。」

日食

八月甲申朔，日有食之。

職事官不待闕

乙未，中書門下省奏白劄子：「寺監丞簿、學官、大理司直、密院編修之類，謂之職事官，朝廷所以儲用人才。比年以來，往往差下待闕數政，除授猥濫。賢否混淆，何以清流品？何以厚風俗？欲望特降指揮。今後職事官須見闕，方得除人，其已差人却恐待次之久，無闕可授。乞朝廷稍復諸州添差釐務通判、簽判、教授屬官等闕以處之，他時職事官有闕，却從朝廷於曾差下人内選擇召用，庶幾内外之職稍均，朝廷紀綱稍正。」詔：「已差下人，如應赴，在半年内，許令赴上；在半年外人，各以資序高下除授一次。其所復添差等闕，今後更不作闕。三省常切遵守。」

臣留正等曰：職事官，朝廷所以選而用之者也。今乃一官豫除，數人以待闕，所選非所用，所用非所選，不謂之猥濫混淆可乎？壽皇聖帝因時通變，各以資序高下添差外任，一舉前弊而頓空之，上不失朝廷之正誼，下不拂士夫之私情，如決積水於不流之淵，徐而導之，水既疏通，而亦無奔潰之患，兹其所以爲善救弊也。故特著之，爲萬世法。

俊卿虞允文並相

是月，以陳俊卿、虞允文爲左、右僕射。

約束監司巡按

九月丁巳，中書、門下省勘會：「諸路監司近來多不巡按，官吏貪惰，無所畏憚。間有出巡去處，又多容縱隨行公吏等乞覓騷擾，理宜約束。」詔：「諸路監司，今後分上、下半年，依條巡按，詢訪民間疾苦，糾察貪惰不職官吏，仍具詣實以聞。如敢依前容縱公吏等乞覓騷擾，當議重寘典憲。」

己未，新江東運副程大昌朝辭。上宣諭曰：「近來監司多不巡歷。卿爲朕偏行諸州，察守令臧否、民情冤抑，悉以聞奏。」

林機論横斂獻羨餘

丙寅，起居郎林機論：「諸郡守臣欲郡計辦集，而不恤縣道之匱乏，致使横斂及民。」上曰：「甚不體朕寬恤之意。且如税賦太重，朕欲除減，但有所未及，當次第爲之。」機又奏曰：「諸處有羨餘之獻，皆移東易西〔一七〕，以求恩倖。」上曰：「今之財賦豈得有餘？今後若有獻，朕當却之。」

修軍政十一事

壬申，詔：「三衙諸軍，應有違軍律弊事，統兵官特與放罪。差主帥措置，日下盡行除革。其軍校有因教閱損壞軍器，官爲給錢修補。軍身火飯〔一八〕，務令飽足，不得多斂錢米，却行減尅，借差軍兵戰馬，多破白直，諸處窠役回易私占官兵，悉行拘收，入隊教閱，務要軍政整肅。諸處送到官員月給，并應副索客及諸般名色，掊斂、減尅、陪填、贏落，以爲私用等錢物，並計贓論罪。私借人馬，亦計庸科斷。其違戾統制、統領、將佐，從主帥按劾以聞，當議重寘典憲。主帥失于糾舉，亦重作行遣。」先是，樞密院奏：「國家撫養戰士，全藉主兵官督責教閱〔一九〕，以備緩急使喚。近來三衙諸軍統兵官，循習私意，恣爲不公，顯是有害軍政。」遂條具十一事，乞行懲革，故有是詔。

復令避本貫

是月，復監司避本貫法。

詔監司郡守臧否

是秋，令監司、帥臣臧否守令。

林栗等言祀禮

太常少卿林栗等言：「竊惟祀帝于郊，在國之南，就陽位也。國家舉行典禮，歲中祀上帝者四，春祈夏雩，秋享冬報。其二在南郊圓壇，其二在城西惠照院望祭齋宫〔二〇〕。蓋緣在京日孟夏大雩，别建雩壇於郊丘之左，季秋大享，有司攝事，就南郊齋宮端誠殿。今城西望祭齋宮，於就陽之義無所依據。欲望詳酌，除三歲親祠，自有典故外，其有司攝事，歲中四祭並即圓壇，以遵舊制。」從之。

續禮部侍郎鄭聞等言〔二一〕：「國初沿襲唐制，一歲四祭昊天上帝於郊丘，謂祈穀、大雩、享明堂、祀圓丘也。唯是明堂當從屋祭。元祐六年，從太常博士趙叡之請，有司攝事，乃就齋宮行禮。至元符元年，又寓於齋宮端誠殿。竊見今郊丘之隅有淨明寺，欲乞遇明堂親饗，則遵依高宗皇帝紹興三十一年已行典禮，如常歲有司攝事，則當依元祐臣僚所陳，權寓淨明寺行禮，庶合明堂之義。」從之。

申禁受納加耗

冬十月庚子，臣僚言：「陛下臨御之初，約束州縣受納苗米，多收加耗，法禁嚴甚。而近年以來，所收增多。逮朝廷抛降和糴〔二二〕，却以出剩之數，虛作糴到所得價錢，盡資妄用。乞申戒州縣，杜絕弊倖，庶寬民力。」從之。

賑温台州水災

是月，賑温、台州水災〔二三〕。守臣不以聞，各降官落職，放罷，監司各降一官。

論才德之辨

十一月甲寅，守起居郎兼權中書舍人林機論：「司馬光有言：『君子以德勝才，小人以才勝德。』才德之辨，願陛下察之。」上曰：「朕於此未嘗不加察，但恐有所未盡。漢高祖名知人，謂陳平智有餘，難獨任；周勃重厚，可屬大事，蓋得此道。」

製用人論

丁巳，御書御製用人論，賜宰臣陳俊卿等。

申嚴記注舊文

己未，林機奏：「本朝慶曆三年，歐陽脩建言，臣僚奏事退，令少留殿門，候修注官出，面録聖語。至七年，王贄始請只令備録關報，遂爲定制。是以仁宗皇帝之朝，道德教化之源，禮義刑政之具，載在國史，最爲詳悉，由史官之職也。近世以來，臣僚奏事，例以不得聖語爲報。伏覩在京通用令：『諸進對臣僚有親聞聖語應〔二四〕記注者，限一日親録，實封報門下中書後省。事干機密，難於録報者，只具因依申知。』又敕：『應記注事不報門下中書後省者，以違制論。』欲乞睿旨降付兩省，檢舉前件條令，庶幾得以特書大書，垂信萬世。」詔檢坐見行條法，申嚴行下。

命胡沂繳駁

辛未，給事中兼侍讀胡沂進對，論朝廷命令，當謹之於造命之初。上曰：「三代盛時如此。卿職當繳駁，事有當言，勿謂拂主上、拂宰相而不言。」

臣留正等曰：朝廷命令或出於人主之獨斷，或出於大臣之開陳，有司惟無駁正則已，苟有所駁正，上不拂主意，則下拂宰相矣，此舉職所以爲難，而其言獲從者尤爲不易也。壽皇聖帝訓敕攸司，明白如此，蓋惟恐其有所避而不敢言，而未嘗患其有所拂，而以爲難從也。嗚呼！聖哉。

不許守臣薦通判

是月，令守臣毋得薦舉通判，有履行著聞、職事修舉者，許監司列銜保奏。

嚴監司郡守選

嚴監司、郡守選，令侍從、臺諫、兩省官各舉京朝官以上三人，保任終身，限五日聞奏。見任郎官不在薦舉之數。

十二月甲辰，秘書監兼史院編修李燾言：「臣竊見太平興國三年，初修太祖實録，命李昉等同修，而沈倫監修，五年成書。及咸平元年，真宗謂倫所修，事多漏略，乃詔錢若水等重加刊修，吕端及李沆監修。二年書成，視前録爲稍詳，而真宗猶謂未備。大中祥符九年，復詔趙安仁等同修，王旦監修，明年書成。太宗實録初修於至道，再修於大中祥符九年；神宗實録三次重修，哲宗實録亦兩次重修。神宗、哲宗兩朝所以屢修，則與太祖、太宗異。蓋不獨於事實有所漏略而已，又輒以私意變亂是非，紹興初，不得不爲辨白

重修徽宗實録

也。誣謗雖則辨白，而漏略固在，然猶愈乎近所修徽宗實録。蓋徽宗實録疏舛特甚，史院已得旨修四朝正史，竊緣修正史當據實録，實録儻差誤不可據，則史官無以準憑下筆。乞用太祖、太宗故事，將徽宗實録重加刊修，更不別置司局，只委史院官取前所修實録，子細看詳，是則存之，非則去之，闕則補之，誤則改之。實録先具，正史便當趣成。」又言：「臣近進續資治通鑑長編，自建隆迄治平，自合依詔旨接續修進。乞許臣專意討論徽宗一朝事迹，纂述長編既具，即可助成正史。」

張栻入對

是月，張栻新除嚴州，入見。時宰相虞允文以恢復自任，且謂栻素論常與己合，數遣人致意，栻不答。見上，首言曰：「先王所以建功立事無不如志者，以其胸中之誠，足以感格天人之心也。

張栻論恢復事

陛下試深察之，日用之間，念慮云爲之際，亦有私意之發，以害吾胸中之誠者乎？有則克而去之，使吾中扃洞然，無所間雜，則見理必精，守義必固，天人之應，將不待求而得矣。且欲復中原之土，必先收中原百姓之心；欲得中原百姓之心，當先有以得吾境內百姓之心。求所以得吾境內百姓之心者無他，不盡其力，不傷其財而已。若中原之內，聞吾君愛惜百姓如此，又聞百姓安樂如此，則其歸孰禦？」上

張栻言誕謾之風
張栻乞聽言考實

曰：「誠當如此。況中原之人本吾赤子，必襁負其子而至矣。」栻又奏：「今日誕謾之風不可長。至如邊事，須委忠實不欺之臣，不然，或有誕謾，豈不誤陛下倚任？」上曰：「若誕謾，必至誤國事。」栻又奏：「先聽其言，却考其實，此所謂敷奏以言，明庶以功。」栻至郡，問民疾苦，首以丁鹽絹錢太重爲請。詔蠲其半。

降會子收兩淮銅錢

降會子二十萬貫，行兩淮漕司收换銅錢，兩淮州郡並以鐵錢及會子付使。

復置萬弩營

是冬，措置兩淮陳子實言：「準旨揮復置萬弩營，令乞以『神勁軍』爲名。合行事件，乞並隸屬官田所。兼乞下淮東漕司，就真州計置營寨。又遇招到萬弩手，以本軍忠勇使效爲名，支給例物，并免户下科敷、差役及三百畝税賦。」並從之。

增入名儒講義皇宋中興聖政卷之四十七

校勘記

〔一〕焦勞形于玉色　「玉」原作「王」，據宋刊本、宋史全文卷二五改。
〔二〕習爲胡裝　「胡」原作「北」，據宋刊本、宋史全文卷二五改。
〔三〕好爲胡樂　「胡」原作「武」，據宋刊本、宋史全文卷二五改。
〔四〕中原士民淪於左衽　「淪於左衽」原作「溺於習俗」，據宋刊本、宋史全文卷二五改。
〔五〕乃反墮于胡虜之習而不自知　「胡虜」原作「西北」，據宋刊本、宋史全文卷二五改。
〔六〕撥胡琴　「胡」原作「月」，據宋刊本、宋史全文卷二五改。
〔七〕於是上於俊卿之言　「於」，及宋史全文卷二五作「嘉」。
〔八〕而劉義叟獨謂崇天曆頒行踰三十年　「劉」原作「遂」，據宋刊本、宋史全文卷二五改。
〔九〕此事係國家大利害　「利」原作「科」，據宋史全文卷二五改。
〔一〇〕比年以來　「年」原作「但」，據宋史全文卷二五、中興兩朝編年綱目卷一五改。
〔一一〕莫不嘆服　「嘆」原脱，據宋史全文卷二五補。
〔一二〕而復又有此指揮　「復」原作「夏」，據宋史全文卷二五改。
〔一三〕則三省不可不知耳　「則」前有三個空格，宋刊本、中興兩朝編年綱目卷一五及宋史全文卷二五並無脱字，據删。

〔一四〕遂以迎親予告歸　「予」，中興兩朝編年綱目卷一五同，宋史全文卷二五作「于」。

〔一五〕互相論糾　「論」，宋史全文卷二五作「對」。

〔一六〕詔後省官置言事簿　「簿」原作「籍」，據文義及前文分類事目改。

〔一七〕皆移東易西　「東」原作「秉」，據宋刊本、宋史全文卷二五改。

〔一八〕軍身火飯　「軍」原作「單」，據宋史全文卷二五改。

〔一九〕全藉主兵官督責教閲　「全」原作「令」，據宋刊本、宋史全文卷二五改。

〔二〇〕其二在城西惠照院望祭齋宫　「惠」原作「東」，據宋史全文卷二五改。

〔二一〕續禮部侍郎鄭聞等言　「聞」原作「開」，據宋刊本、宋史全文卷二五改。

〔二二〕逮朝廷拋降和糴　「拋」原作「特」，據宋刊本、宋史全文卷二五改。

〔二三〕賑温台州水災　「台」原作「合」，據宋刊本、宋史全文卷三四及中興兩朝編年綱目卷一五改。

〔二四〕案從「二官十一月」至「有親聞聖語應」凡二百三十字，原脱，據宋史全文卷二五輯補。

增入名儒講義皇宋中興聖政卷之四十八

孝宗皇帝八

乾道六年春正月壬子朔。

是月，黄中入對。初，中兼給事中，内侍遷官不應法，諫官劉度坐論近習龍大淵忤旨補郡，已復罷之，中皆不書讀。安穆皇后家當賜田，而奪殿前軍所買田以自入，軍士以爲言，事下户部，尚書韓仲通不可，而侍郎錢端禮奏予之，中復封上。群小因是媒孽中，遂罷去。諫官尹穡詆中爲張浚黨。乾道改元，中年適七十，即告老。至是，上思中老儒，召赴闕，引對，中因復以前奏正心誠意、致知格物者爲上精言之。又言：「比年以來，言和者忘不共戴天之讎，固非久安之計；言戰者復爲無顧忌大言，又無必勝之策。必也暫與之和而亟爲之備，内修政理而外觀時變，則庶乎其可。」上皆聽納，除兵部尚書兼侍讀。中知無不言，其大者則迎請欽廟梓宫，罷天申錫宴也。中

召黄中

黄中知無不言

前在禮部，論止作樂事，中去踰年，卒用之。是年，又將錫宴，中奏申前説，且曰：「三綱五常，聖人所以維持天下之要道，不可一日無。欽宗梓宮遠在沙漠，臣子未嘗一言及之，獨不錫宴一事僅存，如魯告朔之餼羊爾。今又廢之，則三綱五常掃地而盡，陛下將何以責天下臣子之不盡忠孝於君親哉？」

黄中言十要道

中未滿歲，即乞告老，且陳十要道之説以獻。且曰：「用人而不自用者，治天下之要道也；以公議進退人才者，用人之要道也；察其正直納忠、阿諛順旨者，辨君子、小人之要道也；廣開言路者，防壅蔽之要道也；考核事實者，聽言之要道也；量入爲出者，理財之要道也；精選監司者，理郡邑之要道也；痛懲贓吏者，恤民之要道也；求文武之臣面陳方略者，選將帥之要道也；稽考兵籍者，省財之要道也。」

治不救火罪

甲子，詔：「真州六合縣遺火，延燒居民寨屋，統制官錢卓並不用心救撲，顯是弛慢不職。可降三官。」

丙子，建康都統制郭振言：「已降指揮，令振同淮西總領相度，揀選屯田堪披帶人充入隊帶甲，不堪披帶人且令依舊屯田，於所得子利内約度支給養贍。契勘屯田官兵共約三千餘人，其每年所收物斛，大段數少，若將不堪

罷和州屯田

披帶官兵止於所得子利内支給養贍，委是不給。乞將屯田諸莊内，除巢縣界柘臯莊各召歸正人耕作外，其和州界屯田並行廢罷，將見占官兵拘收歸軍。」詔其田令和州召人租田，如無人，即估價召人承買。

括免丁錢

是月，户部言：「自放行度牒，已賣一十二萬餘道。今考遞年所納免丁錢，止增三五萬貫，顯是州縣侵隱。望行下諸路提刑司檢察括責，盡數入經總制帳，每季起發。」從之。

二月壬午朔。

詔均役限田

是月，詔均役限田，略曰：「朕深惟治不加進，夙夜興懷，思有以正其本者。今欲均役法，嚴限田，抑游手，務農桑。凡是數者，卿等二三大臣深思熟計，爲朕任此而力行之。其交修一心，毋輕懷去留，以負委托。」

定三務場歲額

三月壬子朔，户部侍郎葉衡言：「三務場每歲所收入納茶鹽等錢，依指揮比較，如有增羨，方理賞。切慮將别色應數，欲乞立定歲額：行在八百萬貫，建康一千二百萬貫，鎮江四百萬貫。收趁及額，方得推賞。」

省諸司吏員

是月，省諸司吏員。

罷淮東總所

罷淮東總領所，併歸淮西，仍以「總領兩淮浙西江東財賦軍馬錢糧所」

爲名。

詔復都大發運使，以史正志爲户部侍郎、江浙京湖淮廣福建等路都大發運使，江州置司。尋降緡錢三百萬充糴本，户部一百四十萬，左藏南庫一百六十萬。尋命總領並兼發運使。

罷鑄錢司，以其事歸轉運司。

罷四川安撫制置司，併歸宣撫司。

夏四月乙未，校書郎劉焞奏：「蜀中毁錢以爲銅，而乃欲榷其銅以鑄錢。」上問：「蜀中有出銅處否？」焞對：「蜀中銅山，但有名耳。祖宗時嘗榷其銅，額不過三百六七十斤。」上曰：「原來所出止如此。」焞奏：「不但止如此，亦自元無之，沈該嘗作相，建議令榷銅山之銅。時王之望爲轉運使，風采震動一路，然竟不能榷，後但科敷民間，以應朝廷之令而已。」上曰：「如此豈可？」

臣留正等曰：聖王取民之制，因其所有而不强其所無。因其所有，則下有樂輸之心；不强其所無，則上無苛取之令。後世興利之臣，不知出此，以辦集爲功，以掊克爲能，往往課無責有，徒自戕其本根，此爲國

復都大發運使

罷鑄錢司歸運司

罷制置司歸宣撫

劉焞論蜀中榷銅

者之所深慮也。壽皇因議臣之言，知蜀非産銅之地，不强所無，以爲民病。聖訓昭灼，足以示來世矣。

論衛文公致富

劉焞又奏衛文公元年革車三十乘，季年乃三百乘事。上問：「衛文公能致富，莫只是節儉，所謂大布之衣、大帛之冠否？」焞奏：「作傳者但記其恭儉之事，至於文公操心，自别有道，所謂『秉心塞淵』是也。若如此沈審，即無輕發之事，自不枉過歲月，所以如期致富也。」上曰：「極是，極是。」

崇觀以後君子小人

焞又奏論：「崇、觀以後，政事多不要其終，曰引法，曰鈔法，曰方田水利，曰官田，曰水運，曰開邊。」上曰：「此皆崇、觀創爲之否？」焞奏：「崇、觀皆以紹述爲名，建立政事，人多乘時獻言，故多所更張。」上曰：「獻言者固是迎合，朝廷聽之，亦太不審。」焞奏治平以來君子、小人消長事。上曰：「朕每痛念，自治平以前都無事，皆自王安石唱之。其後章子厚、蔡卞繼之。至靖康間，大臣尤庸繆無狀，更不曾畫一策，以至敗亂。」焞奏：「大抵君子消之幾盡，小人既去，則不免用庸人。」上曰：「極是，朕每以此爲戒。」上又曰：「大抵小人之進，多因迎合。朕每誦兩句云：『不察察以爲明，不穆穆以爲恭。』小人察之，亦豈勝察？但令無可迎合足矣。」

陳俊卿乞籍民兵

令淮東萬弩手候秋成日，依淮西路一體教閱施行。時陳俊卿爲相，奏於揚州、和州各屯三萬人，預爲家計。仍籍民家三丁者取其一，以爲義兵，授之弓弩，教以戰陣，農隙之日，聚而教之。沿江諸郡亦用其法，要使大兵屯要害必争之地，待敵至而決戰，使民兵各守其城，相爲掎角，以壯聲勢。而又言於上曰：「國家養兵甚費，募兵甚難，惟有此策，可守邊面，可壯軍勢，而樂因循憚改作之人，皆以擾民爲詞。天下之事，欲成其大，安能無小擾？但守臣得人，公心體國，自不至大擾矣。」上意亦以爲然，詔即行之，然竟爲衆論所持，俊卿尋亦去位，不能及其成也。

郊祀抛降之擾

五月癸丑，臣僚奏：「每遇大禮，凡所須之物，動以千萬計，有司但依例抛降近處州郡收買，州郡則責辦於屬邑，屬邑則取足於平民，並不支還價值。又輦運所費不貲，交納之際，老姦宿贓邀阻乞取，人受其弊，無不怨嗟。

革郊祀抛降弊

臣謂三歲一舉希闊之典，豈不能捐十數萬緡錢，選清强官於近便去處，置場和買？或許客旅販賣，依時價交易，嚴立賞罰，絶去姦弊，變怨嗟爲謳歌。如此，則人心悦而天意得，和氣不召而自至矣。」詔從之。

臣留正等曰：天生民而作之君，所以爲民也。君代天而爲之子，所以承天也。人君誠能修其紀綱，布其恩惠，使閭里富庶，和氣充塞，則天心不期而自格矣。古之郊祀，器以陶匏，犧以繭栗，所以寓其誠而已。秦、漢以來，非不遵古制，而屬車一動，煩費滋多，有司奉行，肆爲科擾，吏緣爲姦，民受其害，此適以奸至和之氣，豈足以當天心乎？壽皇講郊禋之禮，而議者以有司循例，抛降爲言，詔條具而行之，所以祈景命而介多福也。

論節儉奢侈

辛酉，校書郎蕭國梁論：「漢武帝承富庶之後，而有虛耗之弊，蓋用之者多，不止爲征伐也。」上曰：「不獨漢武帝爲然，自古人君當艱難之運，未有不節儉；當承平之後，未有不奢侈。朕他無所爲，止得節儉。」又論鹽鐵、商車、緡錢等事，皆取民無藝。上曰：「正不必如此。」又論今日坑冶不必搜，茶鹽不必外爲之法。上曰：「祖宗茶法已盡，是誠不必更變。」

茶法不可變更

臣留正等曰：古之爲國家者，類皆成於節儉而敗於奢汰。故卑宫室，惡衣服，禹所以興；至桀則瑶臺瓊室而亡矣。不邇聲色，不殖貨利，湯所以興；至紂則以酒池肉林而亡矣。自三代以至漢、唐，靡不然者。

壽皇聞蕭國梁用財之説，反復論議，深懲漢武之失，至謂「他無所爲，止得節儉。」此與禹、湯之意若合符節，誠百王之軌範也。

上問廣南農事

甲子，前知廣州龔茂良進對。上曰：「廣南在祖宗朝，多以重臣分鎮。後來士大夫乃以入南爲憚。南方農事，近來如何？」茂良奏：「嶺外土曠人稀，亦多不耕之田。蓋緣頃歲湖寇侵擾廣東，人户流移。今漸次復舊。」因論：「奏聽納之道，當以功效成否責言者，若未見功效而遽賞之，恐好言利害之人紛然競進。」上曰：「敷納以言，明庶以功，車服以庸。豈可未見效便賞言者？」茂良奏：「其下文明言『帝不時敷，同日奏罔功』。蓋恐反此，復爲預防之説以告舜。」上曰：「正是如此。」

龔茂良言聽言責功

庚午，户部狀：「已降指揮，自行在至建康府，沿路征税頗繁，可省者省之。今措置臨安府自北郭税務至鎮江府沿路一帶税場内，地里接近、收税繁併去處，合行省罷，庶幾少寬商賈。」詔從之。

省罷繁并征税

臣留正等曰：古者關市譏而不征，是征商一法，古者所不忍爲也。今天下州縣，率道里數十而置一二征商之地，蔬果魚肉錙銖必計，歲所得以萬數，其利誠甚夥矣，不知仁人在上，父母斯民，將焉利此。此壽皇聖帝初欲盡蠲都城之税，而終以諸路征税頗繁，是亦省其可省者與！

論治天下以禮

癸酉，新知泉州胡銓進對，讀劄子至「臣嘗恭聞聖訓，有及於唯禮不可以已之説，如不欲平治天下則已，如欲平治天下，捨禮何以哉？」上曰：「朕記得曾與卿説禮之用甚大。」於是詔胡銓可與在京宫觀兼侍講。

留胡銓侍經筵

臣留正等曰：舜命九官，人皆知其爲咨四岳，而不知舜之咨四岳不過數語，而必以能典禮者首咨焉，亦惟禮之爲用，急於他務，不敢忽也。方乾道六禩，壽皇聖帝鋭情治功，一時操術，宜必有急先者。今銓進對，乃獨發明聖訓，有唯禮不可以已之之説。上心矍然，不忘諳記，收銓泉南之命，亟寘華光，俾從勸講，深欲銓益以禮義開導啓沃，此與舜用伯夷□□，伯夷以事舉，銓以言揚，意豈異哉！

詔戒士夫風俗

甲戌，詔曰：「朕嗣承大業，所賴薦紳大夫明憲度，總方略，率作興事，以規恢遠圖。屬者訓告在位，申飭檢柙，使各崇尚名節，恪守官常。而百執事之間翫歲愒日，苟且之俗猶在，誕謾之習尚滋。便文自營以爲智，模稜不決以爲能。以拱默爲忠純，以繆悠爲寬厚。隆虚名以相尚，務空談以相高。見趍事赴功之人，則舞筆奮辭以沮之；遇矯情沽譽之士，則合從締交以附之。甚者責之事則身媮，激之言則氣索，曾微特立獨行之操，安得伏節死義之風？豈廉恥道喪之日久，而浸漬所入者深歟？抑告戒懇惻，未能孚于衆也？繼自今其洒心易慮，激昂砥礪，毋蹈故常，朕則爾嘉，或不從朕言，罰及爾身，弗可悔。」

募耆户壯丁

乙亥，臣僚言：「保正之役爲良民之害，願行耆長之法，募民之有産者爲之，罷去保正之役。」臺諫、户部看詳，言：「檢會元豐八年十月指揮，耆、户長、壯丁之役皆募充，其保正、甲頭、承帖人並罷。欲下兩淮路，權依此給顧直，募耆、户、壯丁。」從之。

命臺諫舉職

戊寅，詔：「舊設兩省言路之臣，所以指陳政令得失，給、舍則正於未然之前，臺諫則救於已然之後[一]，故天下事無不理。今任是官者，往往以封駁章疏太頻，憚於論列，深未盡善。今後給、舍、臺諫，凡封駁章疏之外，雖是事之至微，亦毋致忽，少有未當，更可隨時詳具奏聞，務正天下之事。」

進呈會要玉牒

是月，進呈四朝會要、上皇玉牒。

俊卿罷相

俊卿不主請陵寢議

恢復當圖萬全

左僕射陳俊卿罷。虞允文之始相也，建議遣使金虜〔二〕，以陵寢爲請，俊卿面陳，以爲未可，復手疏言之，事得少緩。允文至是復申前議。一日，上以手劄諭俊卿曰：「朕痛念祖宗陵寢淪於腥膻者四十餘年〔三〕，今欲遣使往請，卿意以爲如何？」俊卿奏曰：「陛下痛念陵寢，思復故疆，臣雖疲駑，豈不知激昂憤切？仰贊聖謨，庶雪國恥。然性質頑滯，於國家大事每欲計其萬全，不敢輕爲嘗試之舉，是以前日留班面奏，欲俟一二年間，彼之疑心稍息，吾之事力稍充，乃可遣使。往返之間，又一二年，彼必怒而以兵臨我，然後徐起而應之，以逸待勞，此古人所謂應兵其勝，十可六七。兹又仰承聖問，臣之所見不過如此，不敢改詞，以迎合意指。不敢依違，以規免罪戾。不敢僥倖，以上誤國事，惟陛下察之。」繼即杜門上疏，以必去爲請。三上，乃許出知福州。陛辭，猶勸上遠佞親賢，修政事以攘夷狄〔四〕，泛使未可輕遣。允文遂遣使，竟不獲其要領。

初，吏部尚書汪應辰舉李垕應制科，旨召試。權中書舍人林機言：「垕詞業未經後省平奏，且獨試非故事。」俊卿奏：「元祐中，謝悰亦獨試。」機蓋爲人所使耳。」上詔俊卿詰之，乃機與諫官施元之密謀，以是沮應辰，而對上又不以實，二人因此遂罷。應辰竟以與右相論事不合求去。俊卿奏應辰剛毅正直，乞留之，因數薦應辰可爲執政。上初然之，而後竟出應辰守平江。自是，上意益向允文，而俊卿亦數求去矣。上意向允文

俊卿在相位，曾覿官滿當代，度其必將復入，預請以浙東總管處之。上曰：「覿意似不欲爲此官。」俊卿曰：「前此陛下出覿及大淵，中外無不歎仰盛德。今外間竊議，以謂覿必復來。願陛下捐私恩以伸公議。」上稱善久之。俊卿罷乃召曾覿

俊卿既去，覿亦召還，遂建節旄，歷使相，以躋保、傅，而士大夫莫有敢言者矣。曾覿建節使相保傅

閏五月壬午，詔廣東運判劉凱特降兩官，以凱嘗奏曾造之最，至是造犯贓，凱以失舉坐罪故也。造前知潮州，以贓敗，除名勒停，編管南雄州，仍籍没家財。又前知横州皇甫謹以侵盜官物入己，特貸命，刺配梧州。劉凱失舉降官　竄曾造配皇甫謹

甲申，刑部狀：「據建康府司法參軍趙善寅申，準敕節文，今後權將敕律内應以絹定罪之法，更遞增一貫，通四貫足斷罪外，有敕内以錢數定罪，擬欲一例遞增一貫。乞備申朝廷。」又刑部狀：「據太平州申，亦爲上件事，並送部看詳。本部乞將應紐絹定罪，更增一貫，通作四貫，其以錢定罪者，亦增以絹定贓數

合一體更與遞增一貫。」詔從之。

布衣上書訴冤獄

壬辰，鎮江府金壇縣布衣陳士英上書：「秀州有大辟公事，送鞫於常州，勘官郟次雲、行司張濤臨鞫結案，其人枉就死地。後致正殺人者出官首身，秀州取元行案，張濤本縣隱蔽。夫前冤枉之獄既如此，後容吏之罪又如此，有公道乎？體上意乎？刑獄之大者尚如此，矧其小者？灼見其弄法矣。」詔令吕正己體究，申尚書省。

臣留正等曰：至治之世，善旌、謗木參錯並建，而工瞽商旅皆得以隱情自達於君上，故朝家無粃政，天下無冤民，至今誦之。我壽皇聖帝之在御也，一法吏之賤，疑計錢定罪之或失，則敕有司定其條；一布衣之微，明鞫獄結案之或枉，則委使者究其實。有所不言，言無不入，官師相規，而士傳言，茲其類與！

清煩碎事務

癸巳，中書門下省檢正、左右司狀：「奉旨條具三省煩碎不急之務合歸有司者，申尚書省，今取到三省諸房所行事務，并六曹煩碎例申朝廷事件。」詔並行之。

臣留正等曰：壽皇聖帝之圖任宰相，可謂全其體矣。當是時，大而政事、文學、法理之咸□，小而技巧工匠器械之鮮及，視漢宣帝無愧也。用宣帝之相，惟丙魏號有聲，丙吉不問牛喘似矣，而魏相方以總衆職，用至言，鼓琴之賤工，所以任之者何如耶？雖然，天下之事，分積寸累，不見其煩，日因月循，不知可厭。方壽皇未有條具之旨，大軍牧馬所須草料，使人射弓所用例物，祭祀之羊豕，待班之木，文思車輅之闕專庫，軍器作坊之逸兵匠，諸如此類，殆以百數，宰相一一躬親之，其體安在？非壽皇赫赫芟除，中書之務混并甚矣。宣帝視此，不有愧乎？

革沿江重征弊

己亥，臣僚言：「方今重征之弊，莫甚於沿江，如蘄之江口、池之雁汊〔五〕，自昔號爲大小法場，言其征取酷如殺人。比年不止兩處，凡泝流而上，至於荆、峽，虚舟往來，謂之力勝；舟中本無重貨，謂之虚喝；宜征百金，先抛千金之數，謂之花數，騷擾不一。欲乞行下沿江諸路監司，嚴行禁革，及刷沿江置場繁併處，取旨廢罷。」從之。

治不躬視水災罪

壬寅，詔：「江東諸郡多有被水去處，漕臣黄石不即躬親按視，止差縣官前去，顯是弛慢，可降兩官。」

臣留正等曰：國家奄有方夏，提封萬里，雖天相聖德，屢有豐年，然旱乾、水溢，偏方遠郡豈盡無之？縣慮蠲放之多而利源絶，賑救之急而官司煩，隱於州者多矣。州既赤立，惟縣依辦，縣不以告，州亦安知？幸賦斂之如初，憂備具之無出，隱於監司者又多矣。設若監司復不經意，嗷嗷赤子，顧將疇依？壽皇罰當其罪，天下快之。夫監司按視之不親，猶有明罰，使其隱水旱不言，又可免耶？

被水放身丁錢

癸卯，詔：「江東運司，將建康府、太平州被水分縣四等、五等人户，今年身丁錢並與放免一年，不得巧作名色，依舊科取。如有違戾，令監司按劾，許人户越訴。」

治内侍請求罪

丁未，詔入内内侍省東頭供奉官徐攷叔爲不合請求曲法，特降一官，送吏部與遠小監當。

行錢會中半法

是月，詔諸州入納、解發，並用錢會中半。

范成大祈請陵寢

范成大爲祈請使，爲陵寢、受書二事也。虜復書略云〔六〕：「和約再成，界山河而如舊；緘音遽至，指鞏、雒以爲言。援曩時無用之文，瀆今日既盟之好。既云廢祀，欲伸追遠之懷；止可奉遷，即俟刻期之報。至若未歸於旅柩，亦當並發於行塗。抑聞附請之詞，欲變受書之禮，出於率易，要以必從，於尊卑之分何如？顧信誓之誠安在？」自紹興和戎後〔七〕，定受書之禮。及乾道再和，循舊例，降榻受書畢，復御座，上頗悔之。先年因其報問使還，及其年遣李若川賀虜尊號，悉命口陳，祈削舊禮，不報。至是，虞允文議遣使。上問：「誰可使者？」允文薦李燾及成大。退以語燾，燾曰：「今往，虜必不從，不從則以死争之，是丞相殺燾也。」更召成大告之，成大即承命。

黃中預料虜情

兵部尚書黃中嘗從容奏曰：「陛下聖孝及此，天下幸甚。然今欽廟梓宫未返，朝廷置而不問，則有所未盡於人心，且雖夷狄之無君〔八〕，或以是而窺我矣。」上異其言。比成大致書，虜果以爲詞云。

竄陳良祐

詔：「遣使本爲祈請祖宗陵寢，而臣下妄興異論，可見不忠不孝。吏部尚書陳良祐可放罷，送筠州居住。」時議遣泛使往請陵寢，良祐上疏争之故也。

置舒州鐵錢監

置舒州鐵錢監，從發運使史正志之請也。每歲以五十萬貫爲額。

增入名儒講義皇宋中興聖政卷之四十八

校勘記

〔一〕臺諫則救於已然之後　「救」原作「敕」，據宋會要輯稿職官二、玉海卷一二一官制元豐六察改。

〔二〕建議遣使金虜　「虜」原作「國」，據宋刊本、宋史全文卷二五改。

〔三〕朕痛念祖宗陵寢淪於腥羶者四十餘年　「腥羶」原作「異域」，據宋刊本、宋史全文卷二五改。

〔四〕修政事以攘夷狄　「攘夷狄」原作「平西北」，據宋刊本、宋史全文卷二五改。

〔五〕池之雁汊　「汊」原脱，據宋會要輯稿食貨一七及行善堂稿卷一〇尚賢堂記補。

〔六〕虜復書略云　「虜」原作「敵」，據宋刊本、宋史全文卷二五改。下同。

〔七〕自紹興和戎後　「戎」原作「敵」，據宋刊本、宋史全文卷二五改。

〔八〕且雖夷狄之無君　「夷狄」原脱，據宋刊本、宋史全文卷二五補。

增入名儒講義皇宋中興聖政卷之四十九

孝宗皇帝九

郎官迭補監司

乾道六年六月辛亥，詔：「諸路監司責任非輕，近來多有闕官去處，可檢照累降卿、監、郎官更迭補外指揮施行。」

拋降郊祀詔

壬子，內拋降郊祀詔曰：「要當一純二精，務盡吉蠲之饗。蓋爲群黎百姓，匪專服御之華。」

放免借賑貸米

丙辰，權盱眙龔鋈奏：「本軍去秋旱，申告朝廷，於高郵軍撥米二千石賑貸。今二麥收成，見准總所牒催還，已一面告報人户，情願具到收成熟田，每畝送納課子小麥三升，補助支遣。」勘會龔鋈所陳，止緣總所拘催，先借撥過高郵軍樁管米二千石，致上件申請。特與除放。

臣留正等曰：荒政之修，至於免放租稅，賑貸穀粟，仁矣！然自唐以來，放免者或督之如故，賑貸者或責之必償，一時貧民莫被實惠。今壽皇寬江東之丁税，則州縣依舊科取之錢，重行禁戒。念盱眙之贍給，則總司拘還之米，特與除放。其仁如天，臣於壽皇見之。

癸亥，軍頭司引見臨安府疏決罪人。引見疏決罪人

臣留正等曰：恭聞真宗皇帝咸平之四年，嘗敕三司引逋負官之人于崇政殿，上親臨問，釋二千六百餘人，除二百六十餘萬緡。越明年，又閲逋負名籍，釋繫囚一千二百六十，蠲物八萬三千。信史書之，天下誦之，以謂堯、舜、三代之仁政不能加毫末於此。今壽皇聖帝哀矜庶獄，蒐講舊典，屢屢當暑，引見繫囚，手降赦書，悉從末減。仁哉！壽皇聖帝之心，真宗皇帝之心也。

丁卯，新除尚書吏部員外郎張栻進對。奏：「近日陛下治徐考叔請託之罪，併及徐伸罷之，英斷赫然。臣爲諸臣言，陛下懲奸不私於近，有君如此，何忍負之！」上曰：「朕意正欲群臣言事，如其不言，是負朕也。」又奏：「謀國當先立一定之規，周密備具，按而行之。若農服田力穡，以底于成。」上曰：「奕者舉棋不定，猶且不可，況謀國而無定規乎？」懲奸不私於近　張栻奏立規模

臣留正等曰：儒者論治，大率開導人主先定規摹，世或以爲常談，不知規摹一語，深切治道。孔子欲爲政於衛，則曰：「必正其名。」孟子欲當路於齊，則曰：「反手而正。」此固孔、孟規摹也。儒者宗主孔、孟，一旦抗身於天子左右，從容講摩，苟其當時規摹未定，悠悠玩歲，詎得已於言哉？張栻自遠外來，甫一進對，首及於先定規摹，而壽皇聖帝則曰：「奕者舉棋不定，猶且不可。」一言悟意，非理到者歟？

詔審復刑書

辛未，臣僚言：「竊見敕令所書成欲進，愚謂此書蓋君子所盡心者，金科玉條，不容有改。況其利害禍福，所係非輕。欲望朝廷曲加參訂，所貴永有成法，天下幸甚。」詔委兩省、侍從審覆訖，取旨進呈。

臣留正等曰：周公作立政，其及庶獄者凡四，而終必曰勿誤。至呂刑之作，歷陳五刑之用，而「審克」一語亦四及之。正惟刑之不可不加敬也。壽皇聖帝責兩省侍從詳覆刑書，其得成周敬刑之意與！

命相度廣西鹽事

甲戌，權發遣靜江府李浩朝辭進對，上諭鹽事曰：「相度以聞官吏貪虐、庸懦、不任職奏來。」

嚴整乃治軍之要

乙亥，趙廓權發遣江南東路兵馬鈐轄回，朝見進對，論治軍務要嚴整；又論州兵須以正兵夾習。上曰：「嚴整乃治軍之要，州兵當兼正兵同赴功。」廓奏：「臣所陳皆今日軍政之弊。」

臣留正等曰：郡國之置軍久矣，建一府必曰軍府，列一州必曰軍州，示不能去兵也。今府若州隸尺籍者不少，要皆緩急非所恃，正惟典司戎政之臣，訓齊閱習不知嚴整，姑求具文而塞責也。廓以治軍務在嚴整告壽皇聖帝，而天語俞之，廓其能嚴整者哉！

張栻諫請陵寢

時宰臣謂虜衰可圖〔一〕，建遣泛使往請陵寢，士大夫有指其非是者，輒斥去之。是月，吏部郎中兼權起居郎張栻奏疏曰：「臣竊謂陵寢隔絶，言之至痛。然今未能奉辭以討之，又不能正言以絶之，乃欲卑詞厚禮以求於彼，則於大義爲已乖。而度之事勢，我亦未有必勝之形，夫必勝之形，當在於蚤正素定之時，而不在於兩陣決戰之日。今日但當下哀痛之詔，明復讎之義，修德立政，用賢養民，選將帥，練甲兵，以內修外攘，進戰退守之事通而爲一，且必治其實而不爲虛文，則必勝之形隱然可見矣。」於是栻見上，上曰：「卿知虜中事乎？」對曰：「不知也。」上曰：「虜中饑饉連年，盜賊日起。」栻曰：「虜中之事臣雖不知，然境中之事則知之詳矣。」上曰：「何事？」栻曰：「比年諸道歲饑民貧，而國家兵弱財匱，小大之臣又皆誕謾，不足倚仗，正使彼實可圖，臣懼我之未足以圖彼也。」上爲之默然久之。栻因出所奏疏。

賜岳飛廟額

秋七月癸巳，詔鄂州建岳飛祠宇，以「忠烈廟」爲額，從州人之請也。

臣留正等曰：忠義者，人臣之所當然。然非遭逢明聖之君，則無以自顯於天下。忠臣義士有詘於一時，而伸於萬世，身雖殁而身益彰者，皆自夫明聖之君有以發揚之也。雖然忠義者士氣之所繫，士氣之消長，國之興衰從之。有天下者將以維持龜鼎，以傳于千萬世，不於此注意，可乎？壽皇旌岳飛之忠，即武昌所建之祠，而錫之忠烈之號，不但慰飛於九泉而已，使天下之事君者，皆翕然而知勸，士氣其有不振者乎？

崇尚簡易

甲午，臣僚奏：「切以省官不如省事，古之格言也。國家循襲近世文弊之極，上下苦之。宜及中外正無事時，蚤計所以更革，省去繁文，漸就簡質。

欲望陛下委自朝廷，博訪官司，凡有行遣迂回者，各令日下條具，畫爲更革。事既漸簡，日多閑暇，而以圖回萬務，有餘裕矣。」詔從之。

臣留正等曰：古今天下之治，尚虚名者，實效必廢；崇實效者，必無事乎虚名，其理然也。近世文移煩多，自常情觀之，若未足深病，而壽皇因議臣之請，俾之革去，蓋欲天下之事皆趍乎簡易，而不事乎煩苛也。其旨不亦遠乎？

乞通融南庫財用

丙午，權户侍王佐言：「今之户部，即祖宗時三司之職，國之會計出納，無所不統。比年朝廷創立南庫，本以豐儲蓄、備緩急，而不知者以爲割户部經常之費，爲别庫樁積之資，殊不知財之在南庫與户部則一也。今欲將户部所入，根考括責，造成簿籍，勾稽驅磨，俾無滲漏。月終以實收支之數申奏，歲終會計其盈虚。或經常用度之餘，有趲積剩數，除量留一月約支外，盡以歸之朝廷。或朝廷有非泛支用，亦合聽户部開具，申陳取撥。不惟事切一體，形跡不存，亦使有無相通，不誤緩急。」詔專委王佐趲造簿籍，令陸之望同措置。

糴常平備賑糴

八月己酉，新權發遣衢州胡堅常進對，奏廣糴常平。上曰：「若一州得二十萬石常平米，雖有水旱，不足憂矣。卿所奏甚好。」新福建轉運副使沈樞進對，奏州郡水旱去處，乞留轉運司和糴米接續常平賑糶。上曰：「即爲施行。」

臣留正等曰：祖宗設常平之法，最爲嚴密，雖奉敕支移，許以執奏。以史考之，每遇水旱，凡所謂荒政者，無一不舉。而其積蓄最多，其惠澤最廣者，常平也。今觀壽皇聖訓，屬意常平，以惠窮困者如此，豈非我朝之家法歟？

論東南兵可用
修建康戰船

戊午，新權知筠州葛祺進對，論恢復大計。上曰：「盛衰，理之必然。」又論東南之兵可用，上曰：「會稽八千人破秦，在用之如何耳。」又論建康戰船，乞修葺添造，月具數目申奏。上曰：「甚好，已令修葺。」

臣留正等曰：古人有言：天下雖平，忘戰必危。夫當無事之時，士大夫指兵爲不祥之器，不復見於議論間，其雍容氣象非不甚美，而卒然緩急，則無以禦之。故無事而忘戰者，君子之所甚畏也。乾道之間，天下亦可謂無事，而壽皇以自治爲上策，雖守臣進對之際，而天語諄諄，講求軍政，未嘗少釋，所謂有備無患者歟！

命勸誘廣南耕田

新權知饒州江璆進對。上曰：「卿向來所陳鹽利甚好。廣南田可耕否？何不勸誘？鄱陽近地大郡，卿宜加意治之如二廣。」上又曰：「鄱陽所出瘠薄，卿宜有以拊恤之。」

戒守臣擾百姓

丙寅，新知真州常禋進對，奏寬民力事。上曰：「不可擾及百姓，民兵切留意。」

乞留意監司郡守

臣僚言：「比年監司、郡守近朝廷者，固已極一時之選，而地遠者未能悉稱陛下揀求之意。今畿甸之民，州縣一不得其情，則之臺之省，以至撾鼓，必徹而後已。遠方之民，縣不見省則愬之州，州不見省則愬之監司，監司又不見省，則死且無告矣。欲望陛下益加宸慮，如除授遠地監司、郡守，比近地爲加審，委臺諫訪問糾劾，比近地爲加嚴。」詔從之。

乞留意遠地

臣留正等曰：聖人一視而同仁，篤近而舉遠，其於天下何嘗有所間哉？然而近者利病易見，遠者情僞難察，此論者所以尤汲汲於遠也。

觀乾道臣僚之奏而宸旨俞而行之，雖武王不泄邇，不忘遠之意，亦何以加此哉！

升南仲配享武成

癸酉，太學正薛元鼎進對，論周之名將南仲爲武成王同時之將，乞改配食武成王。上喜，以謂南仲之孫皇父猶爲宣王中興之將，便可施行。又奏：

命武臣陪位觀禮

「太學釋奠，輪差南班宗室陪位觀禮。今差武舉從祀已定，乞令三衙管軍及環衛官輪陪位觀禮。」上曰：「亦使之知。」

修寧國府圩田

知寧國府姜詵劄子：「今來合於十月内措置修圩，濟養圩户饑民。除已委官前去相視料度工役，續具申聞外，今採訪得今來所壞圩岸，比之紹興年内所費多所減省，兼有合行門決除廢去處，見行相度，亦當具申朝廷。」詔：「其餘州軍有圩岸損壞去處，令守臣依此措置修整，仍具工役去處，申尚書省。」

命遵守成法

甲戌，右朝請大夫吕游問進對，論祖宗成法。上曰：「言事者未必盡知利害，便欲更張。」

臣留正等曰：書曰：「監于先王成憲，其永無愆。」而孟子亦曰：「遵先王之法而過者，未之有也。」自古創業開基之主，其更歷多，其思慮遠，夫是以立經陳紀，皆足以貽子孫。及至中世以後，貪功生事之臣，輕紊舊章，遂至於潰亂而不可救，推原前代禍敗之興，鮮不由此。壽皇灼見古今治忽之本，故聖語有云：「言事者未必盡知利害，便欲更張。」大哉言乎！誠萬代之龜鑑也。

是月，復敕令所。

用人不責小過

九月壬寅，新權發遣衢州施元之進對，論用人責小過太詳。上曰：「今日之弊正在此。」

臣留正等曰：用人之道，取其長者，必護其短。其大節苟可稱，則其細故雖略焉可也。漢高宗不以小行而廢陳平，唐太宗不以怨仇而廢魏證，卒之謀謨諫諍，皆爲名臣，其理蓋昭昭也。觀守臣論用人責小過之失，而壽皇灼知爲今日之弊。聖謨洋洋，如天覆物，人才之在天下，孰非可用者乎？

更差役法

是月，詔役法爲下三等户之害，並以官民户通差。

將帥先民事

事，後統軍。」

池州都統吴總朝辭。上曰：「將帥難得人，故文臣中擇卿將帥，須先民

冬十月戊申，權發遣興元府王之奇奏：「伏睹歸正官承信郎劉湛、右迪

旌劉師顔父子

功郎劉師顔父子等，保護陵寢，忠義事節。湛子師苟、師顔與其親黨幾五十

人，深念祖宗德澤，不顧夷狄殘暴〔二〕，謂聖朝陵寢不可犯，謂腥膻醜類非我

君〔三〕，共甘一死，以支逆虜之盗伐〔四〕，連年繫獄，子死婦亡，衆人聞此，爲之

骨驚，而湛父子含笑受之，非天資忠義，何以至此？」詔承信郎劉湛特轉兩

官，劉師顔改右承務郎，陞擢差遣，秦世輔特轉一官，陞充正將。仍宣付

史館。

臣留正等曰：觀劉湛父子之事，未爲有卓然可紀之功，然其忠節有

不可掩者，聖恩褒擢如此，所謂賞一而勸百者乎！

士夫不當言風俗

癸丑，湖南轉運副使黄鈞進對，論士大夫風俗不振。上曰：「君相不當

言命，士大夫不當言風俗。士大夫，風俗之本也。」又論水旱，上曰：「當早爲

水旱當早備

之備。」

臣留正等曰：命在天，而造命者在君相；風俗在天下，而正風俗者在士大夫；水旱在天，而備水旱者在人。三者皆當自本源求之，本源既立，何事不濟。聖有謨訓，啓佑後人，雖堯、舜復生，不易斯言矣。

論駕馭將帥

丙辰，知信州林機進對，因論：「昔曹彬下江南，太祖皇帝靳一節度使不予。近世爲將者，未嘗有戡難破敵之功，爵賞過厚，至於極人臣之位。願陛下鑑是，爲駕馭之術，庶可責效於異日。」上曰：「此實人主礪世之術也。」

臣留正等曰：古之爲將帥者，平居與士卒同甘苦，而緩急之際，不顧其身以徇國家之急，然後功業可建。如使當閑暇無事之日，躭於富貴，豢於爵禄，志得意滿，一朝從事於金革，安能爲國家之用乎？議臣援曹彬故事以動宸極之聽，而壽皇以謂人主礪世之術。謨訓昭明，誠後世所當監也。

贈謚司馬朴

丁巳，權知襄陽府司馬倬奏：「父故試兵部侍郎朴乞賜謚，得旨特與贈謚。太常寺欲擬謚曰忠肅，危身奉上曰忠，執心決斷曰肅。」詔司馬朴賜謚忠潔。

臣留正等曰：伯夷非其君不事，孟子以爲清。司馬朴以名臣之裔，當患難之際，義不受汙以死，今以忠潔名之，華衮之褒，不爲虚美。百世之下，聞其風者當知興起也。

親閲法令

甲子，禮部尚書劉章進對，奏：「臣聞李德林在隋開皇初與修敕令，請于朝，謂欲有更張者，當以軍法從事。夫法之弊也，故修之，修之而未必皆當，與衆共議之可也。乃欲脇之以軍法，其亦不仁甚矣。仰惟陛下清明遠覽，命官取新舊法并前後敕旨，緝而修之，越歲書成，迺以奏御，而丙夜之觀，尤爲詳悉。其間有未便於人情、未安於聖心者，莫不朱黄識之，稍或可疑，必加改定，然後頒行。欲望播告中外，惟新書是遵。」上曰：「朕已看一遍，亦異乎隋高祖之事矣。」詔從之。

漕司政事之序

癸酉，新江西轉運判官芮輝進對。上曰：「卿當先正士大夫風俗，次則民間訟牒早與裁決，其次則漕運。卿所陳甚好，有合理會奏來。」

復置武提刑

是月，復武提刑。先是，陳俊卿在相位日，御劄依祖宗舊制，復置武臣提刑。俊卿言：「此職自景德以來，置復不常。今用文臣一員，亦無闕事。員外增置，徒爲〔五〕煩擾。」乃止。至是，卒置之。

造會計録，從都大發運使史正志之請也。

嚴銅錢過北禁

十一月丁丑朔，詔：「淮南轉運司令後使人往來應副舟船，並責令篙梢結罪，如敢般載錢寶一文以上過界，流配；一貫以上及憑恃貴勢抑勒裝載，並依軍法施行。若篙梢隱匿，與犯人一等斷罪，仍許人陳首，若錢數多，取旨陞擢；漕臣不行覺察，重行黜責。」

郊祀晴雨不常

壬午，郊。

乙酉，大禮慶成。臣僚劄子：「伏見郊祀，陰雨連日，自聖帝致齋，酌獻景靈宮，天宇澄霽，祥煙瑞霧，環繞殿楹。回鑾太廟，又雨；至夜漏四刻，陰雲頓開，星斗燦然，行朝饗之禮焉。明日駕如青城亦晴，道旁觀瞻甚盛，霏微凍雨還作。將祭之夜，駕幸大次更衣，數星燁然〔六〕，現於雲表。及登壇樂作，四郊雲陰尚盛，獨歲星中天，靈光下燭，終禮成不雨。行禮之次，差官巡仗，至城門，雨大霔，獨泰壇無有，此皆聖上寅畏，格于上天，天意昭答。乞宣付史館，以彰聖德。」詔宣付史館。

臣留正等曰：天人相應，捷如影響，故昔人謂人事盡處，便是天理。非於人事之外，別有天理也。壽皇以濬哲文明之德，寅畏天命，平時自修身、齊家、治國、平天下，無一不契於天心，是以蒼穹純祐，遇事而見，嗚呼，休哉！

張栻論君心

張栻劄子略曰：「陛下之心，即天心也。陛下之心欲定未定，故上天之應乍陰乍晴。天人一體，象類無間，深切著明，有如此者。臣願陛下毋以此爲祥瑞之事，而於此存敬戒之心。試思夫次日御樓肆赦之際，日光皎然，四無纖翳，天其或者何不早撤雲陰于行事之時，使聖懷坦然無復憂慮，而必示其疑，以爲悚動？然則丁寧愛陛下之意深矣。天意若曰：今日君子小人之消長、治亂之勢、華夷之形，皆有所未定，特在陛下之心何如耳。若陛下之心嚴恭兢畏，常如奉祠之際，則君子小人終可卞，治道終可成，夷狄終可滅。當如祀事，終得成禮。惟陛下常存是心，實天下幸甚。」〔七〕

擇將不拘等級

己丑，國子録姚崇之輪對，論：「大將而下有偏裨、準備將之屬，豈無人才可膺王帥之任？乞驟加拔擢，如古人拔卒爲將。」上曰：「苟得其人，不拘等級。」

乞侍從更宿禁中

郡守以治兵爲先

權通判建康府許克昌進對，乞命兩省侍從更宿禁中，賜以燕閑，從容以盡天下之事。上首肯，於是，詔許克昌與知州軍差遣。又乞命郡守以治兵爲殿最，武臣提刑按閱郡兵。上曰：「正是如此。」又論揀汰使臣及歸正人，州郡拊之不至。上曰：「卿如今典郡，正要如此。」又論禁流言，上曰：「流言爲害。」又論弭盜賊，上曰：「甚好。」〔八〕

則王誰與爲不善〔九〕，如使一齊不勝衆楚，則求其爲齊而不可得，理固然也。方壽皇在位之時，近臣宣召，進對從容，論議殆無虚日，而乾道之朝，許克昌奏對，所言雖不止一端，然首論兩省侍從當令更宿禁中，賜以燕閑，以盡天下之事，聖意俞而行之，信乎！治體之所當先也。

乞加太上尊號

庚寅，臣僚劄子：「伏睹已降指揮，加上光堯壽聖太上皇帝、壽聖太上皇后尊號。謹按：大唐詔令，凡上太上皇尊號，係人主率百官上表陳請，謂宜參用唐制，以稱主上事親盡敬之意。」詔從之。

臣留正等曰：臣觀唐世人主無正家之法，其於事親，蓋無足稱，特其典禮僅有存者耳。壽皇以舜承堯，而有司議禮近取唐制，乃從之。不獨聖孝益隆，亦見謙尊而光矣。

行僞會賞罰

十二月丙辰，監左藏西庫周權進對，奏增減僞會罪賞。上曰：「期於必行。」又奏行賞罰，上曰：「當先賞而後罰。」

臣留正等曰：人主之賞罰，猶天之陰陽也。陽居大夏，而以生育長養爲事；陰居大冬，而積於空虚不用之處。其先後重輕，固自有次第，人主當取法焉者也。三代聖王共守此道，其忠厚惻怛之意，孚于四海，是以民心固，而邦本彊。今觀壽皇先賞後罰之訓，與天同功，其神聖之格言歟！

恢復當圖萬全

戊午，太學録袁樞輪對，因論：「今日圖恢復，當審察至計，以圖萬全之舉。」上曰：「卿言極是，極是，當如此。」

臣留正等曰：國家自靖康之變，神州陸沉〔一〇〕，今六七十年矣。忠臣義士，痛心疾首，是宜朝夕兢業，内修政事，不忘復讎之舉也。然而貪功喜事之臣，固不可不察；而輕舉妄動，則安危係焉，尤不可不戒也。壽皇聞臣僚之奏，而玉音確以爲然，蓋平素思之詳而策之熟矣。

胡銓搜訪詩人

己未，工部侍郎胡銓奏：「於隆興之初，仰蒙聖訓，令臣搜訪詩人。臣已物色得數人。」上曰：「可具姓名來。」

臣留正等曰：詩在後世爲文章之一技，於治理未必有損益，然推其源流出於雅、頌，吟詠情性以風其上，固聖人所不廢也。壽皇因從臣之奏，而詩人名氏亦俾上聞，所謂占小善者必以録，名一藝者無不庸也。

縣令以辨錢爲急

庚申，禮部尚書劉章進對，奏：「當今縣邑之政出於苟且，爲令者惟知以官錢爲急。月解無欠，則守臣、監司必喜之，而民訟不理，皆置不問。」上曰：「豈可取其辨錢而不察其政？」

臣留正等曰：縣令之職，於民最近，故撫字者，其職之本也；催科者，其職之末也。近世以來，郡守急於財賦之辦集，而爲縣令者往往以聚斂爲能，以剋剥爲功，無復設官以字民之本意。故劉章以爲言，壽皇灼然知其不可。如使天下縣令皆能仰體聖意，斯民尚何憂哉？

竄史正志罷發運

癸酉，詔史正志職專發運，奏課誕謾，廣立虚名，徒擾州郡，責授楚州團練副使、永州安置。其發運司可立近限結局。

臣留正等曰：古之聖人雖以理財爲急，尤以聚財爲戒。無政事則財用不足，以理財爲急也，與其有聚斂之臣，寧有盗臣以聚財爲戒也。

二説相距，不啻天淵之遠，而於疑似之間，相去不能以寸，君子所甚畏也。壽皇初從議者之説，建立發運司，蓋欲其知取予斂散之方。而有司奉行，違失本指，是以發自英斷，亟從廢罷，聖矣哉！

復置淮東總領所。

大閲于白石。

增入名儒講義皇宋中興聖政卷之四十九

復淮東總所

大閲白石

校勘記

〔一〕時宰臣謂虜衰可圖 「虜」原作「敵」，據宋刊本、宋史全文卷二五改。

〔二〕不顧夷狄殘暴 「夷狄」原作「西北」，據宋刊本、宋史全文卷二五改。

〔三〕謂腥膻醜類非我君 「腥膻醜類」原作「絶域異類」，據宋刊本、宋史全文卷二五改。

〔四〕以支逆虜之盜伐 「逆虜」原作「敵人」，據宋刊本、宋史全文卷二五改。

〔五〕案從「未便於人情」至「增置徒爲」凡一百六十七字原脱，據宋史全文卷二五輯補。

〔六〕數星爗然 「爗」原作「燦」，據宋刊本、宋史全文卷二五及宋會要輯稿瑞異一改。

蓋避清康熙帝之諱而改。

〔七〕案從「定未定」至「實天下幸甚」凡二百字原脱，據宋史全文卷二五輯補。本段張栻劄子文字原作講義文字，據分類事目及宋史全文卷二五改作正文。

〔八〕案從「已丑國子録姚崇之輪對」至「上曰甚好」凡一百七十五字，原脱，據宋史全文卷二五輯補。

〔九〕則王誰與爲不善　「則」上當有脱文。

〔一〇〕神州陸沉　「陸沉」原作「失馭」，據宋刊本改。

增入名儒講義皇宋中興聖政卷之五十

孝宗皇帝十

加太上帝后尊號

乾道七年春正月丙子朔，加上太上皇帝尊號曰光堯壽聖憲天體道太上皇帝，太上皇后尊號曰壽聖明慈太上皇后。

用兵未及漢唐

癸未，上諭輔臣曰：「前日奉上册寶，太上聖意甚悦。翌日，過宮侍宴，邦家非常之慶，漢、唐所無也。」又曰：「本朝家法，遠過漢、唐，惟用兵一事未及。朕以虜讎未復〔一〕，日不皇暇，如宮中臺殿，皆太上時爲之，朕未嘗敢增益。

不增宮中臺殿

太上到宮徘徊周覽，爲之興歎，頗訝其不雅飾也。」上又指殿東樓曰：「去此橋無數步，遇花時亦不曾往，或令人拗數枝來觀耳。」輔臣奏：「陛下不以萬乘爲樂，而以中原爲憂，早朝晏罷，焦勞如此，誠古帝王所不及。」

臣留正等曰：自中原陷於腥羶〔二〕，遺黎故老不得見漢官威儀，忠臣義士扼腕切齒，爲日久矣。壽皇以孝事親，以儉率下，而聖衷惓惓，未嘗一日忘中原也。雖周宣王之修車馬，備器械，越王勾踐之生聚教訓，豈能及哉？人心所同，天理必復，特猶有所待耳。

上以書字爲娛

書秋山平遠詩

太上真草之妙

上曰：「朕無他嗜好，或得暇，惟書字爲娛爾。」虞允文等奏曰：「臣等見石塀上皆陛下草聖，筆力天縱，有飛動之狀。」上曰：「戲書不足觀，朕近寫得一軸。」因顧内侍取示允文等，迺郭熙秋山平遠詩。因以賜允文。又曰：「太上真、草皆極古今之妙，來日與卿等覓來。」允文等頓首謝。

臣留正等曰：游於藝者，雖聖人之事，而所謂藝者，不足以形容聖人之美也。壽皇以甚盛之德，同符堯、舜，非以書高天下，惟其不邇聲色，不殖貨利，一切屏去嗜好，而從容閑暇游神翰墨之間，以書字爲娛，此所以爲後世法歟！

編尚書爲敬天圖

製敬天圖

己亥，上曰：「元日上册寶，天色開霽，兩宮欣豫，人情和悦，薄晚方雨，天意昭昭如此。」上又曰：「無逸一篇，享國久長，皆本於寅畏。朕近日取尚書中所載天事，編爲兩圖，朝夕觀覽，以自儆省，名之曰敬天圖。」允文奏：「古人作無逸圖，猶誇大其事，陛下盡圖書中所載敬天事，又遠過之。惟聖人盡躬行之實，敬畏不已，必有明效大驗。」上曰：「卿言誠然。」

臣留正等曰：自古帝王之有天下，皆出於天命，非人力所能致焉。故堯、舜之揖遜，則曰：「薦於天。」湯、武之征伐，則曰：「順乎天。」人主誠能兢兢業業，以盡嚴恭寅畏之實，則社稷以之靈長，運祚以之昌熾，水旱不作，蕃害不生，天地之間，被潤澤而大豐美矣。壽皇以尚書所載，編爲敬天兩圖，朝夕觀覽以自儆省，深得周公無逸之義，較之唐元宗作爲無逸圖，過之遠矣。

旌賞趙渥招兵

是日，進呈泉州左翼軍統制趙渥招到軍兵一千人，並不支費官中例物〔三〕。上曰：「趙渥當與旌賞。」虞允文奏：「且與一遥郡？」上曰：「賞宜從重，設使職事有闕，罰亦不輕。可與遥郡團練使。」

重郎曹選

庚子，進呈郎曹多闕員。上曰：「昨召數人皆未到，可且令寺監丞兼權。數日前，有人説近來自郡守爲郎，間有不曾歷職事官者，却似太驟，此言甚有理。」虞允文奏：「近來館學、寺監拘礙資格，遷除不行，故有自縣便爲郡、自郡便爲郎者，是館學、寺監反不如州縣之捷也。」上又曰：「此又失之外重矣。」梁克家奏：「元立資格，所以重郎選。及無履歷者一旦得之，郎選却輕矣。」上曰：「然。今後除授，正不可令超躐。在外更有甚人才，卿等可選五六人召來。」

臣留正等曰：天下之勢猶持衡然，惟其適平而已。如使或左仰而右俯，或右仰而左揚，烏取其爲平哉？自隆興以來，郎選加重，外欲其嘗歷郡守，内欲其嘗歷職事官，多其踐履而限其超躐，蓋欲内外無重輕之弊也。聖有謨訓，當世守之。

不妄賜予

癸卯，進呈三衙舊司禁軍人數。上曰：「祖宗時，上四軍分止是支數百料錢。」梁克家奏：「秘閣中有太祖御劄，禁軍券錢至親筆裁減一二百者。」上曰：「雖一麻鞋之微，亦經區處。祖宗愛惜用度如此。」克家奏：「非泛賜予，尤不可輕。韓昭侯非靳一敝袴也，不以予無功之人。」上曰：「予及無功，則人不知勸。」克家奏：「豈惟無功者不勸，有功者且解體矣。」上曰：「然。」因顧虞允文曰：「昨遣内侍往江上，欲就令撫問，以卿言而止，正爲此也。」允文奏：「郭子儀所得上賜，甘蔗幾條、柑子幾顆。人主以此示恩意耳。今諸將受陛下厚恩，未有以報。」上曰：「郭子儀有大功於唐，今諸將孰有子儀功？賜予誠是不可輕也。」

臣留正等曰：賞賚者，人主所以昭示恩禮以風厲群臣者也。人之常情，人主以爲重，則天下亦重之；人主以爲輕，則天下亦輕之。是故爲人主者，將以賞賚加於人，必先自重之而不敢輕也。祖宗以禮法先天下，賞賚有節而人以爲恩，太平之治所由以致。今觀壽皇與大臣反覆論議，聖心灼然知用度之不可不惜，賜予之不可不節，誠得御臣之道矣。

復鑄錢司

是月，復置鑄錢司。

宣步司軍入内射

二月丙午朔，宣步軍司將弓箭手於初四日入内射鐵簾。弓箭手舊管合格一千七百四十九人，新招未合格四百四人。

命守臣勸農桑

戊申，新知泰州李東朝辭進對，上曰：「卿到任，須多買耕牛，勸課農桑。」

臣留正等曰：農桑，天下之大本也。一夫不耕，或受之飢；一婦不織，或受之寒。昔人垂訓，昭然明甚。漢之文、景，務在養民，當時詔旨之頒爲農桑而下者，不一而足，遂致海内盛富，興於禮義，其效驗蓋非淺淺者。近世爲吏者罕知此理，壽皇戒之，其將以警俗吏，使知朝廷養民之意歟〔四〕。

論熙豐變家法

丙辰，左司員外郎兼侍講張栻言：「本朝治體，以忠厚仁信爲本。」因及熙、豐、元符用事大臣。上曰：「祖宗法度乃是家法，熙、豐之後，不合改變耳。」

臣留正等曰：國家自熙、豐、元祐以來，君子、小人之黨互相排擊，甲是乙非，邪正卒於貿亂，其爲患烈矣。今觀張栻論本朝治體，而壽皇以改變家法爲非，詞簡旨明，萬世有不能易。使熙、豐、元祐用事大臣猶在，亦何所容其喙哉？

命近臣射飲

丁巳，上宣諭曰：「祖宗時，數召近臣爲賞花、釣魚宴，朕亦欲暇日命卿等射弓，飲一兩盃。」虞允文等奏：「陛下昭示恩意，得瞻近威顔，從容獻納，亦臣等幸也。」上曰：「君臣不相親則情不通。早朝奏事止頃刻間，豈暇詳論治道？故思與卿等從容耳。」

臣留正等曰：古者聖賢之君，必選天下之賢材，而置之左右，朝夕之間，相與親密，不徒以薰陶氣質，涵養德性，抑以講論治理，訪求民瘼也。朝謁之外，賢者不得親，則天下之情有所扞格而不通。而近〔下闕〕

論寬猛適中

庚申，上宣諭：「近世廢弛之弊，宜且糾之以猛。他日風俗變易，却用寬政。譬之立表，傾則扶之，過則正之，使之適中而後已。」虞允文奏：「古人得衆在寬，救寬以猛，天地之心，生生不窮，故陰極於剥則復。」上曰：「天地若無肅殺，何以能發生？」梁克家奏：「殺之乃所以生之，天地之心，歸於仁而已。」上曰：「然。」

壬戌，上曰：「晴色甚好。去秋水潦，朕甚以百姓之食爲憂，今却無流移之人。」虞允文奏：「監司、守臣類能究心荒政，故米不翔貴。」上曰：「亦大段支了官中米斛。」梁克家奏：「陛下自數年來，常平樁積，極留聖意。不然，今日豈有米斛可以那撥？」上曰：「如此理會，尚〔五〕且堇堇不足。」允文等因奏：「諸郡守臣若得人，遇歲水旱，寧至上勤聖慮？」上曰：「當擇其有顯效者旌之。更有修圩一事，卿等記之，他日當行賞也。」

水旱預先措置

己巳，上又曰：「今春雨暘甚調，二麥必好。」允文奏：「米價極平。」上曰：「此豈州縣勸糶之效歟？」克家奏：「水旱惟先事措置，則用力少而爲惠博。」上曰：「今歲却是措置得早，使朕赤子不至流離，卿等力也。」

臣留正等曰：壽皇以仁德覆天下，春涵海育，溥及無外，聖心焦勞，常在赤子，雨晴稍愆，則憂見於色；水旱之菑，則必先事而備，雖堯、湯之用心，未有以過之也。斯所以培植邦本，而祈天永命者歟！

立恭王爲皇太子

選太子僚屬

是月，立皇第三子恭王惇爲皇太子，大赦。尋以王十朋、陳良翰爲太子詹事，劉焞國子司業兼太子侍讀。先是，上謂輔臣曰：「古人以教子爲重，其事備見於文王世子。須當多置僚屬，博選忠良，使左右前後罔匪正人，不然，一薛居州，亦無益也。」又曰：「舊來官屬幾人？」虞允文等奏：「詹事二人，庶子、諭德兼講、讀者二人。」上曰：「宜增二員。誰可當此選者？」允文等奏：「恭邸講、讀官有李彥穎、劉焞二人。」上曰：「焞有學問，彥穎有操履，兩人皆好。卿等更選取數人。」及進呈，上覽之曰：「王十朋、陳良翰，此二人皆好。十朋舊爲小學教授，性極疏快，但臨事堅執耳。」允文奏：「賓僚無他事，惟以文學議論爲職，不嫌於堅執也。」上曰：「十朋、良翰誠是忠蹇，可並除詹事。」上又曰：「劉焞兼侍讀，李彦穎却兼侍講，何也？」允文等奏：「李彦穎既兼左諭德，以侍講無人，併令兼之。」上曰：「侍講，可别選人。」乃命焞爲司業兼侍讀。工部侍郎胡銓亦請飭太子賓僚，朝夕勸講。上曰：「三代長且久者，由輔導太子得人所致；末世國祚不永，皆由輔導不得其人。」銓自五年冬，因除知泉州，趣令入對，遂留侍經筵，尋有是除。或忌銓敢言，指細故，雜他朝士併言之，冀不得獨留。銓以年踰七十，力求致仕，除待制，與外祠。未數日，復留侍講筵。未幾，以舉官失當，貶秩二等。銓力求去，除直學士，奉祠。淳熙六年，致仕。明年，卒。

以皇子愷判寧國府，進封魏王。

皇子愷判寧國府

尚書左司郎中兼侍講張栻講詩葛覃，進説曰：「治生於敬畏，亂起於驕淫。使爲國者每念稼穡之勞，而其后妃不忘織紝之事，則心之不存者寡矣。周之先后勤儉如此，而其後世猶有休蠶織而爲厲階者。興亡之效，如此可見。」因推廣其事，上陳祖宗自家刑國之懿，下斥今日興利擾民之害。上歎

張栻講詩葛覃

曰：「此王安石所謂人言不足恤者，所以誤國。」

張栻諫張說除簽樞

時知閤門事張説除簽書樞密院事。栻夜草手疏，極言其不可。且詣宰相質責之，語甚切，宰相慚憤不堪，而上獨不以爲忤，親劄疏尾付宰相，使諭旨。栻復奏曰：「文武誠不可偏，然今欲右武，以均二柄，而所用乃得如此之人，非惟不足以服文吏之心，正恐反激武臣之怒。」上感悟，命得中寢。〔六〕然宰相實陰主説，明年，乃出栻知袁州，而申説前命，説後竟謫死云。

馮堪陳海道畫一

三月乙亥朔，上出馮堪海道畫一，以示宰臣虞允文，曰：「馮堪所陳，不可行者一，可行者二。其言淮中一帶置鋪舉烽火，此不須行。明州神前山差人船卓望，黄魚垛分官兵往來巡綽，此兩事，可令馮堪與趙伯圭同共措置。」

左藏急闕

辛巳，上曰：「户部所借南庫四百萬緡，屢以諭曾懷，不知有甚指準撥還？」虞允文奏：「不過指準折帛爾。」梁克家奏：「今左帑無兩月之儲，大段急闕，不可枝梧。」上曰：「户部有擘畫否？」允文奏：「有兩事衆論未以爲然，其一給典帖，其二賣鈔紙。」上曰：「此兩事既病民，且傷國體，俱不可行。更令別議以聞。」

丁酉，宣諭步軍司：未經内教弩手，於二十五日絶早赴水門祗候，宣押内教射鐵簾弩手一千六百七人。

内教鐵簾弩手

戊戌，虞允文奏：「胡銓蚤歲一節甚高，今縱有小小過失，不宜令遽去朝廷。」上曰：「朕昨覽臺章，躊躇兩日，意甚念之。但以四人同時論列，不欲令銓獨留。」梁克家奏：「銓流落海上二十餘年，人所甚難。」上曰：「銓固非他人比，宜且除在京宫觀，留侍經筵。」

胡銓留侍經筵

臣留正等曰：自昔賢人君子難進而易退，惟聖明之主則欲留以自近，而不忍輕使之去，所以崇節義，厲風俗也。壽皇惓惓於胡銓而留之經筵，蓋取其蚤歲一節，有大過人者，聖心好賢如此，多士安得不勸乎？

庚子，進呈胡沂具到彭德等盜馬因依。虞允文奏：「曾昭誘山寨人盜馬，已而殺其人，人情甚不安，至有逃入山中不敢出者。」上曰：「昭欲自掩其過，乃乖謬至此。須重作行遣，可追三官，放罷。」梁克家奏：「邀功生事邊臣，不可輕貸。且如知沅州孫叔傑以兵攻傜人，引惹王再彤等聚衆作過，驚擾邊民，幾成大患，前日得旨放罷，行遣太輕。」上曰：「可更降兩官。」

治邊臣生事罪

是月，復將作監。　復將作監

中嚴閉糴禁。

夏四月乙巳朔，詔春季拍試事藝最高强人，各特與補轉兩資。虞允文奏：「外尚有增加斗力四千餘人，須將本司兵官略與推恩。」上曰：「軍中既有激賞，人人肯學事藝，何患軍政不修？若更本官亦復推賞，尤見激厲。」　軍中拍試激賞

庚戌，宰執進呈訖，上因及近日移戍點軍。虞允文又奏：「或以爲擾。」上曰：「近有兩三人亦如此説。昨日講筵，又有及前日差除者。朕於聽言之際，是則從之，非則違之，初無容心其間。」梁克家奏：「天下事惟其是而已，是者，當於理之謂也。」上曰：「然。太祖問趙普云：『天下何者最大？』普曰：『惟道理最大。』朕嘗三復斯言，以爲祖宗時，每事必問道理，夫焉得不治？」　以是非爲從違

臣留正等曰：天何言哉？四時行焉，百物生焉。夫天之所以能成造化之功者，以其無容心也，是以生育肅殺，自然有至理寓乎其間。夫聖人之心，亦如是而已。舉天下之事是非利害雜然至乎其前，而吾一概以無心處之，方寸湛然，處處洞徹天下之事，焉往而不得其當哉？

臣知藝祖之心，壽皇之心，即天之心也。

殿司弓箭手入内射

己未，宣押殿前司選鋒、策鋒兩軍弓箭手各七百人入内射。

庚午，進呈有告統兵官掊克不法者。上令付大理寺治之。虞允文奏：「恩威相須乃濟。」上曰：「威克厥愛允濟，愛克厥威允罔功。蘇軾乃謂堯、舜務以愛勝威，朕謂軾之言未然。」梁克家奏：「先儒立論，不可指爲一定之説。如崔寔著政論，務勸世主馭下以嚴。大抵救弊之言，各因其時爾。」上曰：

嚴非深文峻法

「昔人以嚴致平，非謂深文峻法也。紀綱嚴整，使人不敢犯耳。譬如人家父子兄弟，森然法度之中，不必須用鞭朴，然後謂之嚴也。」

臣留正等曰：昔之言治者，知用嚴而不知所以用嚴，知嚴之説而未能究其理也。壽皇於統兵官之掊剋者，則以威臨之，至論以嚴致平，乃以爲法度森然，不必須用鞭朴，此豈崔寔輩所能深窺哉？

殿司弩手入内射

辛未，宣押選鋒、策鋒兩軍弩手一千六百一十一人入内射。

詔舉制科

是月，詔：「今歲科場，其令尚書、侍郎、兩省諫議大夫以上、御史中丞、學士、待制各舉賢良方正能直言極諫一人，守臣、監司亦許解送，仍具詞業，繳進以聞。」

賑楚州饑

楚州饑，賜米五千石賑之。

劉珙辭起復

劉珙起復同知樞密院、宣撫荆襄。珙凡六疏辭之，引經據禮，詞甚切至，最後言曰：「三年通喪，先王因人情而節文之。至於漢儒，乃有金革無避之説，此固已爲先王之罪人矣。然尚有可諉者，則曰：『魯公伯禽有爲爲之也。』今以陛下威靈，邊陲幸無犬吠之警〔七〕，臣乃欲冒金革之名，以私利禄之實，不亦又爲漢儒之罪人乎？抑陛下之詔臣，則有曰義當體國者矣。其敢噤無一言，以塞明詔哉！」乃手疏别奏，略曰：「天下之事，有其實而不露其形者，無所爲而不成；無其實而先示其形者，無所爲而不敗。今德未加修，賢不得用，賦斂日重，民不聊生，將帥方割士卒以事苞苴，士卒方飢寒窮苦而生怨謗，凡吾所以自治而爲恢復之實者，大抵闊略如此。而乃外招歸正之人，内務禁衛之卒，規笄未立，手足先露，其勢適足以速禍而致寇〔八〕，臣不知其爲此議者，將何以待之也？且荆襄，四支也；朝廷，腹心元氣也。誠使朝廷施設得宜，元氣充實，則犁庭埽穴〔九〕，在反掌間耳，何荆襄之足慮？如其不然，則荆襄雖得臣輩百人，悉心經理，顧亦何足恃哉？以今而慮，臣恐

劉珙論恢復

恢復之功未易可圖，而意外立至之憂將有不可勝言者，惟陛下圖之。」上納其言，爲寢前詔。〔一〇〕

皇太子尹京

以皇太子尹臨安府，尋以晁公武爲少尹，李彦穎、劉焞兼判官，陸之望、馬希言爲推官。

論軍中階級法

五月戊寅，宰執奏王朴荆、鄂點軍事，梁克家奏：「近諸將御下太寬。今統制官有敢鞭統領官以下者否？太祖皇帝設爲階級之法，萬世不可易也。」上曰：「二百年來軍中不變亂，蓋出於此。」虞允文奏：「法固當守，主兵官亦要以律己爲先。」上曰：「誠然。前日一二主兵官不能制其下，反爲下所告者，端以不能律己故耳。」

主兵官不能律己

望百姓富實

壬辰，上曰：「近日雨暘尤好，麥已登場，稻田亦下種矣。」虞允文奏：「農人得雨種稻，得晴刈麥，兩不闕事。」上曰：「朕心惟望百姓富實，國計又其次也。」

臣留正等曰：古者以富民爲先，民富而國自富，後世專務富國，故民貧，民貧則國雖富而不得保也。壽皇專意涵養，惟望百姓富實，而國計則次之。其先後次第，豈不較然著明哉？

辛丑，上語及臨安事，因曰：「韓彦古在任時，盜賊屏迹。比其罷也，群盜如相呼而來。以此知治盜亦不可不嚴。惜乎！彦古所以治民者，亦用治盜之術。治盜當嚴，治民當寬，難以一律。」

治盜治民不同

臣留正等曰：臣嘗觀漢班固叙循吏傳以謂：王成、黄霸、朱邑、龔遂、召信臣等，所居民富，所去見思；至論趙廣漢、韓延壽，非不稱其位，然任刑罰，或抵罪誅。其褒貶之意，昭然明甚，不可誣也。爲國家者，以民爲本，故王成、黄霸之徒得在循良之列，如使專於用嚴而長於治盜，則廣漢、延壽足矣。然智者終不肯以彼而易此也。聖訓謂治民不可用治盜之術，其於考覈吏能者，可謂明也已矣！

六月壬子，右正言許克昌奏：「日者命臺諫、兩省以上以四條薦士，宜皆盡心公選。訪聞劉之柄頃爲京局，以侵盜官錢擒付棘寺，盡償所盜，鐫官放罷。李發頃爲靖州，迫於七十，輒自申部，擅減十年，意欲撓冒關陞磨勘。吏部以其無廉恥、欺罔劾奏之，降兩官，勒令致仕。二人皆汙薦墨，聞者竊笑。又聞二人皆胡銓所薦，而之柄與之衡，又劉章子也。章身爲從官，奉詔

許克昌論謬薦

薦士，而乃徇私罔上，烏得無罪？望下三省，公議舉者之罪。」詔依。胡銓可降授左通直郎，劉章可降授左中奉大夫〔二〕。

君臣交修答天貺

乙卯，進呈張欓劄子：淮西麥熟，米價平，秋成可望。上曰：「時和歲豐，卿等協贊之力。朕當與卿等講求其未至者，以答天休。」虞允文奏：「聖德無闕，動合天心。」上曰：「君臣之間，正要更相儆戒。朕有過，卿等悉言之。卿等有未至者，朕亦無隱，庶幾君臣交修，以答天貺。」

臣留正等曰：君臣之間以誠相與，故君不疑於其臣，而臣亦無隱於其君。君不疑於其臣，則從善於流，改過不吝，而衆美具矣。臣無隱於其君，則嘉謀嘉猷入告于后，天下之事亦何往而不濟哉？君臣之間相與如此，則不求於天，而天休自至，理之必然也。壽皇聖德無闕，而君臣更相儆戒之，念不忘于中，此其所以克享天心也歟！

言事當觀所行

丙辰，太常寺丞蕭燧論：「人君聽言，必察其可用之實，所言與所行相副，然後可信。」上曰：「所論甚當。人誰不能言？但徒能言之而已，要當觀其所行，書所謂『敷奏以言，明試以功』是也。」

乙丑，宗正寺丞戴幾先輪對，因論人才當以覈實爲先。上曰：「堯、舜用人，敷納以言，明試以功，此責實之政。」

臣留正等曰：言顧行，行顧言者，君子之事也。言不顧行，行不顧言者，小人之事也。欲謹君子、小人之辨，必於此焉察之。書所謂敷奏、明試者，亦如斯而已。此責實之政，人主所當留意也。

選人爲卿監官

丁卯，上曰：「侍從或除人，卿監必有闕員，宜擇其可爲者。卿等可選數人將上。」

慕漢文帝唐太宗

秋七月乙未，梁克家奏：「近時有兩事，皆前世不及，太上禪位，陛下建儲，皆出於獨斷。」上曰：「此事誠漢、唐所無。朕常恨功業不如唐太宗，富庶不及漢文、景耳。」虞允文奏：「陛下以儉爲寶，積以歲月，何患不及文、景？如太宗功業，則在陛下日夜勉之而已。」上曰：「朕於創業、守成、中興三者皆兼之，蚤夜孜孜，不敢怠遑，每日昃時，已無一事，則自思曰：豈有未至者乎？則求三兩事反覆思慮，惟恐有失。」

臣留正等曰：天下至大，萬幾至繁，君道至難，憂責至重，雖聖明之主必懷兢兢之思，而不敢怠也。古者，朝以聽政，晝以訪問，夕以修令，夜以安身。然則，一日之間，求斯須自暇、自逸而不可得矣。壽皇慕文、景之富庶與太宗之功業，而蚤夜孜孜，不敢怠遑，事事深思，惟恐有失。憂勤如此，足以光前下而裕後世矣。

書將字求將才

上曰：「朕近於几上書一『將』字，往來尋繹，未得擇將之道。卿等更思之。」虞允文奏：「人才臨事方見。」上曰：「極是。唐太宗安市之戰，始得薛仁貴。」

臣留正等曰：勞於求賢者，治之本也；怠於求賢者，亂之階也。昔之人主，或精誠通於夢寐，或眷注有同飢渴，其得人不同，其用心一也。壽皇於几上書一「將」字，往來尋繹。聖心勤勤如此，較之漢文拊髀而思頗牧，勝之遠矣。

賑湖南江西饑

是月，賑湖南、江西饑。中書舍人范成大言：「夫賑濟、賑糶，其要不過兩言，莫不便於聚人，莫良便於散給。」

免淮浙丁鹽錢

詔免兩淮民户丁錢、兩浙丁鹽絹。上諭輔臣曰：「范成大言處州丁錢太重，遂有不舉子之風，有一家數丁者，當重與減免。卿等更詳議來。」尋又蠲旱傷路流民户税。

蠲旱傷流移户税

八月乙巳，上語黎州邊事，令宰執以書諭胡元質、吴總等：「如蠻人以市馬要我，則且住一兩年，使權常在我，彼無能爲，自然安帖畏服。」

論制馭蠻人

丙午，殿司左軍劫馬軍司使臣家被獲。上曰：「不當以治百姓之法治之。」虞允文奏：「强盗已不可貸，況軍人乎？」

嚴軍人劫盗罪

己未，進呈兩浙漕臣羅椿積米，上因宣諭曰：「洪範八政，以食爲先，而世儒乃不言財穀。邦之有儲蓄，如人之有家計，欲不預辦得乎？」

世儒不言財穀

臣留正等曰：孔子論理財必曰義，孟子論足財必曰政事。後世如唐劉晏號計臣之最有功者，至其分掌租庸，亦必以士人爲之，是知財穀之事，正儒者所當知。而世俗或以不言爲是，可乎？此聖訓所以拳拳於八政之首也。

戊辰，趙樽乞陞差孟俊、閻大亨。上曰：「孟俊可依，閻大亨係使酒犯階級，雖閲二年，事干軍政，此未可也。」

嚴犯階級罪

盡悦親之道

庚午，上謂宰執曰：「朕近日宫中覺得無事，卿等想甚勤勞。」又曰：「卿等凡所謀猷，無不曲盡，每深嘉歎。朕近日無事，又時過德壽宫，太上頤養愈勝，天顔悦好，朕退，輒喜不自勝。」虞允文奏：「神器之重，得所付託，聖懷無事，自應如此。堯獨高五帝之壽者以此。」上曰：「誠然。」

臣留正等曰：漢、唐以來，如漢高帝之於未央，唐太宗之於大安，肅宗之於興慶，其事親之道，皆有愧於聖人，無足稱者。惟我壽皇日致其孝，與舜同符，豈惟至德要道以順天下，亦使萬世知聖神之軌範焉耳。

因江湖旱歉募兵

九月壬申朔，上曰：「江西、湖南旱歉，恐可募兵，兩路各且募千人。」梁克家奏：「外路募兵多憚所費。」虞允文奏曰：「撥截上供亦可。」上曰：「然。所募之人發赴三衙，切恐太遠，當與分撥。」允文奏：「江西去江、池爲近，湖南去鄂渚爲近。」上曰：「可便降指揮，仍與分撥行下。」

議略去繁文

戊寅，上曰：「漢高帝初年，專意馬上之事；世祖增廣郊祀，亦在隴、蜀既平之後，昔人規恢遠略〔三〕，罔不在專，繁文末節，蓋未暇問。」梁克家奏：「高帝創業，世祖中興，今日之事，乃兼守成。祖宗二百年來典禮畢備，當以時舉。」上曰：「典禮何可盡廢？抑其浮華而已。自今已往，卿等每事當先務實，稍涉浮文，必議蠲省。」

臣留正等曰：世俗求耳目之娛，而不思可用之實，是以貪畫餅而棄穀粟，慕文繡而捐布帛，其爲害有不勝言者。爲天下國家亦如是而已。然則崇實效，屏虛文，非真主其孰能之？

召人佃營屯田

壬午，湖北京西總領兼措置屯田吕游問言：「本所所管營田、屯田内官兵闕人耕種之處，乞依舊頃畝出榜，召百姓依元額承佃。」從之。租課令本所拘取〔一三〕。

荆襄移屯二不便

丁亥，進呈吕游問得旨，令措置襄陽寨屋。梁克家奏：「將徙荆南之屯否？」上曰：「欲令移去，如何？」虞允文奏曰：「荆南之人，歲歲更戍，自此可免道塗往返之勞。然有二不便。」上曰：「襄陽極邊，驟添人馬，對境必致驚疑。」允文奏：「此正是一不便。又自荆南至襄陽，水運千餘里，河道淺狹，難於餽糧，此二不便。以臣愚見，不如先移軍馬，餘續議之。」上曰：「甚善。可諭此意，令吕游問同秦琪措置。」

六部長貳不理職司

是月，進呈六部長貳歲舉改官人，皆是後來許依職司收使，今合依舊法。上曰：「甚好。」梁克家奏：「在京選人無外路監司薦舉，若六部長貳又不許作職司，必不得改官。」上曰：「舊法既然，當使人從法，不可以法從人也。」虞允文奏：「舊法，京局不以選人爲之，故六部長貳不作職司亦可。今皆用選人，後來磨勘不行，必重申請，却須更改。」上曰：「此事續議施行。」

增加事藝之賞

冬十月甲辰，虞允文奏：「兩司增加斗力事藝升進者千餘人，費不過七千餘貫。昨有賜金盌者，軍中歡呼，無不歆豔。」上曰：「聞其戴盌乘馬而歸，道路聚觀。如此，見者必勸矣。」

賑饒州饑

是月，賑饒州饑。上因覽知州王秬賑濟畫一，曰：「饑歲民多遺棄小兒，已付諸路收養，如錢物不足，可具奏來，於内藏支降。」

罷紹興府宗司

宗司建置本末

罷紹興府宗正行司，以其事歸大宗正司。本朝宗室皆聚於京師，熙、豐間，始許居于外，崇寧間，始即河南、應天置西、南二敦宗院。靖康之禍，在京宗室無得免者，而睢、雒二都得全。建炎初，將南幸，於是大宗正司移江寧，而西、南外初寓於揚州及鎮江，卒又移於泉、福二州，而居會稽者，乃紹興初以行在未有居第，權分宗室居之。及恩平郡王璩出居會稽，遂以爲判大宗正司，至是省之。

十有一月丁亥，進呈乞改和州西路花裝隊。上曰：「三衙舊亦結花裝隊，昨已更改。與其臨敵旋行抽摘，不若逐色團結之有素也。」

改和州花裝隊

甲午，虞允文奏：「舊法，黄甲不曾到部人，在銓試下等人之上。」上曰：「可依舊法。」又曰：「改法不當，終有窒礙，不如加詳審於初，則免改更於後也。」

論改法之弊

臣留正等曰：天下之事，其成之也難，則其壞之也不易。鹵莽於其始，必致悔於其終，物理之固然也。況立法定令，以貽億萬世者乎？使世之議法者，皆知仰遵睿訓，加詳於初，尚何勞於更法哉？

是月，策制科，眉山布衣李垕入第四等〔一四〕，賜制科出身。

詔舉制科

十有二月戊午，進呈外路收捉八廂指揮。先是，軍人王俊自稱八廂，詐取軍中錢物，配廣南。上曰：「御前從來無八廂差出，可擬指揮行下諸路，如有自稱八廂之人，即行收捉根勘。」至是進呈，上顧虞允文曰：「卿昨所言，若真八廂對人自稱，亦所當罪，此言甚當。」

治詐稱八廂罪

臣留正等曰：夫人主求天下之英賢，以爲耳目，如所謂邏卒者，雖不可無，然終非足恃者也。一軍士自稱八廂，曾何足云，而睿旨丁寧如此，亦足以垂憲矣。

詔統兵官舉人

丙寅，詔：「都統制歲舉所知二人，統制歲舉一人，以智勇俱全爲上，以善撫士卒爲次，以專有膽勇又爲次。將校士卒，惟其所舉。」從臣僚之請也。

許閤門官輪對

是月，令閤門官依文臣館職輪對。

馬司移建康

是歲，移馬軍司屯于建康府。

降度牒下四川總所

四川總領所奏：「昨緣本路措置備邊樁積，遂申朝廷，乞降空名度牒，仍拘收四川事故僧道度牒，繳納訖，欲乞將已賣過四千五百道作第一料，所有去年十二月內已降二千道，今更乞貼降二千五百道，湊作第二料，下本所出賣，拘收價錢，搬赴宣撫司，專充備邊樁積，非遇緩急，分文不敢支用。」從之。

趙雄使虜

趙雄使虜[一五]，附國書，復請陵寢及受書之禮。及雄入辭，虜使其臣宣諭云：「傳語宋皇帝，向來初講和日，宋朝來祈請徽宗皇帝靈柩，已送還了。今再講和，宋國自當來祈請欽宗靈柩，父子同葬，以時奉祀。去年使來，却妄請鞏、雒山陵，上國止許奉遷，并許一就發還欽宗皇帝靈柩。上國已令搬取在此，俟來報聞〔二六〕。今宋國既不欲請，上國却當就鞏、雒山陵祔葬。」無一語及受書事。雄歸，奏：「虜酋〔二七〕，庸人耳，於陛下無能爲役。中原遺黎日望王師，必有簞食之迎，倒戈之舉。」上甚悦。

增入名儒講義皇宋中興聖政卷之五十

校勘記

〔一〕朕以虜讎未復　「虜」原作「敵」，據宋刊本、宋史全文卷二五改。

〔二〕自中原陷於腥羶　「陷於腥羶」原作「扭於習尚」，據宋刊本改。

〔三〕並不支費官中例物　「官」原作「宮」，據宋史全文卷二五改。

〔四〕使知朝廷養民之意歟　宋史全文卷二五「意」上有「至」字。

〔五〕案從「庚申」至「如此理會尚」凡二百六字，原脱，據宋史全文卷二五輯補。

〔六〕案張栻攻張説爲簽書樞密使一事，宋史卷三四孝宗本紀二繫於本年三月。

〔七〕邊陲幸無犬吠之警　「犬吠」原作「兵甲」，據宋刊本、宋史全文卷二五改。

〔八〕其勢適足以速禍而致寇　「寇」原作「敵」，據宋刊本、宋史全文卷二五改。

〔九〕則犁庭掃穴　「黎庭掃穴」原作「廓清宇内」，據宋刊本、宋史全文卷二五改。

〔一〇〕案劉珙起復而辭不拜事，宋史卷三四孝宗本紀二及中興兩朝編年綱目卷一六均繫於本年五月。

〔一一〕劉章可降授左中奉大夫　「中」原作「通」，據宋刊本、宋史全文卷二五改。

〔一二〕昔人規恢遠略　「昔」原作「共」，據宋刊本、宋史全文卷二五改。

〔一三〕租課令本所拘取　「取」，宋史全文卷二五作「管」。

〔一四〕眉山布衣李垕入第四等　「垕」字原脱，據宋史卷三四孝宗本紀二及建炎以來朝野雜記甲集卷一三補。

〔一五〕趙雄使虜　「虜」原作「敵」，據宋刊本、宋史全文卷二五改。下同。

〔一六〕俟來報聞　「俟」原作「俊」，據宋刊本、宋史全文卷二五改。

〔一七〕虜酋　原作「敵主」，據宋刊本、宋史全文卷二五改。

增入名儒講義皇宋中興聖政卷之五十一

孝宗皇帝十一

乾道八年春正月辛未，禮部、大理寺狀：「臣僚言乞置太醫局及醫生試補之法。得旨，更不置局，依舊存留醫學科，逐舉許令赴試。」

臣留正等曰：周官醫職五，此先王仁民愛物之政也，或八人，或六人，少者二人耳。凡官皆有府史、胥徒之屬，於此獨無焉。唯醫師總稽其事，則僅有二十有四人，置之未嘗濫也。且其職高者，止於上士，待之未嘗過也。國初，設太醫令，蓋循漢、唐之舊，而置局始於慶曆之四年，當是時，治安之日久，聖人所以仁天下者於是備舉。至熙寧，增置丞及提舉官。崇寧置學以倣兩學之盛，則其流廣極矣。壽皇聰明冠古，乾道三年，始罷局生、醫生，豈非以時方抑文崇實，恐其爲國用蠹耶？及是議臣有請，姑令存醫學科，許赴試而已，蓋庶幾周官之意焉。

辨真僞邪正
不以言取人

戊寅，太常博士楊萬里輪對，論及人材。上曰：「人材要辨實僞，要分邪正。」又曰：「最不可以言取人。孔子大聖，猶曰：『始吾於人也，聽其言而信其行。今吾於人也，聽其言而觀其行。』故以言取人，失之宰予。」

臣留正等曰：堯、舜觀人之法曰：「敷奏以言，明試以功。」夫賢否固不專定於言也，而必繇言以進。壽皇鋭意于治，旁招英俊，凡得以言徹上聞者，無間於中外高下，聖鑒所照，必辨實僞，必分邪正，上符堯、舜，下述孔子，公聽並觀，而表裏見焉。今觀當時人材並進，議論層出，雖誕謾憸佞之徒亦或厠迹其間，旋即呈露，譴斥隨之，豈非因言觀行之效歟？若概謂人不可以言取，而厭絶其言，使是非善否俱無因至前，則非壽皇意也，亦非堯、舜意也。

乙酉，太常少卿黄鈞奏：「切謂國莫重於禮，禮莫重於分。伏見四孟月景靈宫朝獻，皇帝與群臣俱拜於庭，心切疑之。退而求之禮經，考之儀注，有所不合。問之掌故，則渡江之後，群吏省記者失之也。曲禮曰：『君踐阼，臨祭祀。』禮器曰：『廟堂之上，罍樽在阼〔一〕。』又曰：『君在阼。』正義曰：『阼，主人階也〔三〕。天子祭祀，升階而行可也。』神宗元豐間，詳定郊廟禮文，明堂、太廟、景靈宮行禮，兼設皇帝版位于東階之上。今親郊之歲，朝獻景靈宮，朝饗太廟，皇帝拜上，從臣拜下矣。獨四孟朝獻，設褥位於阼階之下，則是以天子之尊，而用之大夫、士臨祭之位，非所以正禮而明分也。欲遵元豐之制，每遇皇帝孟月朝獻，設褥於東階之上，西嚮，以禮則合，以分則正。」禮部、太常寺同共討論，欲依所乞，及乞於見今儀注内修定施行。詔從之。

正孟享朝獻位

丙戌，宰執乞討論上丁釋奠、皇太子入學之儀。上曰：「禮記文王世子篇載太子入學事甚詳。」梁克家奏：「入學以齒，則知父子君臣長幼之道，古人所以教世子如此。」虞允文奏：「此事備於禮經，後世罕有舉行者。」上曰：「可令有司討論以聞。」

討論太子入學儀

臣留正等曰：三王教世子之法備矣，猶必齒於學者，非徒示謙抑，崇觀美也。學之爲王者事，而王道莫大於人倫，蓋君臣父子長幼之際，實天性之流行，人事之根柢，天地萬物之所繇立，聖人以是定人極經政，教學以明之，蓋使皆盡其理，而循其則也。自其爲世子，而周旋其間，則彌綸範圍之本立矣。壽皇聖慮及此，萬世所宜取法也。

正丞相官名

二月乙巳，詔曰：「朕惟帝王之世，輔弼之臣，其名雖殊，而相之實一也。厥後位號定於漢，而稱謂汩于唐，以僕臣而長百僚，朕所不取。且丞相者，道揆之任也。三省者，法守所自出也。今捨其大而舉其細，豈責實之議乎？肆朕稽古，釐而正之。蓋名正則言順，言順則事成，爲政之先務也。其改尚書左、右僕射、同中書門下平章事爲左、右丞相。」

臣留正等曰：官制沿襲，其失尚矣。唐太宗定授田之制，修寓兵之法，最爲近古。至增損官制，而宰相之名猶不正，況庸主乎？壽皇謂僕臣不可以長百僚，釐而正之，自非聰明睿知卓冠前古，深明奮庸熙載、納誨輔德之要，而審於因革之宜，安能及此？且漢氏丞相之號則可矣，自蕭、曹以刀筆吏爲之，而大綱終未立。今聖詔有曰：「丞相者，道揆之任也。」所以待大臣。蓋漢、唐人主不足以知之，後世其亦體壽皇用相之意哉？

虞允文梁克家並相　賜王之奇出身

虞允文爲左丞相，梁克家爲右丞相，曾懷參知政事，張說、王之奇並簽書樞密院事。懷、之奇仍賜出身。尋詔：「已正丞相之名，其侍中、中書令、

張説復除簽樞

尚書令尚存虚名雜壓，可删去，以左、右丞相充其位。」張説者，父故省吏也。説以父任爲右職，妻憲聖皇后女弟，由是累遷知閤門事。隆興初，兼樞密副都承旨。乾道初，落副字。七年春，除簽書。左司員外郎張栻侍講席，因諫止之，遂以觀察使陞節度奉祠。至是，乃復申前命。起居郎莫濟不書録黄，

莫濟周必大以張説罷

直學士院周必大不草説答詔，於是二人皆與外祠。乃令姚憲權給事中，書讀行下。趙汝愚時爲著作佐郎，不往見説，率同列並請祠，不報。會其祖母卒，不俟報，即日歸省父，因自劾〔三〕，上不加罪，就除知信州。

不許李繼宗回授

己酉，詔：「隨龍判太史局李繼宗兩該德壽宮應奉，轉三官，許回授。可將與男安國補太史局保章正，充曆筭科。」臣僚言：「保章，從八品。與宣義、成忠郎等爾。使其精於曆筭，雖特命之可也。用其父之回授，則恐不可開此例爾。雖曰三官以易一命，若使異時群臣近習有不知事體，不顧廉恥，皆乞用此例，陛下何以拒之？更加聖慮而寢其命。」詔從之。

許六察隨事彈奏

丙辰，御史臺狀：「得旨，令開具六察所隸覺察彈劾事件，並見今監察御史職事以聞。本臺契勘，覺察彈劾，日前並係殿中舉長貳通行，風聞彈劾，即不屬六察。其六察管取索所隸百司簿書，分案點檢稽違差失〔四〕，行遣不

當等事。合依應指揮，並分隸六察。」虞允文等奏：「祖宗時，監察御史却許言事。」上曰：「今既分隸六察，可許隨事彈奏。」自此臺綱肅清矣。

臣留正等曰：古者凡爲臣子，皆得以言事，孟子責蚳鼃爲士師數月而未言。士師，刑官也。由是言之，則朝廷皆可言之臣。書曰：「工執藝事以諫。」蓋雖至微，亦得因其職以言也。後世臺諫既有定員，視古已甚拘，況處六察之職者，但點檢所隸百司簿書之稽違，則得言者，毋亦太狹乎？祖宗時，監察御史皆許言事，此令典也。壽皇舉而復之，所以廣聰明，來忠直，正紀綱，糾邪慝者，莫要於是。祖宗規模，凡天下之事，唯以宰相行之，臺諫言之，天子操至公而審是非焉。治道宏博，遠過漢、唐。壽皇兩日之間，正丞相之名，定六察言事之制，大綱並舉，在位二十八年，朝廷清明，海宇綏靖，有自來也。

不買民田爲教場

三月己巳，馬軍司李顯忠乞兑換民田充都教場，有司申民間不願，欲每畝支錢五貫文收買。上曰：「馬司諸軍皆未有教場否？」虞允文奏：「雖有之，但未有都教場以備合教。」上曰：「建康管軍馬自有大教場，每遇合教，可以時暫教閱。」允文奏：「豈非聖意不欲取民田否？」上曰：「然。」

臣留正等曰：農，天下之大本也。兵事雖不可緩，而農事尤急。壽皇方鋭意武備，嚴教閱，修器械，凡州郡禁卒、土軍、弓手以至民兵並加訓齊。及有司請買民田充教場，則抑而不許，先後之序審矣。詩云：「有常德以立武事。」其謂是歟！

論士夫風俗未醇

壬午，上泛論人材，顧謂虞允文等曰：「士大夫難得任事之人，蓋爲風俗未醇。今雖稍有，衹是未多。」允文奏：「承平時，前輩名臣如范仲淹、韓琦等在邊，尚猶難之。」上曰：「當時往往亦多失利，蓋由未甚知兵。」允文奏：「非不知兵，但不教之兵難以禦敵。」上曰：「西夏小夷〔五〕，當時亦自枝梧不行，所以馴致丙午之恥。朕今孜孜不倦，期與卿等共雪之。今聞虜人上驕下惰〔六〕，朕所以日夕磨厲，必欲令今日我之師徒，如昔日虜人之兵勢，蓋思反之也。」

期於雪恥

臣留正等曰：靖康之變，中國之大耻，臣子之深憤也。若曰：勢有不敵，姑從和好，以養威俟時，可耳。倘惟幸於無事，則犬羊之性〔七〕，包藏不測，其可恃乎？諸葛亮曰：「漢、賊不兩立，王業不偏安。」至於成敗利鈍，非臣所能逆睹，而乃畏其强大，忘我君父之讎，則非立志者矣。壽皇聰明勇智，規恢滅虜〔八〕，觀所以諭大臣者，其義正，其志果，其察利害也審。雖天時未至，功烈未建，然而聖武昭然，雷厲風行，固足以折夷狄驕傲之氣〔九〕，而堅其恭順之禮矣。

戒兵官使酒

庚寅，殿前司奏：「乞令董世英等總轄軍兵於揚州牧馬。」上曰：「向來聞董世英及張唐臣使酒，朕嘗戒之，張唐臣已遵約束悛改，朕以二金椀賜之。董世英聞尚未悛，豈宜差去？可別差人，仍令本軍戒諭。」

臣留正等曰：漢文帝召河東守季布，欲以爲御史大夫，又以其勇使酒罷之，徒采於一毁一譽之言，而非實知也。布謂恐天下有心窺之，帝但慙而已。河東，重郡也；御史大夫，要任也；布，亦知名者也，而猶有不察。若董世英、張唐臣輩，在軍中未爲顯顯者，壽皇皆知其使酒，及其既遵約束，與夫未悛，又皆不能自遁，聖人之明，不亦遠乎？且其改也，寵以賜予，而未悛則戒諭隨之，照之如日月，警之如雷霆，誨之如父師，聖意所向，六軍驩動，孰有不激厲思報者乎？

點檢諸軍戰船

壬辰，宰執進呈乞點檢諸軍戰船。上曰：「舟楫正是我之所長，豈可置而不問？鄂州、荆南、江州，可差姜詵前去；池州以下，委葉衡具數奏聞，仍令逐軍日下修整。」

修正三公三少法

丙申，詳定一司敕令所奏：「修正三公三少法：諸太師、太傅、太保爲三公，左、右丞相爲宰相，少師、少傅、少保爲三少。」詔從之。

擢黄定等
書益稷賜新進士
武舉始給黄牒

是月，親試舉人，賜黄定以下及第、出身有差，仍賜御書益稷篇。武舉正奏絶倫、特奏並依文舉例，唱名日，給黄牒，賜及第、出身有差。

帶兼制國用使罷

夏四月丙午，進呈宰臣制國用事，上曰：「官制已定，丞相事無不統，所有兼制國用更不入銜。」

臣留正等曰：至矣哉，斯言！任宰相之專，責宰相之重也。唐德宗嘗語李泌曰：「自今凡軍旅糧儲事，卿主之，吏、禮委延賞，刑法委渾。」泌曰：「不可。宰相之職不可分也，天下之事咸共平章，若各有所主，是乃有司，非宰相也。」帝笑曰：「朕適失辭，卿言是也。」嗚呼！此豈一言之失哉？由其心猜克自用，必以爲事有所分，則人不能欺耳。獨歎而但認其失於辭，則又諱過者也，德宗陋矣！何足爲聖時道？

夫乾元不大其始，則坤何以承之？壽皇謂丞相事無不統，更不以兼制國用入銜。是望其臣以帝王盛時宰相之職業也，君德如此，寧復有不能展布之慮耶？且夫不兼制國用云者，非漠然不復問也，特不當親其期會條目之繁瑣者耳。昔者，冢宰於歲之杪，五穀既入，則量其所入以爲所出之數。蓋上自天子膳羞服用，與凡宗廟祭祀之式，皆得以品節，此非冢宰，疇敢任之？推是言之，則侍御僕從，屬之内庭，而稽其秩敘，幾其冗倖，宰相所當任也。將帥兵旅隸之樞府而察其能否，去其蠹弊，宰相所當與也。陳理義，考古今，經筵責也，而輔養聖德，修其不逮，則宰相爲近。論得失，糾奸貪，臺諫事也，而維持公論，正於未然，則宰相實先。若曰彼分其職，相不預焉，君安於無事，相幸於逃責，豈所謂事無不統之意哉？臣益知壽皇之言爲國家計也蓋甚大。

命邊郡守課農桑

知化州黄克仁朝辭進對。上曰：「遠方小民，政賴郡守撫摩，勸課農桑。」

臣留正等曰：守令爲愛養斯民設也，今惟催科而已矣，又豈問民事耶？內地大郡，朝廷所推擇也，其人賢否易聞也，其民疾苦易知也，則猶或竭力於愛民之政。若夫其地遠，其郡小，又唯據資格畀之符竹，且徇於時論之所急，自非性仁明者，能復念吾百姓乎？壽皇臨遣化州守臣，專責以撫摩勸課農桑，聖語春温，雖嶺嶠隔遠，皆已在涵育之內，彼必知所奉承矣。是以薄海內外，恩澤溥博，所謂「不泄邇，不忘遠」，視武王有光焉。

稽考義倉

甲寅，户侍楊倓奏：「義倉在法，夏、秋正税，每一斗別納五合，即正税不及一斗免納。應豐熟一縣，九分已上即納一升，惟充賑給，不許他用。今諸路州縣常平義倉米斛不少，年來雖間有災傷去處，支給不多。訪聞皆是擅行侵用，從來未曾稽考。乞下諸路常平官，限半月，委逐州主管官取索五年的實收支數目，仍開説逐年有無災傷檢放，及取給過若干，并見在之數實計若干，目今在甚處椿管，結罪保明文帳，申部稽考施行。」從之。

書益稷賜新進士

己未，虞允文等奏〔一〇〕：「蒙宣示賜新進士御書益稷篇，不勝榮幸。」梁克家奏：「益稷首載治水，播奏艱食，末載君臣更相訓敕之意。學者因宸翰以味經旨，必知古人用心矣。」上曰：「如所載『無若丹朱傲』等語，見古者君臣儆戒之深。」允文奏：「舜與皋陶賡歌之辭，舜則曰：『股肱喜，元首起。』皋陶則曰：『元首明，股肱良。』又繼以『元首叢脞，股肱惰』之語，君臣之間相稱譽、相儆戒，自有次序如此，所以能致無爲之治。」上曰：「然。此篇實以民之粒食，則知務農爲治之本。至於告臣鄰之言，則曰「庶頑讒説，若不在時，侯以明之，撻以記之」，又曰『格則承之庸之，否則威之』，是古之聖人待天下之人，未嘗不先之以教。及其不格，則必以刑威之。今爲書生者，多事威文，而忽兹二事，是未究古聖人之用心也。因欲使知之。」

臣留正等曰：益稷一篇，舜、禹、皋、夔相與論治道詳。〔一〕

引諸班直呈射

辛酉，上御射殿，引諸班直呈射。上顧虞允文等曰：「排立行門東邊第三人于江極能射弓，直射到三碩斗力，亦願從軍。」允文奏：「似此武藝之人難得，皆陛下戒約閲習，以至於此。」上曰：「然。」

乞分三農限田

癸亥，臣僚言：「役法之均，其法莫若限民田，自十頃以上至于二十頃，則爲下農；自二十一頃以上至于四十頃，則爲中農；自四十一頃以上至於六十頃，則爲上農。然後可使上農三役，中農二役，下農一役。其嘗有萬頃者，則使其子孫分析之時，必以三農之數爲限。其或詭名挾户，而在三農限田之外者，則許人首告，而没田於官。磨以歲月，不惟天下無不均之役，亦且無不均之民矣。」詔户部看詳。

允文容蕭之敏

五月己巳，新江東提點刑獄公事蕭之敏乞宫祠，上不允。虞允文奏：「前日之敏言，臣是其職事。臣雖不知其所論奏，竊自揣度其罪如章，無可疑者。既蒙聖恩，復令暫留。如蕭之望端方，願召歸舊班，以闢敢言之路。」上曰：「今以監司處之，亦自甚優。」顧曾懷曰：「丞相之言甚寬厚，可書之時政記。」

立武臣遷轉正法

乙未，上曰：「吏職武臣遷轉泛濫太甚，嘗令吏部侍郎張津條具以聞。」據奏到六部等處出職武臣，自來衮同軍人戰功。及奏補出身人，並至武功大夫，方不許磨勘。上曰：「止依左選立定正法。」又條具一項，如至正法該遇恩賞，非係特旨，不許轉行。上曰：「可除去特旨轉行一項，不欲更開此路，以啓僥倖之心，庶清流品，不至泛濫。」〔二〕

臣留正等曰：人主敝政二：曰特旨，曰宣諭。法令所不可，則以特旨行之；議論所當執，則以宣諭止之。彼請爲此者必曰：「權者，人主之有也，而拘於章程，遷於臣下之言，是人主不得有所爲也。」又豈知賞罰予奪，一切稽之成法，付之公議，正所以齊群動，定民志，而尊嚴朝廷。苟不正其本，隄防一決，則是以天命天討之公柄，而徇僥倖者之私欲矣。夫還轉有止法，所以裁冗濫也，復爲之法曰「非係特旨，不許轉行」，是復闢一路招之矣。壽皇今詳議除去，庶清流品，不至泛濫，然則防微杜漸之意，深矣哉！

行福建鹽鈔法

是月，福建鹽行鈔法，從轉運陳峴之請也。仍支借一十萬貫作本〔二三〕。陳俊卿時帥閩，移書宰執曰：「福建鹽法與淮、浙不同，蓋淮、浙之鹽行八九路、八十餘州，地廣數千里，故其利甚溥。福建八州，惟汀、邵、劍、建四州可售，而地狹人貧，土無重貨，非可以他路比也。今欲改行鈔法，已奪州縣歲計，又欲嚴禁私販，必虧稅務常額。而貧民無業，又將起而爲盜。夫州縣闕用，則必橫斂農民，稅務既虧常額，則必重征商旅。盜賊既起，則未知所增三十萬緡之入，其足以償調兵之費否也？將來官鈔或滯不行，則必科下州縣，州縣無策，必至抑配民户，本以利民，而反擾之，此恐皆非變法之本意也。」當時諸公不能用，然鈔法果不行。

行宗室銓試法

立宗室銓試法。

喜歲稔可積穀

六月辛丑，上曰：「連數日雨止，天氣晴明，歲事有望。」虞允文奏曰：「麥已食新，米價日減。」上曰：「今歲再得一稔，想見粒米狼戾。更積得二年，經常米便有三年之蓄，前此未嘗如此〔四〕。仍須嚴切戒約，只置場和糴，使百姓情願入中，不得纖毫科擾。」

壬寅，新江西運判劉焞朝辭進對，論今日州縣窮空無備及當今利害。上曰：「江西旱荒之餘，極有合理會事，故輟卿往。」又曰：「州縣直是無備，亦多由官吏非其人。」

傅察賜謚

丙午，傅自强劄子：父察遇害於燕山，乞賜謚。得旨，賜謚忠肅。

戒廣德守奏水旱

己未，新知廣德軍富杞朝辭，上曰：「廣德小壘，地多水旱，卿到任，或有水旱奏來。」

臣留正等曰：揣所悅意者則侈其言，度所惡聞者則小其事，人情之弊，自古然爾。況萬乘之威，九重之邃，自非開之使言，則災異之實，安能盡徹上聽耶？歐陽脩嘗歎景祐初大霖雨殺麥，河溢東畿，浸下田。已而不雨，至于八月，菽粟死高田。三司言今歲秋常租，懼民幸水旱，因緣得妄免，以虧兵食。朝廷因舉田令約束州縣，吏無遠近，皆望風惡民言水旱，甚者笞而絶之。畿之民聚訴於宰相，於是遣使出視，始知民實災，而吏徒畏約束以苟自逸耳。天子聞之惻然，盡蠲畿民之租。嗟夫！仁宗，堯、舜之心也。愛民之政，孚于天下，徒以三司一言壅之，吏遂不敢以實聞，使人主果惡聞災異，則弊將若何？壽皇德意天覆，諭廣德守臣，以地多水旱，且令奏來。夫水旱之多，常情所諱也。而預許其具奏，彼爲郡者何忍欺君罔民而憚于言也？當是時，四方水旱亦或有之，而州縣無敢蔽欺，荒政備舉，斯民各家安集之賜，嗚呼，仁哉！

賑江西水災

是月，江西水災，命賑之。

獎楊展留意職事

葉衡乞落楊展統制權字。上曰：「展於職事之間留意，可作職事修舉，特與陞差。」

參用茶馬舊法

秋七月己巳，臣僚言：「祖宗馬政、茶馬司並專用茶、錦絹博易，蕃、漢皆便〔三〕。近茶馬司專用銀幣，甚非立法之意。況茶爲外界必用之物，銀寶多出外界，甚非中國之利。」詔四川宣撫司參舊法措置。

抑滕瑞獻諛

庚寅，知光州滕瑞奏：「遇天申聖節，臣自書『聖壽萬歲』四字，約二丈餘，兼造山棚，高三丈餘，凡用絹五十疋，褾背投進。」上曰：「滕瑞不修郡政，以此獻諛，特降一官。」

是月，知廬州趙善俊言：「朝廷頃者分兵屯田，其不可者有三。臣謂罷屯田有三利，習熟戰陣之兵得歸行伍，日從事於教閲，一利也；無張官置吏，坐以縻稍，無買牛散種，以費官物，二利也；屯田之田悉皆膏腴，牛具屋廬無一不具，以資歸正人，使之安居，三利也。」

罷廬州屯田

詔廬州見屯田官兵並行廢罷，其田畝牛具，令趙善俊盡數拘收，給付歸正人請佃及募人租種。

命知通同掌

八月庚子，新度支朱儋言：「經總制錢，頃自諸州通判專一拘收，歲入至一千七百二十五萬緡。繼命知、通同掌，而歲虧二百三十萬緡。故曩者版曹奏陳專屬通判，其後又因臣僚劄子乞委守臣，於是有知、通同共拘催，分授酬賞之制。夫州郡錢物，常患爲守者侵取經制錢分隸之數〔一六〕，而多收係省，以供妄費。今使知、通同掌，則通判愈不得而誰何。乞仍舊委之通判，而守臣不預。」從之。既而户書楊倓言：「若令通判拘催，切恐守臣不能協力。乞照乾道二年指揮，令知、通同共任責分賞。」從之。

辛丑，臣僚言：「州縣被差執役者率中下之户，産業微薄，一爲保正，鮮不破家壞産。昔之所管者，不過煙火盜賊而已，今乃至於承文引督租賦焉。

昔之所勞者，不過橋梁道路而已，今乃至於備修造、供役使焉。方其始參也，饋諸吏，則謂之參役錢；及其既滿也，又謝諸使〔一七〕，則謂之辭役錢。知縣迎送僦夫脚，則謂之地理錢；節朔參賀，則謂之節料錢；官員下鄉，則謂之過都錢；月認醋額，則謂之醋息錢。復有所謂承差人，專一承受差使，又有所謂傳帖人，名在諸廳曰直〔一八〕，實不曾承傳文帖，亦令僦雇而占破〔一九〕。伏望申嚴州縣，今後如敢令保正、副出備上件名色錢物，官員坐以贓私，公吏重行決配。如充役之家不願親身祗應，止許雇承差人一名，餘所謂傳帖之類，並行住罷。」從之。

革差役弊

壬子，浙東提舉鄭良嗣言：「收糴常平，尚少錢五萬三千二十餘貫。」詔禮部紐計度牒給降。

給度牒糴常平

乙卯，上謂輔臣曰：「昨因檢唐書李吉甫傳，見栖筠爲常州刺史，適值荐饑，浚渠廝江流境內，遂豐稔。不知江流遠近，可令浙漕及常州考求古迹以聞。」

詢常州水利

癸亥，兵部侍郎黄鈞論：「知人善任使，當察其人而取之，量其材而用之。」上曰：「朕以無心處之，無心則明，無心則不偏，無心則無私。」

用人處以無心

臣留正等曰：易曰：「君子以虚受人。」夫欲取天下之善，而先有以實其中，則是非賢否，何由見耶？是故有鄙薄空言之心，則知學守道者，或難進矣。有厭憚生事之心，則憂世救時者，或難用矣。有嫉其好名之心，則忠言沮矣。有疑其合黨之心，則善類危矣。壽皇以無心處之，既言其明，又言其不偏，又言其無私，非廓然大公者，能之乎？此知人之哲，所以上齊堯、舜也。

平時奉天

甲子，著作佐郎丁時發奏：「人君須平時奉天，得天助，然後可以立大事。」上曰：「朕曉夕念此，所謂丘之禱久矣。」時發奏：「近來多竭民力以事不急，陛下當恤民以固本。」上曰：「朕非特要建功業，如漢文、景，蠲天下租賦事，亦將次第施行。」

慕文景蠲租税

是月，四川水災，命賑之。

賑四川水

九月庚午，上曰：「自秋以來多陰雨，今已十日晴矣，正當收穫，歲事可保。朕蚤莫精心祈晴，天意可見。」

祈晴獲應

壬申，上曰：「近時民俗多尚奢侈，纔遇豐年，稍遂從容，則華飾門户，鮮麗衣服，促婚嫁，厚裝奩，惟恐奢華之不至，甚非所宜。今年遠近豐登，趁此

戒民俗奢侈

秋成，欲使民間各務儲積，以爲悠久之計。將來宜降詔戒諭，仍趂時廣種二麥，以備水旱之用。」

臣留正等曰：賈誼議漢世庶人墻屋被黼繡，偏諸之服，倡優、僮隸爲繡衣絲履之飾，以爲是驅民於飢寒，而爲姦邪盜賊，言至切也。然是時漢興二十餘載，海内晏然，衣食既滋殖矣，風俗華侈，猶曰安佚之流使然也。中興以來，民庶而未富，大室無累歲之儲，貧民無朝夕之計，而上下相習，侈靡日益甚。夫富猶不可侈也，今貧而侈，可不深慮乎？壽皇躬行節儉以風示天下，深病民俗之奢，因遠近豐登，欲降詔戒諭，使民間各務儲積，以爲悠久之計。仍廣種二麥，以備水旱之用，噫！何其知民之悉，憂民之至，愛民之無窮也！

定江西鐵錢額

是月，定江西四監鐵錢額，每歲共鑄三十萬貫，江州廣寧監、興國軍富民監各一十萬貫，臨江軍豐餘監、撫州裕國監各五萬貫。

允文復宣撫

命虞允文宣撫四川，授少保、武安軍節度使，仍降度牒三千道及銀、會中半一百萬貫付本司。上用李綱故事，御正衙，親酌卮酒賜之，俾即殿門乘馬持節而出，都人以爲榮。始期以某日會于河南，既而上密詔趣師期。允文奏軍須未備，上浸不樂。明年，上遣二介持御劄賜之，戒以面付。介至，而允文薨數日矣。其子不敢啓，不知何言也。

冬十一月丙寅朔。

是月，詔：「官田除兩淮、京西路不行出賣，應諸路没官田産、屋宇并營田並措置出賣，以户部左曹郎官主之，諸路委常平司，其錢赴左藏南庫[二〇]，令置庫眼樁管。」

詔鬻官田

臣僚言：「在法，光禄大夫、節度使已上，即合定謚議於太常，覆於考功。苟其人行應謚法，而下無異詞，則以上於朝廷而行焉。紹興間，以守臣捍禦，臨難不屈，死節昭著而其官品或未該定謚，於是有特許賜謚指揮。故以定謚者給敕，而以賜謚者給告。近來請謚之家，却有官品合該定謚，並緣紹興指揮，輒經朝廷陳乞賜謚，不議于太常，不覆於考功，獨舍人命詞行下。是太常、考功二職俱廢，而美謚乃可以幸得也。此則法、令之相戾者也。大凡命詞給告，皆三省官奉制宣行，列名於其後。今特恩賜謚，禮命優重，冠王言於其首，而宰相、參政、給、舍並不入銜，獨吏部長貳、考功郎官於後押字，殊不類告，甚非所以尊王命、嚴國家也。況舍人掌詞命之官，猶不入銜，而賜謚初不議於考功，乃亦押字，理有未安，此則制度之可疑者也。望今後定謚、賜謚，一遵舊典。至於誥命之制，亦乞令禮官、詞臣考尋舊章詳議。」續中書後省、禮部、太常寺議上：「今後若有官品合該定謚，即仰其家經朝廷陳乞，下有司遵依定謚條法議謚，給敕施行。如係守臣守禦，臨難不屈，死節昭著，并應得蘊德丘園，聲聞顯著條法指揮，陳乞賜謚之人，或奉特旨賜謚者，即依紹興三年指揮，命詞給告施行。」從之。

嚴定謚賜謚法

十有二月戊申，詔：「諸路職田已降指揮，與免拘借，尚慮循習額外收斂。自今止理正色，仍不得過數多取，違戾令提刑按劾。」從臣僚之請也。

職田止理正色

是冬，莫濛充賀正使。正月三日，虜廷錫宴〔二二〕，前後循例無違者，濛獨毅然以本朝國忌，不敢簪花聽樂爲辭，爭辨久之。伴使爲見濛堅執不回，遂爲白虜主。午後始從其請，就館賜食。

莫濛不屈

是歲，劉珙免喪，復除湖南，過闕見上，言曰：「人君能得天下之心，然後可以立天下之事；能循天下之理，然後可以得天下之心。然非至誠虛己，兼聽並觀，在我者空洞清明，而無一毫物欲之蔽，亦未有能循天下之理者也。」

劉珙言循理得民心

因引其意以傳時事，言甚切至，上加勞再三。

增入名儒講義皇宋中興聖政卷之五十一

校勘記

〔一〕罍樽在阼　「罍樽」原脱，據宋史全文卷二五補。

〔二〕主人階也　「主」原作「王」，據宋刊本改。

〔三〕因自劾　「劾」原作「效」，據宋刊本及宋史全文卷二五改。

〔四〕分案點檢稽違差失　「分」原作「公」，據宋史全文卷二五改。

〔五〕西夏小夷　「夷」原作「境」，據宋刊本、宋史全文卷二五改。

〔六〕今聞虜人上驕下惰　「虜」原作「敵」，據宋刊本、宋史全文卷二五改。下同。

〔七〕則犬羊之性　「犬羊」原作「敵人」，據宋刊本改。

〔八〕規恢滅虜　「虜」原作「敵」，據宋刊本改。

〔九〕固足以折夷狄驕傲之氣　「夷狄」原作「西北」，據宋刊本改。

〔一〇〕虞允文等奏　「奏」原脱，據宋史全文卷二五補。

〔一一〕案此段「臣留正等曰」，當有脱文。

〔三〕案從「辛酉」至「不至泛濫」凡四百五十七字，原脱，據宋史全文卷二一五輯補。
〔三〕仍支借一十萬貫作本　「借」原作「請」，據宋刊本、宋史全文卷二一五改。
〔四〕前此未嘗如此　「前」原作「則」，據宋刊本、宋史全文卷二一五改。
〔五〕蕃漢皆便　「蕃」原作「北」，據宋刊本、宋史全文卷二一五改。
〔六〕常患爲守者侵取經制錢分隸之數　「取」，宋史全文卷二一五作「欺」。
〔七〕則謂之參役錢及其既滿也又謝諸使　案此十五字原無，宋史全文卷二一五同，據宋會要輯稿食貨一四之四一補。
〔八〕名在諸廳曰直　宋史全文卷二一五作「各在諸廳白直」。
〔九〕亦令僦雇而占破　「僦雇」原作「就崔」，據宋會要輯稿食貨一四之四一改。
〔一〇〕其錢赴左藏南庫　「庫」原作「軍」，據宋史全文卷二一五改。
〔一一〕虜廷錫宴　「虜」原作「敵」，據宋刊本、宋史全文卷二一五改。下同。

增入名儒講義皇宋中興聖政卷之五十二

孝宗皇帝十二

詔戒監司

乾道九年春正月壬午，詔曰：「夫部刺史之官，所以周行郡國，班宣風化，總方略而一統類者也。今則不然，守土之官出於其部，時爾監司之任，最爲近而易察者也。而求其淩厲風節，建立事功，疾惡如讎，奉公不撓者，蓋堇堇而有焉。甚則朋比苟且，訖無舉奏，民瘼不聞於上，上意不孚於下，朕何望焉？繼自今其悉乃心，毋冒于憲，凡在厥位，明體朕懷。」

臣留正等曰：導上之德意，而達之四方，察吏之能否，民之疾苦，而徹之朝廷，部刺史居其間，實任之也。砥名厲節，趣公謹法之士既少，乃朋比苟且，訖無舉奏，則天下之脉絡，何由貫通？壽皇頒明詔，以鼓舞之，誠急所先務哉！

王之奇帥淮南

是月，以王之奇知揚州，兼淮南安撫使。

罷福建鈔鹽法

中書、門下言：「福建鹽貨，自來止是州軍分立綱數，自行般運出賣，以辦歲計。近改爲鈔法，聽從客販。訪問州郡緣住般賣，却致支用不足。切慮斂擾，以爲民害。」詔罷鈔法，諸州軍綱鹽並依舊分撥，官般官賣，所有本司元借本錢一十萬貫，并已賣到鈔面錢一十九萬貫，并續賣鈔面錢，並拘收赴左藏庫交納。

隨月帶修記注

起居舍人留正言：「所修記注，自紹興十五年以後至目即，多有未修月分，久之，文字散失，所得疏略，愈見難以修纂。乞令二史將即日承受諸處關牒、施行政事，并臣下所得聖語，隨月編纂，仍將紹興十五年以後未修月分併修一月，並於次月上旬送付史官，隨具已修月分奏聞。」從之。

索秦琪空印紙

閏正月丁酉，進呈鄂州都統制吴挺奏：「前任人秦琪既改除，空印白紙五十幅以行。」上曰：「恐異時妄有所用，可便追取。」挺又奏：「琪冒請合開落

治不修軍器

馬四百餘匹草料，及朝廷降錢修造軍器，皆不堅利，所降錢，琪輒營運自私，今已立式製造。」上曰：「軍器不葺，錢乃自私，秦琪不可不治。」并行下吴挺，勒合干人仔細開具著落聞奏，正名定罪，庶彼無詞。

統制不可苟任

己亥，進呈馬軍司陞差統領官張遇爲統制。梁克家等奏：「比張遇赴都堂審察，見其人衰老庸謬。」上曰：「統制官不敢苟任，異時大帥皆於此乎選，使其有謀，老固無害；老且謬，則無所用。」

差人閲諸軍衣甲

庚子，進呈諸州軍揀發禁兵，分番赴忠鋭軍教閲，其至者雖有衣甲軍器，而歸者往往無有。乞行下州軍修葺增添。梁克家奏：「非特諸州爲然，近吴挺所申，鄂州軍亦如此。恐三衙、江上諸軍亦有軍器損壞不葺處，理合點檢。」上曰：「須不測差人諸軍閲視，則無得而隱。此事誠不細。」克家奏：「步司統制官王世雄交割之初，見甲皮多斷爛，弓弩箭脱壞，恐出入有誤使用，亦嘗與臣等言之。」上曰：「世雄乃能留意職事，亦可喜。」

臣留正等曰：人主志所欲，爲四方萬里環而應之，怠弛一生其間，則弊亦隨矣，其機蓋甚神也。漢宣帝爲治，所以使政事、文學、法理之士咸精其能，而技巧、工匠、器械後世亦鮮及之者，厲精綜核，始終不渝焉耳。壽皇之治兵政，欺隱者罪之，老繆者去之，至於軍器，則自三衙以及江上諸軍，又及諸郡之禁卒，並加整葺，三四日之間，屢致意焉。聖志宏遠，所以繼宣王復古之規模，雖俟時不戰，而威武震于夷狄也〔一〕。

去兵官冗員

庚戌，宰執進呈：「先得旨：臨安府既有路分都監一員，而平江府又有一員，何也？可并路分鈐轄員數，契勘創始之由。」至是，梁克家奏：「初皆因特添差，後遂因仍作闕。」上曰：「可盡刷諸路所增數，見任人許終滿，後不再差。」

刪郊祀奏祥瑞

丁巳，進呈赦令所條目，内一項：正月一日，皇帝御大慶殿，受文武百僚朝賀，内奏祥瑞表并讀表一員差執政官；又一項：奏雲物祥瑞，請付史館，太史令一員差本職官。上曰：「此等事皆文具，不須立法，可盡刪去。」梁克家奏：「聖訓如此，使後世知聖時不言祥瑞，豈非盛德之事哉？」

臣留正等曰：祥瑞之物，使誠不期而至耶，聖人猶不尚也，況人主一有所蔽，則珍符休應紛然四出者，皆欺諛之爲矣。漢武帝、唐元宗英明之君也，及甚爲邪説所蠱，則佞臣、方士得以罔之，如玩嬰兒。孝文恭儉寡欲，然猶幾陷於玉杯延壽之詐。甚矣！佞言之易入也。壽皇於赦令條目盡刪去奏祥瑞等事，拔本塞原，過漢、唐賢主遠矣。

東宮講讀次第

戊午，太子詹事李彦穎劄子奏：「竊以皇太子在東宫，唯講學一事，足以增益見聞，養成道德。臣自庚寅歲入侍王邸，以及升儲，既更四載，才講尚書終篇。今進講周易始三之一，大抵非三四年不能竟一經。恭聞真宗皇帝在東宫日，講尚書至七八遍，禮記等書亦皆數四。祖宗之聖，雖得於生知，亦講學不倦，是以聖而益聖，巍巍如此。今宫僚粗備，得遇上堂，除講讀官外，餘官不過陪侍坐席，須臾而退，故臣欲以庶子或諭德一員兼講官，於春秋、二禮令添講一經。」詔令庶子、諭德輪講禮記。

幸玉津園宴射

辛酉，幸玉津園宴射。

喜忠鋭軍射藝

二月己巳，上曰：「前日内閲忠鋭軍射藝，甚可觀，此本諸州烏合士卒，訓練有方，遂成紀律，誠爲難事。主兵官當議推賞。」

看詳諸路不便事

辛未，勘會已降旨揮，令諸路監司各限十日，條具不便於民事件奏來，所有奏到文狀，詔令左右看詳。

臣留正等曰：天下民瘼多矣，壽皇孜孜求之，使民情不艱於上聞，王澤不壅於下布，誠有父母斯民之心哉！宜其固邦本於無窮也。

戊寅，宰執内殿奏事，因論及古之朋黨，上曰：「朕嘗思之，朋黨不難破，不必問其人，但是是非非，惟理之所在而已。」梁克家奏：「寔如聖訓。」

臣留正等曰：大哉，王言！古今朋黨之論定矣，朋黨之爲天下患，其原甚長，其宋甚酷〔二〕。君子憂世者，争爲辨析以解人主之惑，其説亦甚衆，區區然曰：如是而爲黨，如是而非黨；如是而爲君子之黨，如是而爲小人之黨。凡此皆展轉致辨於朋黨之中，非能超然獨觀諸其表也。壽皇論：「朋黨不難破，不必問其人，但是是非非，惟理之所在而已。」其宅心甚平，其操術甚約，非聰明不惑，正大無私，能爲是言乎？大抵朝廷不當有朋黨之論，而人主不當有嫉惡朋黨之心。蓋朋黨之所由起，端緒固不一，要之常自小人唱爲此名以加君子，歐陽脩曰：「小人欲廣陷良善，去一善人而衆善人尚在〔三〕，則未爲小人之利。欲盡去之，則善人少過，難爲一一求疵，惟指以爲朋黨，則可一時盡逐。」此悉見其情矣。然則，黨論方興之際，人主惟理之從，朝廷之所選擢，之所貶黜，初不必問其誰黨之人也，揆諸理而是則取之，非則去之。是非昭明，人心自孚，忠賢雜遝，憸佞屏伏，綱紀畢正，朝野大和，而黨論亦且消矣。苟

朋黨不難破

惟惡其爲黨，則意嚮一移，是非易位。況小人善爲深詭，以自託於孤立無助之迹，而君子見善如己有，必樂傳譽，知賢不敢蔽，必加汲引，愛君憂國，惟正是徇，議論又往往多同，則其形似皆黨矣。人主於是盡厭棄之，不幾於舉國家賞罰予奪之柄，而爲小人空善類之用乎？今不必遠述前古，我國家嘗有指慶曆、元祐諸臣爲黨者矣，仁祖處以大公，是以群賢復集，迄至太平。紹聖以來，姦臣誤國，惟黨之是去，則其禍可勝歎哉！臣切誦壽皇聖語，非惟足以消釋朋黨，抑亦進善良，安邦家之要存焉，誠萬世龜鑑也。若乃遷就皇極之説，賢否並容，好惡不分，而曰將以平黨論也，則恐君子、小人兼進，惡必勝善矣，豈壽皇是是非非之訓哉？臣是以妄窺聖意而極論之。

蘇嶠請却羨餘

三月乙巳，侍御史蘇嶠奏：「伏睹關報〔四〕，廣南提舉官廖顒劄子〔五〕：廣州都鹽倉有積下支不盡鹽本銀，計錢十一萬一千四百五十四貫文。又點檢得本路諸州府逐年拘催常平諸色窠名錢物，内有見在寬剩錢五萬貫，欲行起發，少助朝廷經費。奉旨依，並令赴南庫送納者。臣竊謂陛下即位以來，屢却羨餘之獻，故近年監司、州縣稍知遵守，此盛德之事。而小人急於自進，時以一二嘗試朝廷。只緣乾道七年提舉官章潭獻錢二十萬貫，以此特轉一官，不及期年，擢爲廣西運判。廖顒實繼其後，故到官未幾，便爲此舉。其爲愚弄朝廷，莫此爲甚。訪聞此錢並係鹽本錢，潭到任時，尚有三四十萬緡，皆是前官累政儲積，不敢妄用。潭取其半以獻。今顒所獻止十一萬緡，已是竭澤，所餘無幾，後人何以爲繼？異時課額不登，誰將任其咎者？欲望特降睿旨，却而不受，即以此錢付之本司，依舊充鹽本。内常平寬剩錢，亦乞樁留本路，爲水旱賑貸之備。」詔從之。

臣留正等曰：羨餘之弊，上欺人主，下蠹生民，非難知者。而小人屢敢以是進，豈非謂利之可動人歟？記曰：「與其有聚斂之臣，寧有盜臣。」此謂國不以利爲利，以義爲利也。孟軻曰：「亦有仁義而已矣，何必曰利？」陸贄曰：「理天下者，以義爲本，以利爲末，以人爲本，以財爲末。」誠使義利之説明於上，則姦罔之徒何自乘間耶？壽皇諭臣僚捐利之請，却樁積寬剩之獻而不受，所以正君德，清化原，警吏治者至矣。

人君不可有貪心

丙辰，給事中林機經筵講禹貢畢，奏云：「臣觀孔子謂：『禹，吾無間然矣。菲飲食而致孝乎鬼神，惡衣服而致美乎黻冕，卑宫室而盡力乎溝洫。』言其克勤於邦，克儉於家者如此。觀禹貢立爲經常之制，亦其勤儉之德有以先之，故此篇之末言『咸則三讓，成賦中邦』，而繼之以『祗台德先，不距朕行』，蓋有深意。後世之君，窮奢極侈，若漢武帝常賦之外，至於筭及緡錢、舟車，所宜深戒。常以大禹勤儉之德爲懷，治效不難到也。」上曰：「人主苟有貪心，何所不至？」

置饒贛鑄錢司

是春，以王楫、李大正並爲提點坑冶鑄錢，於饒、贛州置司，江東、淮南、兩浙、潼川、利州路分隸饒州司，江西、湖、廣、福建分隸贛州司。除潼川府、利路坑冶銅寶係逐路轉運司拘催發納鑄錢司外，依舊以江淮荆浙福建廣南路提點坑冶鑄錢司爲名。兩司行移，連銜按察。

喜忠武軍武藝

夏四月庚午，上宣諭曰：「忠武軍已内教，人材少壯，不減殿前司諸軍，武藝亦習熟。」梁克家奏：「人無南北，惟教習而用之如何耳。」上曰：「然。」

教閱土兵弓手

乙亥，樞密院勘會：已降旨揮，乞回兩浙路禁軍、土軍弓手。竊慮州縣循習舊例〔六〕，差使諸般窠役，遂致武藝因而廢惰，理宜措置。已降指揮：禁軍令帥司，土軍弓手令提刑司，行下諸州軍，將發回并見在人，禁軍責守臣并本路訓練；兵官、土軍、弓手，令守令各籍定人數姓名，不得亂有差使窠名。禁軍仍許逐州諳曉軍務兵將官一員，土軍弓手仍委巡尉，並專一訓練教閱，以備不測。差官前去按閱，如武藝精强，即與陞擢。弛慢不職，當職官並取旨重作施行。

臣留正等曰：兵不惟聚於中都，統於大帥，而後可爲用也。州縣之兵誠能撫摩之，練習之，使皆足恃，則雖有戍邊征遠之役，而國内不摇，盜賊無所窺伺矣。此壽皇經武之要略也。

舉邊帥之才

己丑，起居舍人趙粹中劄子，奏：「竊見祖宗盛時，儲養邊帥之才，所以料敵制勝，罕有敗闕。欲望聖慈詔宰執、侍從〔七〕，歲舉可充帥任者各一人。其被舉者令赴都堂審察，如委可任，籍定姓名聞奏，差充邊方帥司及都統司屬官或倅貳，以儲其材，候任滿日，或陞之機幕謀議，入爲寺監郎曹，出爲監司邊郡，俾之習熟邊圉利害，他時邊帥有闕，即於數内選擢。其資歷稍高，入爲卿監侍從，遇有邊事，以備詢訪，如祖宗時。仍乞嚴詔丁寧，詳擇其人，勿徇私請。如有顯效，亦當推薦賢之賞，如此十年之後，帥臣不勝用矣。」上曰：「帥才自是難得，卿此論甚好，若然，則不待十年，得人多矣。」

日食

五月壬辰朔，日有食之。

郊祀免買象

癸巳，進呈龔茂良奏馬驛利害并及買象事，梁克家等奏：「樞密院見差使臣趙璧往邕州催買。」上曰：「郊祀大禮，初不繫此，有亦可，無亦可，其差去使臣可令喚回。」

臣留正等曰：郊祀之有象，所以備禮容，嚴出入也。視西戎之獒，不猶有用乎？武王當通道之餘，猶待召公諄諄言之。壽皇因宰執奏催買象，則以爲大禮初不繫其有無，遂令喚回所差使臣。非惟見聖心不寶遠物，高出前古，且令後世知事天之道在誠而不在物也。

士夫須諳練疏通

己未，進呈左迪功郎朱熹辭免召命，乞差嶽廟一次。梁克家奏：「朱熹博學有守，而安於靜退，屢召不起，執政俱稱之。或曰熹學問淹該，但泥於所守，差少通耳。」上曰：「士夫雖該博，然亦須諳練疏通。如朕在潛邸，但知讀書爲文，及即位以來，今十餘年，諳歷物情世故，豈止讀書爲文所能該貫？雖博學，要須爲有用乃可。

朱熹特改官

朱熹今以疾辭，然安貧樂道，廉退可嘉，可

特與改合入官，主管台州崇道觀。」

臣留正等曰：學固貴有用，古之人所爲，用之家國以及天下者，俱有條序。其宏遠似迂，而於理實切也；其純正似拘，而於事物實無不通也。要之不徒剽竊辭章，泥訓詁，則隨其大小所成，俱足用矣。若必待能周旋時論，馳騖事功，而後謂其不泥而有用也，則所取者，無乃多淺俗苟且俯仰欺誕之流乎？壽皇聖學高明，觀其諭大臣云：「朕在潛邸，但知讀書爲文，及即位以來，諳歷物情世故。」此誠得二帝三王經綸之學也。如謂士夫雖該博，然亦須諳練疏通，則所以期待天下之士甚至也。又謂朱熹安貧樂道，廉退可嘉，則所以容養天下之士甚仁也。有君如此，正聖道可明，儒學可伸之時矣。當時宰執間或且謂朱熹泥於所守而少通，夫必嚴其所守而後求通，則通不失正，今乃重於通而輕於守，則通之敝猶甚於泥也。世亦有誦陳言，持高論而不適而用者，彼蓋子然以文義自喜，徒徇爲善之名而於理義未親切也。理義誠盡，則天下固無理外之事，而可次第舉矣。然則，安可概視凡務正學者爲固滯不通也耶！今庸陋小成之説所以易售，而信道者所以益寡，由此等議論勝也。壽皇聖訓所及，蓋將起學者空虛無用之病，而或者進説乃惰於一偏，豈非輔贊啓沃之大缺歟？

皇太子免尹京

是月〔八〕，皇太子免尹臨安。

賑江東西水

洪、吉、饒、信等五郡水災，命賑之。

恤州縣困弊

六月己巳，臣僚上言：「近年州郡例皆窮匱，不能支吾。原其凋敝之因，有揀汰之軍士，有添差之冗員，有指價和糴米之備償，有綱運水脚錢之縻費，有打造歲計之鐵甲，有抛買非泛之軍器，有建造寨屋之陪貼，有收買竹木之科敷，有起發揀中廂、禁、土軍、弓手之用度，有教閲民兵保甲之支費。郵傳交馳，使者旁午。是數十者，皆州郡之蠹，所以致闕乏之繇也。陛下灼見其弊，十已除去七八。惟是揀汰軍人并離軍人，及歸正添差不釐務，州郡甚以爲苦，日增月添，無有窮已，財賦所入有限，而增添之費無窮。欲望特降指揮，下吏、兵部、三衙，在外諸軍都統、總領司，凡揀汰軍人并離軍使臣、諸色添差不釐務人，各相照應，自來立定人數員闕，不得過數差注分撥，令共理之臣，得以留意牧養。」詔從之。

臣留正等曰：祖宗立國，初意方懲藩鎮之患，圖損其權以尊朝廷，於是諸郡兵財之柄，悉歸於上矣。然其時賦役寬簡，民物紓和，猶未聞殫匱之憂也。及熙、豐變法，而取於民者頓加矣。崇、觀廣侈，而取於民者又益加矣。中興未能弛之，且有加焉，是故郡縣空虛，日甚於一日。然則豈惟民貧之可慮哉？國勢亦既弱矣。易曰：「易窮則變，變則通，通則久。」盍思所以變通之乎？壽皇因臣僚言歸正、添差并離軍等人困弊州郡，欲指揮不得過數差撥，即俞其請，誠有意於固本矣。

禁非法聚斂

詔：「令諸路監司、郡守，不得非法聚斂，並緣申請，妄進羨餘。違者重寘典憲，令御史臺覺察。」

置蘄春鐵錢監

是月，置蘄州蘄春鐵錢監，歲以十萬貫爲額，仍減舒州同安監歲額一十萬貫。

南北豐凶之異

秋七月庚子，進呈江西轉運司申到一路州縣自六月十二日至十九日連日大雨，早禾徑可成熟。又奏淮南路申雨澤霑足。上曰：「朕與卿等尤當上下交修，以答天貺。」又進呈郭剛、元居實報，虜境旱久〔九〕，大無麥禾，泗州、東平府、雄州蝗生，河以北饑饉流徙尤甚。

是日，浙東、江西、兩淮等路申雨澤霑洽，秋成可必。上曰：「淮水一葦可航，而南北之異如此。」梁克家奏：「修德、爲暴之應，昭昭不誣。」上曰：「朕與卿益當交修庶政，以答天意。」

統制官須遴選

是月，護聖步軍統制王世雄改除。上曰：「此軍統制官，乃儲大帥之地，不可不遴選其人。」

守法杜僥倖

八月癸酉，内批龍雲、陳師亮添差。梁克家等奏：「於指揮有礙。」上曰：「卿等如此守法極好。」上又曰：「僥倖之門，蓋在上者多自啓之，故人生覬覦心。漢畫一之法，貴在能守。」

臣留正等曰：至矣哉，壽皇從善之速，守法之堅，反己之周也。人主有所欲，爲臣下執而不行，多有待於論説之詳，及其從之，亦多勉强，甚則以忤旨不售，又甚則譴斥隨之。今大臣一言，非惟樂從，且褒諭再三，非從善之速乎！自昔事有關於人主之身，猶易言也，惟出左右權倖之意，則往往難於轉移，蓋其憑依甚親，瞀求甚秘，凡所以取九重之寵，而拒絶外庭之議者甚巧，是以人主每私焉，不能自克。今除授之私遽止，不吝深言覬覦之因，而有取於漢之畫一，非守法之堅乎？且諱過者，人之情也。聖語乃謂僥倖之門，蓋在上者多自啓之。洞然明白，事當理盡，非反己之周乎？

軍兵劫盜罪主將

戊子，臣僚上言：「建康府駐劄御前後軍軍人李進等各持刀劫盜馮念二家，本軍差將官軍兵捉獲，其吏部人吏將獲賊人引用獲强盜法擬行推賞，已降指揮，孫福等四人各特與轉一官，張顯等一十一人各支犒設錢。今看詳上件條法，係是海行不干礙官司軍兵，即非本部合用條法。今檢準見行條法，諸監臨主司所部犯法，及失覺察者，自有罪名，何緣更當推賞。臣以謂當今要務，莫先於軍政，當罰而賞，與賞盜何異？軍政如此，紀綱法度後將奈何？欲望特降睿旨，將本軍將佐孫福等四人推賞指揮，特賜寢罷。仍乞參照前年戚世明部下軍兵杜彦等作過，將佐降官等指揮，比類責罰施行。其張顯係是隊將，亦合一例行遣外，其餘捕獲軍兵，却合依已得指揮推賞。庶幾稍正軍律，以警後來。所有録黄未敢書讀。」詔孫福等更不推恩，捕獲官依已降指揮支賞。吏部引法不當，可從杖一百科斷。

臣留正等曰：兵不可不蚤正素治也。司馬光嘗上疏，論習軍政，其一也，以謂國家久安樂，因循而務省事，執事之臣頗行姑息之政，於是姦邪怯懦之臣，至有簡省教閱，使之驕惰；保庇羸老，使之繁冗；屈撓正法，使之縱恣；詆訾粟帛，使之憤惋。長此不已，有以異唐之季世乎？斯言誠深切矣。況又將帥進或不以正，無材智威信以馭其下，甚至掊克士卒，資爲交結，則紀律不復敢嚴，平居無事弛慢以玩法，怨悍以要賞，靡所顧憚。設有緩急，變態百端，並緣欺罔，弊將若何？且身隸五符，而公肆奪攘於闤闠之中，此甚無制度也。本軍捕而獲之，猶不足償失，而何賞之敢冀？夫其得是賞也，必有委曲其間，彼將卒習見朝廷法令之可遷就，恩澤之可僥倖也，則綱紀將日紊矣。壽皇英明果斷，洞照情僞，收用賞之誤，懲援法之欺，此雖一事，而所以嚴朝廷，重名器，謹師律，沮吏姦，具在是矣。

是月，詔興水利。

詔興水利

九月辛卯朔。

是月，進呈中興會要、太上、今上玉牒。

進呈會要玉牒

台州饑，命賑之。

冬十月甲子，臣僚言：「伏見浙東諸郡，今歲例有旱傷，如温、台二州，自來每遇不稔，全藉轉海般運浙西米斛，粗能贍給。訪聞浙西平江、秀州管下邊海諸縣，自來凡有他郡客人般運米斛，例不放令出海前去，是以糴販者稀少，荒歉之處，爲害甚大。欲望特降指揮，下兩浙轉運司并平江府、秀州，嚴行禁戢，仍令重立賞榜，許人陳告，如有違犯，將官員奏劾，公吏斷配施行。若其他有似此遏糴去處，亦乞令轉運司行下禁戢。」詔從之。

嚴遏糴之禁

臣留正等曰：遏糴之非，霸主猶知禁之。秦爲富强者也，亦輸晉粟焉。況王者如天地，斯民猶吾赤子，而或出内庫銀絹代輸身丁錢，撥上供錢對減四川酒課，而民間作佛、老會以報上恩。詔漕臣以水旱之實聞，戒州縣檢放多是不實，皆以賑飢恤災，而民被實惠矣。

乙酉，臣僚上言：「臣聞救災者，聖王之所不免；責實者，荒政之所尤急。伏見今夏以來，浙東諸郡告旱者衆，至於江西，間有荒歉，田野之間，稍以艱食爲慮。陛下深軫淵衷，舉行荒政，仁惠之德，罔不是孚。然臣每見自來州郡或水旱，往往有所諱言，雖有奏陳，亦未必能盡其實，遂至下之疾苦壅于上聞，上之德意抑於下究，此大患也。蓋諱言水旱者，慮朝廷之罪其失政也；不盡其實者，慮州用之缺而不繼也。屬縣申請，至於取問者有之，必欲其不問而後已；民間告訴，抑令伏熟者有之，必欲其無所陳而後已。欺天罔上，其罪可勝言哉？欲乞聖慈申嚴行下，凡有旱傷去處，必須從實檢放，不得亂有沮抑，致干和氣。仍乞令逐路常平提舉官躬親巡歷，同帥、漕之臣覺察，按劾以聞，庶幾民被實惠。」詔從之。〔一〇〕

旱傷從實檢放

克家罷曾懷代之

是月，梁克家罷相，出知建寧府，從所請也。以曾懷爲右丞相，張説知樞密院事，鄭聞參知政事，沈夏卿同知樞密院事〔一一〕。尋以姚憲簽書樞密院事。

十有一月庚寅朔，日有食之。

陳升卿賜出身入臺

陳升卿賜出身，除監察御史。

詔改元淳熙

戊戌，郊。詔以明年正月朔爲淳熙元年。初詔改元純熙，尋以取法淳化、雍熙爲義，改元淳熙。

辛亥，臣僚言：「訪聞今歲旱傷，非特浙東被害，如江西諸州例皆闕雨，禾稻不收，而贛、吉二州尤甚。江東之太平、廣德、淮西之無爲軍、和州，多是先被水患，繼之以旱。自今民以艱食，其間州郡或有諱言境内災傷，不即申陳，致失檢放條限；或有雖曾申聞措置賑濟事件，朝廷未與行下。切緣救荒之政，譬如拯溺救焚，勢不可緩。今欲從朝廷專委逐路提舉官，疾速巡歷災傷去處，如委係失收，不曾檢放，或減放不實者，仰將今年苗米依合減分數，權行倚閣，令候來年秋熟帶納。其有和糴米斛、拋降馬料及諸色科買，並權與住罷一年。應合賑糶賑濟去處，許提舉官將一路見管常平義倉米，通融撥借應副。其有諸州已條畫到措置賑濟事件，朝廷速降指揮，庶幾官吏便可奉行，百姓早被實惠。」詔從之。

臣留正等曰：自昔四方有災，惟患言者隱其實，小其事，不患其張皇也。其救災，惟患奉行者吝於費，緩於備，不患其過當也。元祐中，蘇軾在浙西因歲大旱，次年復大水，請于朝，求所以賑荒者，臣僚乃或難之，范祖禹歷詆其非，朝廷於是多從軾之請，吴、越之民遂免流散。且是時，方法仁宗政事，凡有未便民者，悉罷行之。而臣僚忍視一方赤子嗷嗷之急，必令詳奏災傷分數，賑貸次第，若深疑其虛濫不實者。賴國家仁厚之積有餘，君子多務忠實惻怛，以承休德，是以外有如軾，内有如祖禹者，反復開陳，而上澤不壅矣。壽皇矜念淮、浙、江東、西水旱之變，既禁戢遏糴矣，又戒實言荒歉矣，至是又命逐路有失檢放之限，更行體訪，諸州應有賑濟之請，無得稽遲，凡可以寬斯民者，無言不行，豈非至仁歟？

旌陳敏政家行義

漢州什邡縣楊村進士陳敏政家特賜旌表門閭。自敏政高祖母王氏遺訓，至今五世同居，並以孝友信義著聞。本州以其事來上，故有是命。王氏年十八歸於陳，歲餘夫卒，守志不嫁。在家事舅姑盡孝，教子及孫，皆篤學有聞，節操行義，著於宗族鄉閭，鄉人不敢以其氏呼之，皆呼之曰「堂前」，猶私家呼其母。張商英爲之傳云。

郊祀得天貺

十有二月庚午，先是十一月庚子，曾懷等奏：「郊祀禮成，普天同慶。自原廟行禮，陰雲閣雨，既謁清廟，瑞雪應期，未明而霽，以至青城宿齋，圓丘蒇事，天氣澄爽，此皆聖德昭著，故高穹降格，靈貺如此。」上曰：「如卿等所言，然君臣之間，正當修飭，以答天貺可也。」是日，進呈次，上曰：「臘雪應期，二麥正仰此。」曾懷奏：「近得四方書問，皆云冬至郊祀禮成，瑞雪應

臘雪應期

期[二三]，以爲殊慶，可見四方氣候皆同。今又得雪，此乃陛下勤政願治，聖慮

頃刻未嘗不在民，天地報貺，蓋有自也。」上曰：「丘之禱久矣，聖人之意，以謂修己貴有常，固非臨時所能祈禱也。」

臣留正等曰：天命之難諶，詩、書言之備矣。自昔帝王所以敬天而奉若其意者，必正心、修德、講學、從諫、任賢、去邪、勤政、節用、寬刑、省役、飭弊、興利，動容周旋，與天爲一。是以天心悦穆，災害不作，而休祥應之；不然，意慮偏詖，嗜慾膠固，平日此心已與天不相似，而乃暫施敬於祭祀之時，望昭格於祈禱之頃，天其果易動耶？壽皇嚴親祠之禮，天地報貺，瑞雪應期，雲氣澄霽，大臣方頌詠盛德，而聖意愈加寅畏，諭以正當修飭，此其至誠悠久，自强不息，與帝王同符，至是得雪，大臣又且歸美，不知聖心所以對越上帝者，蓋無頃刻之不敬，非一朝夕之積也。切觀聖語云：「丘之禱久矣，聖人之意，以謂修己貴有常，固非臨時所能祈禱也。」詩曰：「文王陟降，在帝左右。」又曰：「聖敬日躋，上帝是祇。」壽皇盡之矣。

乙亥，新知欽州鄭人傑欲乞於所在差兵級二十人，逐州交替，起發前去

小事亦不創例

之任。上曰：「此雖小事，恐其他援例。」不許。

臣留正等曰：天下之事，皆當謹其微也。況賜予者，人情爭趨之，始以爲小而輕予其一，牽援不已，僥倖必多。兵級二十人，事甚小也，壽皇恐其他援例却之。防微杜漸，若是其嚴，則夫禄秩爵命有大於此，而法令所不許者，寧復啓之乎？此其爲後世訓也至矣。

廣西鹽復官賣法

是月，廣西鹽復官賣法，從帥臣范成大之請也。二廣鹽法，自靖康間行官般官賣法〔一三〕，至紹興八年後，因臣僚言其爲利甚博，遂改行鈔法，節次更廢不一。至乾道六年，逐司互有申陳，遂自八年，詔令兩路通販官鈔九十萬貫，同認歲額。然實於西路歲計不便，遂詔廣西鹽住行鈔法，撥還運司，均與諸州官般官賣，以充歲計。

減三州丁絹額

是歲，減紹興府、嚴、處州丁絹額。

黎蠻犯邊

黎州蠻犯邊。下闕〔一四〕

增入名儒講義皇宋中興聖政卷之五十二

校勘記

〔一〕而威武震于夷狄也　「夷狄」原作「天下」，據宋刊本改。

〔二〕其宋甚酷　「宋」疑作「害」。

〔三〕去一善人而衆善人尚在　「去」原作「人」，據宋史卷三一九歐陽脩傳改。

〔四〕伏睹關報　「報」原作「蕲」，據宋史全文卷二五改。

〔五〕廣南提舉官廖顒劄子　「顒」原作「容」，據宋刊本、宋史全文卷二五改。下同。

〔六〕竊慮州縣循習舊例　「例」，宋史全文卷二五作「弊」。

〔七〕欲望聖慈詔宰執侍從　「慈」原作「德」，據宋刊本、宋史全文卷二五改。

〔八〕是月　宋史卷三四孝宗本紀二繫於「四月己丑」。

〔九〕又進呈郭剛元居實報虜境旱久　「虜」原作「北」，據宋刊本、宋史全文卷二五改。

〔一〇〕案從「乙酉」至「詔從之」凡二百六十八字原脱，據宋史全文卷二五輯補。

〔一一〕沈夏卿同知樞密院事　「沈夏卿」，宋史全文卷二五與此同，而宋史卷三四孝宗本紀二、南宋館閣録卷八、宋宰輔編年録卷一七、一八作「沈夏」，宋史卷二一三宰輔表作「沈复」。

〔二〕瑞雪應期 「應」原作「先」，據宋史全文卷二五及上文改。

〔三〕二廣鹽法自靖康間行官般官賣法 「賣」原作「賫」，據宋史全文卷二五改。

〔四〕黎州蠻犯邊下闕 案宋刊本、宋史全文卷二五並未注明闕文。「下闕」當爲衍文。

增入名儒講義皇宋中興聖政卷之五十三

孝宗皇帝十三

責監司措置稽緩

淳熙元年春正月庚子，上宣示文字一紙云：蔡洸具到衢州守臣并本路監司措置會子，申繳文歷比他州稽緩。守臣可恕，所專責者監司。其提刑趙彦端特降兩官〔一〕。曾懷奏：「賞信罰必，要當如此。」上曰：「有功不賞，有罪不誅，雖唐、虞猶不能化天下也。」

教閱不許設酒

己酉，詔：「已降指揮，令殿前司主帥於二月内就茅灘合教諸軍。訪聞舊來每遇大閱，主帥例設酒食，如待客之禮。可專劄下王友直，毋得循習，務令軍容整肅。」

交趾入貢

庚戌，進呈安南事。上曰：「安南入貢，禮意可嘉。可令有司討論賜國名典故以聞。」

修諸軍習弓弩法

二月戊午朔，進呈江西安撫司申，檢準紹興三十年七月九日指揮，將諸

責守臣教閱

路禁軍以十分爲率，取五分專一教習弓弩手。帥司每歲春秋選差將官，前去諸州教閱。緣乾道新法按閱條内不曾修立，詔令諸路帥司遵依元降指揮施行，仍令敕令所修立成法。上曰：「諸路揀中禁軍、土軍、弓手，須常令教閱，責在守臣，如有違戾，當坐其罪。」

估籍魏壽卿

辛酉，詔平江府將魏壽卿見存家産抄估，補填所侵盜官錢。以臣僚言壽卿知無爲軍巢縣，移易大軍錢二萬二千餘貫入己，故有是命。

不可爲人擇官

庚午，進呈差曹冠充沿海制置司幹官。時冠差遣屢經繳駁，上頗憐之。朝廷欲以沿海制置司幹當使臣闕一員，改作文臣幹辦公事處冠。上曰：「此却不可。古者爲官擇人，未嘗爲人擇官。今乃因冠而改窠闕，近於爲人擇官也。可別尋闕次處之。」

臣留正等曰：傳曰：「人官有能也。」又曰：「聖王量能授官。」此爲官擇人之説也。夫爲官擇人，則必能是事者，然後處以是官。上無輕授，下無曠瘝。故職業修而治功立也。若乃爲人擇官，非徇請託之私，則行姑息之愛而已，豈體國之義哉？朝廷欲易闕以處曹冠，壽皇斷然不可，且曰：「近於爲人擇官。」聖訓如此，誠可爲萬世法也。

禁諸軍借請

庚辰，詔：「州郡循習舊弊，巧作名色饋送，及虚破兵卒，以接送爲名，多借請受，并假官權攝支請供給之類。又聞諸司與列郡胥吏、牙校月有借請，蠹財困民，致令歸正、揀汰之人拖下請給。仰諸路監司、帥臣覺察。」

李天祚加封

是月〔二〕，賜交趾國名安南，李天祚加封南平國王。

步司弩手内教

三月辛卯，召步軍司中軍弩手射射鐵垜簾，赴内教。

用人二弊

庚戌，臣僚言：「用人之弊，一曰上下之分未嚴，二曰義利之説未明。何謂上下之分未嚴？夫任賢使能，人主之柄。助人主進賢退不肖，大臣之職。近世一官或闕，自衒者紛至，始則悉力以求之，不則設計以取之，示以好惡而莫肯退聽，限以資格而取求不已，未聞朝廷有所懲戒也。何謂義利之説未明？居官司職，義也；背公營私，利也。今中外求官者，惟計職務之繁簡、廪稍之厚薄。既得之，則指日而望遷，援例而欲速，公家之事，未嘗爲旬月計也。願明詔大臣，深思致弊之由，共圖革弊之術，使士風稍振，百官奉職。」從之。

賑濟人特補官

是月，進呈浙西帥、憲司保明進士施浦等各出米五千石賑濟，欲遵格補官。上曰：「朕不鬻爵，以清入仕之源。今以賑濟補官，却是爲百姓。」

官名去左右字

初，祖宗因唐舊，分別流品，不相混淆，故有出身、無出身及進士上三名、賢良方正曾任館閣、省府之類，遷轉皆不同。犯贓及流外納粟，尤不使汙士流，蓋不待分左右也。元豐官制行，始一之，然猶有一官而分左右者，徒以少優進士出身而已。至元祐中，遂自金紫光禄大夫至承務郎，皆以有出身、無出身分左右，至犯贓，則併去左右字，論者尤以爲當。紹聖以後復去之。紹興初，方務行元祐故事，故左右之制亦復行。至是，有趙善俊者建言，以爲本范純仁偏蔽之論，請復省去。從之。

王之奇罷淮南帥

是春，言者論：「淮南安撫使王之奇好爲大言，備位無補，欲爲脱身之計，遂請分閫之行。淮上荒殘之餘，首建招誘耕鑿荒田，多請官錢、空名綾紙而去。所招之人，間以妄包已墾熟田計爲頃畝以補官者。」遂罷之。之奇

淮南復分東西

既罷，淮南復分爲東、西路。

夏四月丁巳朔。

訓宗室名

是月，宗正寺請訓宗室名，翼祖下「廣」字子連「繼」字，太祖下「與」字子連「孟」字，太宗下「必」字子連「良」字，親賢宅「多」字子連「自」字，棣華宅「茂」字子連「中」字，魏王下「時」字子連「若」字。

詔舉制科

詔舉制科，略曰：「昔我仁祖臨御，親選天下十有五人，崇論宏議〔三〕，載在方册。慶曆、嘉祐之治，上參唐、虞，下軼商、周，何其盛哉！」

聚議用漢故事

五月丙申，進呈臣僚劄子陳請：「伏見六部及諸寺監官同共討論，勘當文字，多是不曾聚議，取辦臨時，遂致考究未盡，供報稽緩。乞今後令所轄所隸官司會議供申。」上曰：「此用西漢故事，甚爲得體，便可施行。」

久任邊將牧守

己亥，簽書葉衡言：「兵權繫於將帥，民命宅於牧守，二者之患，每在數易。望自今精加選擇，使材稱其職，然後力行守久任之説，以破數易之害。」從之。

論奔競壞氣節

甲寅，著作郎木待問奏：「士大夫氣節不立，惟在陛下涵養作成。如奔競之習，最壞氣節，不可不革。」上曰：「當如卿言，必見之賞罰，使之懲戒。」

臣留正等曰：恭聞仁宗皇帝一日謂輔臣曰：「比來臣僚請對，何求進者多，求退者少耶？」王曾對曰：「苟抑奔競，崇静退〔四〕，則庶幾有難進之風矣。」士大夫氣節不立，奔競實壞之。然所以革奔競者，固自有道也。苟惟上之好惡不明，下之趨嚮不一，使奔競者卒得志，將以善風俗難矣。壽皇謂必見之賞罰，使之懲戒。可謂革奔競之要道歟！

升黜軍帥

六月丙辰朔，詔：「王友直、吴挺持身甚廉，治軍有律，凡所統馭，宿弊頓除，可並與建節鉞。武功大夫、榮州刺史、提舉台州崇道觀秦琪，身任帥臣，蠹壞軍政，專事阿附，貪墨無厭，可責授舒州團練副使、漳州安置。」

臣留正等曰：兵法曰：「用賞者貴信，用罰者貴必。」賞信罰必，於耳目之所聞見，則所不聞見者，莫不陰化矣。夫馭將之道，莫先於賞罰，然焉得人人而賞罰之，賞一以勸百，懲一以警衆，在乎至公至明而已。壽皇課諸將之功罪，不崇朝而□□之旄節，或竄以散階，賞罰並用，無所偏倚，所勸懲者奚止王友直、吴挺、秦琪等輩哉？

申嚴換易差遣指揮

戊午，詔：「累降指揮，已有差遣人不得干求換易。比來約束寖弛，日益奔競。今後似此之人，可依已降指揮，三省具名聞奏，當議降黜。其已授差遣人，朝辭訖限半月出門。」

治薦舉不當罪

己卯，詔知漢州王沂〔五〕、主管崇道觀晁公退各降一官，新州編管張松移南恩州。沂等薦舉夔路鈐轄陳彦充將帥任使，至是，密院審察彦別無可采故也。

是月，詔議祫饗東嚮之位。初，吏部侍郎趙粹中言：「謹考前代七廟異宮，祫饗則太祖東嚮。乃者紹興五年，董弅建議〔六〕，乞正藝祖東嚮之尊，謂太廟世數已備，而藝祖猶居第四室，乞遵典禮，正廟制，遇祫饗則東嚮。得旨下侍從、臺諫集議，既而王普復有請。當時集議如孫近、李光、折彦質、劉大中、廖剛、晏敦復、王俣、劉寧止、胡交修、梁汝嘉、張致遠、朱震、任申先、何慤、楊晨、莊必强、李弼直，皆以其議悉合於禮。時臣叔父涣任將作監丞，因陛對，奏陳甚力，據引詩、禮正文，乞酌漢太公立廟萬年、南頓君立廟章陵故事，别建一廟，安奉僖、順、翼、宣四祖，禘祫烝嘗並行特祀，而太祖皇帝神主自宜正位東嚮，則受命之主，不屈其尊，遠祖神靈永有常奉〔七〕。光堯皇帝深以爲然，即擢董弅爲侍從，叔父涣爲御史。是時趙霈爲諫議大夫，以議不己出，倡邪説以害正論，而欲祫饗虚東嚮。今若稽之六經典禮，三代之制度，定藝祖爲受命之祖，則三年一祫，當奉藝祖東嚮，始尊開基創業之祖。其太廟常饗，則奉藝祖居第一室，永爲不祧之祖，若漢之高祖；其次奉太宗居第二室，永爲不祧之宗，若周之武王。若僖、順、翼、宣，親盡而祧，别議遷祔之所。則臣亦嘗考之，祔於德明興聖之廟，唐制也；立太公、南頓君别廟，漢制也。前日王普既用德明興聖之説，而欲祔于景靈宫天興殿，朱震亦乞藏於夾室。今若別建一廟爲四祖之廟，或祔天興殿，或祇藏太廟西夾室，每遇祫饗，則四祖就夾室之前別設一幄，而太祖東嚮，皆不相妨，庶得聖朝廟制盡合典禮。」詔禮部、太常寺討論。

右丞相曾懷罷。

詔戒士夫風俗

秋七月，内降詔曰：「朕惟天下治亂，繫乎風俗之媺惡；風俗媺惡，繫乎士夫之好尚。蓋士夫者，風俗之表，而天下所賴以治者也。故上有禮義廉恥之風，則下有忠厚醇一之行；上有險怪婾薄之習，則下有乖争陵犯之變。朕嘗戢姦貪，黜浮靡，躬節儉，以示天下，而歷紀逾久，治效未進，意在位者未能率德改行，以厚風俗，故廉士失職，貪夫長利，將何以助朕興化致理、無愧於古乎？部使者、郡守，其爲朕察郡邑廉吏來上，朕將甄奬，待以不次。其或持祿養交，崇飾虚譽，應詔不以實，使積行之君子壅於上聞，時汝之辜，必罰無貸。」

甲午，進呈檢放過乾道九年災傷倚閣錢物，浙東路自淳熙元年爲始〔八〕，作三年帶納；江東路候豐熟，作兩年帶納；江西路即不曾據州軍報到災傷

蠲放旱傷税賦

數。上曰：「既是災傷，若與倚閣，税賦亦無從出。可並與蠲放，如有已納數目，與理充一年合納之數。」

臣留正等曰：持法守常者，有司之吝道也；損上益下者，聖主之至恩也。恭惟至尊壽皇聖帝即位以來，勤求民瘼，愛養民力，寧儉於用，而不肯使天下之匱乏；寧無餘，而不肯使天下之不足。蠲逋已責，捐利與民，殆未易以縷數。而四蜀之市估，二廣之鹽筴，所以與之者，雖百萬計不吝也。其他或因守臣之請，或因監司之言，斟酌裁損，以厚天下者又不一而足。乾道之旱，兩浙、江東西倚閣之數，米以斛計者九十七萬有奇，而絲綿羅絹不與焉。浙東、江東錢以緡計者十四萬五千三百有奇，而江西不與焉。始也止欲倚閣，俟豐歲而後取。聖訓所宣，特與悉蠲除之，雖天下之澤，豈有踰於此哉？夫財散則人聚，本固則邦寧，民之愛戴有隆而無替者，其必原於此矣。

除市令司

丁酉，詔：「諸路州縣市令司日下並罷，官司及在任官收買物色，並依民間市價支錢，不得科抑減剋，如違，以違制論，許民户越訴。」

臣留正等曰：古者有司市之官，辨物而平市，俾市胥以莫賈。又有賈師以令之，使有常賈。凡若此者，皆以爲民也。市令司之設，其始亦不過掌物價之貴賤，以時知其登下而已。吏並緣以爲姦，顧厲民以自養，至於官取之價，反輕於民，其何以使商賈皆悦，而願出於王之市哉？聖慮及此，誠仁政之所先也。

存撫歸正人

癸卯，中書門下省奏：「關外四州〔九〕、沿邊諸處及金州上津皆有歸正等人。」詔令四川安撫制置司行下都統司，將上件歸正等人常切存撫，毋令失所。

臣留正等曰：嚮化慕義，有不可却之情，則綏撫安輯，有不得已之費。況南北之勢未合，則激勸之道當然，其可恤一時之費，而忘萬世之計哉？辛巳之役，國威大振，自潼關以西，臨洮以東，黄河以南，長淮以北，莫不響應，幾半天下，而與虜抗〔一〇〕。是時，不吝爵賞，不惜金帛，駕馭天下之豪英而用之，又豈拘於尋常之尺度哉？王世隆起於山東，及其歸也，便殿召見，賜之金帶鞍馬，即日拜武功大夫，而爲御前統制官矣。耿京起於濟南，及其遣人進表也，即加天平軍節度使，而爲檢校少保矣。其餘或以一城歸，或以一旅至，莫不顯賞以旌之。而其有戰功之多者，事定之後，或廩之於諸司，或餉之於諸軍，或官之於諸郡，有任滿接續請給之優恩，有未滿三月陳乞差遣之異渥。昔之歸正者不磨勘，不奏薦，而今則有磨勘、奏薦矣。昔之補官者，有減五官，減三官，而今則並免減矣。以至淮東置五十四官莊以給歸附之人，假之牛具，畀之糧種者，亦皆以其持愛君之心而至，慕中國之義而來，則恩意以懷之，亦不可後故也。

賑恤沿江水災

甲辰，詔沿江被水之家，令守臣胡與可躬親巡門相視。既而，相視到被水貧乏之家六百三十有八。詔令左藏南庫，每家支錢五貫文，仍許於沿江白地二百畝内，依元來丈尺指射蓋屋居止，量入白地租錢。

命諸路開具修陂塘

戊申，江東提舉潘甸言：「被旨，所部州縣措置修築，濬治陂塘，今已畢工[一]，計九州軍四十三縣，共修治陂塘溝堰凡二萬二千四百五十二所[二]，可灌溉田四萬四千一百四十二頃有奇。」詔劄下諸路，依此逐一開具以聞。

明曾懷誣謗

是月，曾懷復相。先是，臺臣詹亢宗、李棠論李杓、王宗己，因中懷，懷遂求退，且乞辨明誣謗。續棘寺根究無實，乃貶責亢宗及棠而復相懷。續言者又論參政姚憲與亢宗等通謀陷懷，以求傾奪其相位，乃罷憲，尋責南康軍居住。

令密院公心差除

八月庚辰，上曰：「密院差除，切須公當，如親舊有乞差遣者，須分明具出資格，合入差遣將上，待朕處置，庶免人言。」

不以薦主去留人才

壬午，上諭宰執曰：「朕進用人才，初不因其薦引之人而爲之去留，惟其當而已。若薦者偶以罪去，被薦者相與爲奸，則當併逐。若初不阿附而有才能，當依舊用之。」楊倓奏：「陛下聖訓，誠爲至當。」上又曰：「鯀之爲人，初不害禹之成功。」倓又奏：「陛下聖訓及此，誠堯、舜之用心矣。」

臣留正等曰：聖王之用人也，猶工師之用木，長短大小，各隨其才而器之，惟至於朽折敗腐者，而後置之不可用之域。其人果賢也，吾用之；果非賢也，吾去之，是用人之道也。不觀其人之賢否，而視其薦者之去留，是教天下之士使爲黨也。驩兜之薦共工，皆斥之可也。四岳之薦鯀，四岳豈鯀之黨哉？君子以道相同，衆人以利相從，然則其有黨者，必非君子也。然世之病君子者，必爲黨之一說，何者？不如是，不足以惑人主，而盡逐天下之異已故也。聖訓及此，固已深燭君子、小人之情僞，天下之福，孰大於是？

喜太上壽康

九月戊子，宰執奏事畢，上顧謂曾懷等曰：「前日詣德壽宮，太上飲酒樂甚。太上年將七十，而步履飲食如壯年時。每侍太上行苑囿間，登降皆不假扶掖。朕見太上壽康如此，喜固不可言。及回顧皇太子在側，時和歲豐，中外無事，人情熙熙，三世同此安榮，其樂有不可形容者。」懷等奏：「此皆陛下聖德、聖孝昭格天地，有以致之。」

在京官更迭補外

庚寅，詔行在職事釐務官，自今任滿，非擢用者，並依資格更迭補外。

減放江湖路秋苗

壬辰，詔：「江西、湖南路累經災傷，所有上供米斛，逐年已行減放外，今年雖是豐熟，尚慮民力未甦，所有第四、第五等人户合納淳熙元年秋苗，特與蠲放一半。如州縣輒敢違戾拘催，許人户越訴。及不得容縱人吏作弊。將第三等以上、稱第四等以下人户減免，並令監司覺察，按劾聞奏。」

乙未，進呈淮東安撫司申，商進等私攬戚三等銀過淮北，分與北榷場牙家，事發，有銀牌天使走馬到泗州，徑入獄審問，陳二及攝同知趙德温并一管軍千户對問。上曰：「彼能如此，甚是。」楊倓奏：「虜主本無他〔一三〕，但其臣

不以北人恭順爲喜

下有妄生事。」上曰：「然。切不可以此爲喜，於理固當安静，然非我君臣之志也，可以此意宣諭三省。」

臣留正等曰：戰國之時，齊居山東，事秦最謹，不見兵革之禍，然而不免於亡者，恃秦之不我病也。諸葛亮之在蜀，無一歲而不出師，所以保國之道，其在於斯歟！夫有急則坐薪嘗膽以爲憂，無事則翫細娱而忘天下之大患，爲國遠慮者，豈如是乎？昔者慶曆盛時，契丹既守和好，夏國亦受封册，韓琦建言，謂當此之時，便謂太平無事，則後必有大憂。又況大統之未一，大恥之未雪，其可一日而少忘於此歟？然則不以夷狄之懷爲安〔一四〕，而常慮天下之危。聖謨洋洋，非天下之至明，其孰能與於此哉？

以正觀諫録爲龜鑑

新知隨州蔡戡奏論唐太宗正觀諫録。上曰：「從諫正是太宗所長。此書置之座右，可爲龜鑑〔一五〕。」

臣留正等曰：從諫，帝王之盛烈。唐之太宗有焉。正觀之治，仁義既效，此非從諫之驗歟？若昔皇祐之際，唐介言事忤旨，初欲貶春州別駕，再移英州，又改爲潭州通判，未幾而復召，再居言職。仁祖之量，天地不足以侔其大也。恭惟至尊壽皇聖帝之德，莫大於聽言，隆興之初，士氣激昂，蓋駸駸乎皇祐之盛。近臣論事，言雖切直，莫不寬顔聽納，雖小臣一時賜對之言，尤簡記於數年之後，好善之意，同符仁祖，而猶有取於唐之太宗者，謙德之至也。

治苞苴受賂罪

丁未，詔：「張薦不合輒受賄賂，追三官勒停、郴州居住；右武大夫、果州團練使李川不合私通饋遺，降授武功大夫、吉州刺史；右武大夫、楚州團練使王公述輒以財請求軍職，降授武功大夫、貴州刺史，放罷；左武大夫、貴州刺史宋受降授右武大夫；修武郎、閤門祗候劉士良降授保義郎，並放罷。内張薦係武經大夫、文州刺史，特于遥郡階官上追三官。」

臣留正等曰：時方用兵，則疆埸之上，有智力者皆自致於功名。息兵不用，則軍旅之中，雖庸懦者皆足以容其不肖，由是僥覬之心生，而賄賂之謀勝矣。夫以文帝之嚴，尤寬於張武之受金，而聖斷剛明，獨不恕於張薦之受賂者，蓋方修明軍政之時，誠不可以開僥倖之門也，豈以一說之故，而撓國家之法哉？同時降黜，若李川、若王公述、若宋受、若劉士良，各有嚴譴之辭，凜然可畏。而於王公述之制有曰：「惟其背公營私，日以苞苴請托爲事，則侵牟士卒以自膏潤，蓋理之必然者。」燭物之情，何其明也。冒濫之風，於是乎革矣。

曾覿開府儀同三司

是月，曾覿開府儀同三司。

幸玉津園宴射

幸玉津園宴射。

嚴賣澤受賂禁

冬十月壬戌，詔：「自今違法賣易恩澤，及薦舉受賂之人，因事敗露，有司定罪外，更取特旨，重作行遣。」

蠲紹興上供

戊辰，詔：「紹興府今年合起發上供苗米四萬三千五百石，特與蠲放。」以守臣張宗元言諸縣旱傷故也。

十有一月甲申朔，日有食之。

戒士夫用術數

丙戌，簽書樞密院事楊倓劄子奏：「近因奏事，論及時政，伏蒙宣諭：『朕嘗訓戒士大夫曰：待敵當用詭道，在朝當用誠實。百餘年來，嘗患戎狄强而中國弱〔一六〕，正緣反是。待敵既無奇策，動則爲虜所窺〔一七〕，在朝以術數相傾，以躁競取進，風俗之弊，當救正之。』仰惟聖謨嘉言，切中時宜，臣備位樞臣，躬受玉音，欲望宣付史館。」詔從之。

臣留正等曰：華夷之分不可瀆也〔一八〕，讎恥之義不可忘也。切窺天王之用心，安肯一日而忽於此哉？天下譬之一身，中國猶元氣也，戎狄猶外邪也〔一九〕，士大夫不以術數相傾，各竭其力以事君，則中國之强，誠如元氣之充，雖有風寒，果何自而襲之？故夫天下之禍亂，皆有所自來，而夷狄之盛衰〔二〇〕，係乎中國之强弱，聖訓之意深矣。

戒執政徇私

君臣不事行迹

甲辰〔二一〕，以龔茂良參知政事。因奏事畢，賜坐。上顧葉衡及茂良曰：「兩參政皆公議所與。」衡等起謝。上從容曰：「自今諸事不可徇私，若鄉曲親戚，且未須援引。朕每存公道，設有未是處，卿等宜力爭。君臣之間，不可事形迹。房、杜傳無可書之事，蓋輔贊彌縫，不見于外，所以能然。」衡曰：「皋、夔、稷、契在唐、虞之朝，其見於後世者，都、俞、吁、咈數語而已。」茂良曰：「大臣以道事君，遇有不可，自當啓沃，豈容使迹見于外？」

曾懷罷葉衡代之

曾懷罷相，除職奉祠，懷以疾自請也。

以葉衡爲右丞相。

論祖宗留意聖學

己酉，著作佐郎鄭僑劄子論：「祖宗朝，每日召見講讀官，至仁宗朝，始有間日一講之制。」上曰：「自太宗、真宗始置侍讀講官，於聖學尤爲留意。」

臣留正等曰：堯、舜之稽古，禹之好善言，湯學於伊尹，高宗學於甘盤，又學於傅説，緝熙光明之歌於詩，汲汲皇皇之載於傳記，夫豈誦説云乎哉？蓋將以啓德性之高明，輔聞見之廣博，鑒古今治亂之幾，達人情事物之變，修之身而形之天下，存之心而見之事業。列聖相承，共由此道，雖以天縱之資，尤不忘於講學。而天下之士，梏於小智之私，徇於偏見之陋，顧乃以學爲末者，是豈足以識聖學之妙哉？

上下寬嚴之體

壬子，進呈江西漕臣錢佃等奏：「興國軍以公使庫酸敗酒散下通山等三縣，抑勒百姓高價收買。臣等雖已禁止，乞嚴行禁約事。」上諭葉衡、龔茂良曰：「奉行法令，在下不可不嚴。事既上聞，却當從寬，然後各得其宜。今屬郡違戾，監司已置不問，而乞朝廷嚴行禁約，事體不順。」遂詔令本路監司，開具散酒當職官吏姓名，申尚書省。

臣留正等曰：古之王者三宥然後制刑，公猶使人追之。上用其恩而厚，下守其法而嚴，上下之職分，固如是也。監司不任怨，而每事欲取必於朝廷之施行，則果何以法爲哉？宜乎聖訓之丁寧也。

檢放不實之罰

十有二月甲子，詔臨安府鹽官縣三鄉旱傷，可減放苗租等六千三百八十石〔三〕。先是，本鄉人告旱傷，本府差察推方傑，減放止一千六百一十石。漕司委準備差遣方伯達同本府糧料院錢閲、知縣李宗文再同檢視，合放上件。詔方傑展二年磨勘。

前軍中軍内教

丁卯，詔前軍與中軍各帶甲射射争賞，内弓箭手以六十步，每人射八箭，要及五分；親弩手以一百步，每人射六箭。前軍以十三日，中軍以十四日，並射射鐵垛簾赴内教。

修吏部七司法

是月，修吏部七司法。參政龔茂良言："官人之道，在朝廷則當量人才以擢用，在銓部則宜守成法以差注。蓋法者一定不易，如規矩權衡，不可私以方圓輕重也。夫法本無弊，而例實敗之。法者，公天下而爲之者也；例則因人而立，以壞天下之公者也。昔者之患，在於用例破法；而比者之患，在於因例立法。

因例立法之弊

今吏部七司法者，自晏敦復裁定，有司守之以從事，可以無弊。緣臣僚申明衝改，前後不一，率多出私意，徇人情。向者陛下深知其弊，嘗加戒敕，毋得用例破條。然有司巧于傅會，多作條目，於是率修立成法矣。臣謂用例破法者其害淺，因例立法者其害大。宜詔有司講求本末，將新舊法相與參考，舊法非大有所抵牾者，弗可輕去。新立條制，凡涉寬縱，於舊法有違者，一切刊正，庶幾國家成法簡易明白，可以遵守。」從之。

淮南復分東西路

是歲，淮南復分爲東、西路。

魏王治二郡惠愛

皇子判寧國府魏王愷徙判明州，治二郡，有惠愛。

增入名儒講義皇宋中興聖政卷之五十三

校勘記

〔一〕其提刑趙彥端特降兩官　「端」原作「瑞」，據宋刊本、宋史全文卷二六改。

〔二〕是月　宋史卷三四孝宗本紀二繫於「正月」。

〔三〕崇論宏議　「宏」原脫，據中興兩朝編年綱目卷一六、宋史全文卷二六補。

〔四〕崇靜退　「崇」原作「豈」，據宋刊本改。

〔五〕詔知漢州王沂　「王」原脫，據宋史全文卷二六補。

〔六〕董弅建議　「弅」原作「芬」，據宋刊本、宋史全文卷二六改。
〔七〕遠祖神靈永有常奉　「奉」，宋史全文卷二六作「祀」。
〔八〕案從「制盡合典禮」至「倚閣錢物浙」凡二百三十八字，原脱，據宋史全文卷二六輯補。
〔九〕關外四州　「州」原作「川」，據續宋編年資治通鑑卷九改。
〔一〇〕而與虜抗　「虜」原作「敵」，據宋刊本改。
〔一一〕今已畢工　「工」原作「功」，據宋刊本、宋史全文卷二六改。
〔一二〕共修治陂塘溝堰凡二萬二千四百五十二所　「五十二」，宋史全文卷二六作「五十一」。
〔一三〕虜主本無他　「虜」原作「敵」，據宋刊本、宋史全文卷二六改。
〔一四〕然則不以夷狄之懷爲安　「夷狄」原作「敵國」，據宋刊本、宋史全文卷二六改。
〔一五〕可爲龜鑑　「龜」原作「規」，據文意及本書前分類事目改。
〔一六〕嘗患戎狄强而中國弱　「戎狄」原作「西北」，據宋刊本、宋史全文卷二六改。
〔一七〕動則爲虜所窺　「虜」原作「敵」，據宋刊本、宋史全文卷二六改。
〔一八〕華夷之分不可瀆也　「夷」原作「夏」，據宋刊本改。
〔一九〕戎狄猶外邪也　「戎狄」原作「西北」，據宋刊本及前文改。

〔二〇〕而夷狄之盛衰　「夷狄」原作「外敵」，據宋刊本改。

〔二一〕甲辰　宋史卷三四孝宗本紀二繫於「戊戌」。

〔二二〕可減放苗租等六千三百八十石　「百」原作「石」，據宋史全文卷二六改。